세계평화지수 연구

국립중앙도서관 출판시도서목록(CIP)

세계평화지수 연구 = Research on World Peace Index /
이성우 외. -- 서울 : 오름, 2009
(제주평화연구원 연구총서 ; 10)

색인수록
ISBN   978-89-7778-329-4 93300: ₩16000

평화[平和]
국제 평화[國際平和]

349.9-KDC4
327.172-DDC21   CIP2009004243

제주평화연구원 연구총서 10

세계평화지수 연구

이성우 외

제주평화연구원 연구총서 ⑩

세계평화지수 연구

인 쇄 | 2009년 12월 26일
발 행 | 2009년 12월 31일
저 자 | 이성우 외
발행인 | 부성옥
발행처 | 도서출판 오름
등록번호 | 제2-1548호 (1993. 5. 11)

서울특별시 서초구 서초동 1420-6
전 화 | (02) 585-9122, 9123 / 팩 스 | (02) 584-7952
E-mail | oruem@oruem.co.kr
URL | http://www.oruem.co.kr

ISBN 978-89-7778-329-4   93300   정가 16,000원

*잘못된 책은 교환해 드립니다.

발간사

한반도의 평화정착과 동아시아의 협력을 통한 공동번영을 추구하는 데 기여하고자 설립된 제주평화연구원은 평화와 다자협력에 중점을 두고 이론적 논의와 정책대안의 개발을 위해 노력해왔습니다.

이러한 노력의 일환으로 평화라는 추상적인 개념을 계량화하여 구체적으로 이해하고 실증적으로 분석하는 연구는 평화의 이해와 실천에 중요한 기초가 될 것이라 생각합니다. 사회과학분야에 존재하는 기초자료를 활용하여 1990년부터 2004년까지 15년의 기간 동안 OECD회원국을 포함하여 약 30여 개국을 대상으로 평화지수를 작성하였습니다.

평화지수를 통해 한 국가의 전체적인 대외정책의 추세뿐만 아니라 정책적 관련성이 깊은 국가와의 양자관계를 실증적으로 분석함으로써 평화에 대한 실증적 이해와 이를 통한 정책제안에도 유용한 자료가 될 것이라 생각합니다. 실제로 본 연구에서는 평화지수를 활용하여 남북한을 포함한 한반도 주변 국가들은 물론 독일과 중동의 사례를 분석하여 평화지수의 활용가능성을 모색하였습니다.

한반도의 평화, 동아시아의 다자협력, 그리고 세계의 평화라는 이상을 향해 노력하는 제주평화연구원이 이제 새로운 목표를 향해 전진할 수 있는 계기가 될 수 있도록 많은 조언과 의견을 부탁드리며 『세계평화지수 연구』의 출간을 축하합니다. 특별히 출판을 위해 노력해 주신 도서출판 오름의 편집진들에게 감사드립니다.

제주평화연구원장

한태규

머리말

평화지수와 국제관계:
평화지수를 통한 주요국 대외관계 분석

사회과학에서 연구의 대상이 되는 다양한 개념 중에서 인류 보편의 지지를 받는 것으로 평가를 받는 개념 중의 하나가 평화이다. 인간이 사회를 이루어 살아온 이래 지속적으로 염원해온 평화의 개념도 때로는 문화나 힘의 역관계 등에 의해서 다른 의미로 사용되고 때로는 평화가 역설적으로 힘에 의해 지배를 의미하는 경우도 있었다. 개념적 괴리는 평화라는 목표에는 모두가 동의하지만 평화를 이루는 방법에는 이견이 있음을 의미한다.

동양의 평화는 분쟁이 없는 상태는 물론 상호조화의 상태를 의미했음에 반해, 서양의 평화는 아무런 움직임도 없는 고요의 상태를 평화로 인식했다는 점에서 서로 다른 인식에 기초했음을 보여준다. 시대와 역사에 따라서 로마는 힘에 의한 평화, 기독교는 사랑의 평화, 그리스는 휴전 또는 현상유지를 강조하는 평화, 인도는 정신적 만족과 인간 내면의 평화를 각각 의미하였다. 오늘날 평화에 대한 사회과학 연구에서 수극적 평화와 적극적 평화의 개념이 세분화되면서 힘에 의한 질서유지, 분쟁이 없는 상태, 약속에 의한 현상유지, 정의와 사랑의 구현, 인간 내면의 정신적 만족과 안정, 그리고 고르고 조화로운 상태 등 다양한 의미를 가지는 것으로 이해된다.

문화적으로 다양한 의미를 가지기 때문에 학문적으로도 다의적이고 복합적인 의미를 가진다는 점에서 평화연구는 연계학문으로 발전해왔다. 국제관계학은 전쟁의 원인규명에 학문의 중심이 있었기 때문에 평화연구와 상당부분 목표가 중첩되어 있다는 점에서 평화연구에 국제관계 연구가 주도적 역할을 했다. 국제관계 연구와 관련된 평화연구는 주요 연구 주제는 분쟁의 원인규명에 두었고, 이 때문에 분석단위를 국가로 설정하였고 방법론은 객관적이며 과학적 이해를 추구하는 가운데 이루어졌다. 평화연구는 전쟁을 제거되어야 할 대상으로, 평화를 달성해야 할 목표로 설정하고 있다는 점에서 학문의 기초가 가치로부터 자유로울 수 없다는 평가를 받고 있지만 연구를 수행하는 방법은 객관적인 과학적 분석기법을 적용할 수 있다.

평화에 대한 사회과학적 이해는 측정과 객관화에 대한 이해에서 출발해야 한다. 근대 경영학의 창시자로 알려진 피터 드러커(Peter Drucker)는 "측정할 수 없으면 관리할 수 없고 관리할 수 없으면 개선할 수 없다"는 명제로 유명하다. 경영학에서 말하는 생산력 제고와 사회과학의 일반화를 동일한 목표로 상정할 수 없지만 사회과학의 시각에서는 측정할 수 없으면 객관화할 수 없고 객관화할 수 없는 것은 일반화할 수 없다. 측정을 통해서 객관화하고 일반화하는 것이 과학적 연구의 핵심이기 때문에 측정은 사회과학의 출발점이라 할 수 있다. 본 서는 문화적으로 그리고 학문적으로 다의적이고 복합적인 의미를 가진 평화를 객관화하고 이를 분석하는 것을 목표로 시작하였다. 본 서의 평화지수 연구는 평화지수의 작성에 대한 이론적 기초를 논의한 다음 지역전문가들이 참여하여 남북한을 포함한 한반도 주변, 미국, 중국, 일본, 러시아와 유럽의 독일, 그리고 중동의 이스라엘의 대외관계를 분석하였다. 개별 장이 하나의 독립된 분석논문으로 지역을 연구하는 학자들에게 좋은 자료가 될 것이며, 전체적으로 평화지수를 활용한 국제관계의 분석이라는 점에서 중요한 의미가 있다.

연구에 참여하여 활발한 토론과 옥고를 기고해 주신 고상두 교수님, 김홍규 교수님, 류길재 교수님, 신범식 교수님, 이상현 박사님, 인남식 교수님, 최운도 박사님, 그리고 홍우택 박사님께 깊이 감사드리며 출판과정에 노고를 아끼지 않은 김수정 연구원 그리고 추상우 씨와 유수연 씨에게도 감사드립니다. 그리고 촉박한 일정에도 노고해주신 도서출판 오름의 부성옥 대표님과 최선숙 편집부장님께 특별한 감사를 드립니다.

2009년 12월

세계평화의 섬 제주평화연구원 연구실에서 편저자

이성우

세계평화지수 연구

차 례

▮ 표 차례

▌그림 차례

제1장

세계평화지수 연구의 필요와 방법론 논의

이성우 | 제주평화연구원

I. 들어가는 말: 지수연구의 필요성

사회과학에서 어떤 특성이나 행위를 계량화하여 수치로 나타내는 연구에 대해 효율성과 타당성은 논란의 대상이 되어왔다. 행태주의 혁명을 경험한 미국에서조차 사회과학 연구에서 계량 분석은 논란의 대상이 되어왔다. 최근 우리나라 학계에서는 계량화된 연구에 대한 필요성의 인식은 증가하고 있지만 실효성에 대해서는 의문이 제기되고 있고 현실적으로 국제관계와 관련해서 수행되는 연구에 있어서 계량화된 연구의 빈도와 비중은 정치학의 다른 분야와 비교했을 때 더 낮은 편이다.

사회과학 중에서도 국제관계 연구에 있어서 계량화된 연구의 범위는 실질적으로 전쟁연구(conflict studies)에 제한되었던 것이 사실이다. 사회과학에서 의미하는 과학이란 특정한 특성이나 행위 사이의 인과관계에 대한 이론과 논리에 따라 법칙화된 명제를 만들고 이를 검증하는 과정이라 정의할 수 있다(Frankfort-Nachmias and Nachmias 1996, 3). 검증 가능한 명제를 작성하는 과정이 과학의 핵심으로 이해하는 것은 바람직하다고 할 수 있으나 계량화와 이를 통계학적 방법을 이용하여 분석하고 설명하는 것만을 과학으로 이해하는 것은 과학에 대한 잘못된 이해이다. 다시 말해서 사건이나 사물의 특성을 수치화하여 측정하고 이렇게 계량화된 수치를 통계학적인 방법을 동원해서 분석하는 것은 과학을 수행하는 하나의 방법일 뿐이다(King, Keohane, and Verba 1994, 13-28). 사회과학의 기준에 따르면 주어진 사건 또는 사물의 특성들 사이의 상호관계에 대한 가설을 수립하고 이를 검증하는 방법으로서 통계학적 수단을 이용하는 것이 다른 방법에 비하여 과학적인 기준에서 효과적인 측면이 있기 때문에 계량화를 수행하는 것이고 가장 일반적인 측정의 형태가 지수(index)로 나타내는 것이다.

단일의 수치로 표현된 지수가 복잡한 사회현상을 정확하고 적절하게 반영하는지는 항상 논란거리가 되어왔다. 복잡한 사회현상에 대한 지나친 단순화는 환원주의(reductionism)라는 비판에 직면할 수도 있지만 과학적 이론의 기본 목표는 복잡한 현상을 간결하게 설명해야 된다는 점에서 복잡한 사회현상의 계량화는 과학적 이해의 출발점이라고 할 수 있다. 예를 들면 종합주가지수의 경우는 기준시점의 주식시가총액을 분모로 하고 산출시점의 시가총액을 분자로 설정하여 여기에 100을 곱하여 비율의 형태로 환산한 것이다. 이는 기준시점의 주가 총액과 비교해서 산출시점의 주가총액이 얼마나 변화했는지를 측정하는 지표이다. 다시 말하면 종합주가지수가 1000이라고 하는 것은 기준시점에 비해 산출시점의 시가 총액이 1000% 즉 10배 상승했다는 것을 의미하는 것이다. 주식시장전반의 경향과 무관하게 경영상황이 악화된 기업의 입장에서 말하자면 종합주가지수는 개별 기업의 상황을 정확하게 반영하지 못하다는 점을 들어 종합주가지수에 대하여 비판할 수 있지만 주식시장 전반의 현황을 이해하는 데 효과적인 지표라는 점은 부인할 수 없다.

세계 각국의 물가를 상대적으로 비교하는 데 효과적인 "빅맥지수(Big Mac Index)"가 있다. 전 세계 120여 국에 유사한 크기와 품질로 판매되고 있는 맥도날드의 빅맥이라는 햄버거 제품의 가격을 달러로 환산하여 비교함으로써 각국 환율의 적정성이나 물가를 측정하여 상호비교하기 위한 목적으로 개발되었다. 빅맥의 미국 평균가격을 계산한 다음 이를 기준으로 다른 나라에서 판매되는 빅맥의 현지 가격을 조사하고 이 가격을 주어진 시점의 달러 대비 환율로 나누어 달러화 가치로 환산하여 비교한다. 미국의 빅맥가격보다 비교국가의 빅맥가격이 싸다면 비교국의 통화의 가치가 상대적으로 저평가되었고 구매력이 낮음을 의미한다. 우리나라의 경우 소비자물가지수(CPI)를 작성하는데 조사되는 품목이 516개에 달하고 있다는 점을 고려할 때, 국가의 물가를 상호 비교하는 데 햄버거, 그 중에서도 특히 특정기업이 생산하는 한 가지 상품의 가격만을 조사하여 물가를 비교한다는 것은 지나친 단순화의 위험을 가지고 있는 것으로 비판받기 쉽다.

사회과학연구에서 계량화에 대한 논리적 비판에도 불구하고 사회현상에 대한 측정은 경제적 현상이든 정치적 현상이든 시계열 분석이나 수평적 비교분석에 효율적인 정보를 제공하게 된다. 경제적 특성을 측정하는 종합주가지수나 빅맥지수는 주어진 특성에 대해 객관적으로 측정된 정보를 가공하여 수치화한다는 점에서 강점을 가진다고 할 수 있다. 한편 국제정치연구에 이용되는 지수의 경우는 객관적으로 측정된 정보에 근거하여 계량화하기도 하지만, 이에 더하여 연구자 개인의 또는 연구자 집단의 주관적 판단이 개입될 여지기 상당수 존재한다는 점에서 더욱 비판의 여지는 커진다.

예를 들면 세계 각국의 민주주의의 정도를 측정하는 프리덤 하우스 인덱스의 경우 정치적 자유와 시민의 권리 두 분야로 나누어 작성된 보고서를 검토하고 이 내용에 기초하여 전문가들이 1에서 7까지에 해당하는 범주의 점수를 배당하는 전문가 판단 방식을 적용하여 1은 가장 자유로운 상태를 7은 가장 자유롭지 않은 상태를 나타내는 것으로 하였다. 미국의 국무성에서 평가하는 민주주의와 인권에 대한 조사도 프리덤 하우스와 유사한 방식을 활용하여 각국의 민주주의에 대한 지수를 만들고 있다. 국가권력에 의한 인권의 침해 정도를 지수로 측정한 정치공포지수(political terror scale)는 국가권력에 의해서 자행되는 인권침해의 사례를 살해, 실종, 고문, 감금의 4가지 하위 범주로 나누고 각각의 범주에 해당하는 사례를 종합하여 각국에 대한 인권상황을 평가한다. 국가 권력에 의한 인권침해가 가장 적은 국가는 1점을 그 반대의 국가에는 5점을 배점하여 한 국가의 1년간의 인권 수준을 계량화된 지수로 표시한다.

이처럼 정치학에서 사용되는 지수 중에서 전문가 판단에 의한 방식은 객관적 수치를 측정하는 경제지표와 달리 더욱 많은 비판에 처할 여지가 있다. 이러한 정치학 특히 국제관계에서 요구되는 다양한 지수에 대한 비판에 직면하여 국제관계현상에 대한 지수화 작업의 효용과 필요성에 대한 논란은 앞으로도 끊임없이 제기될 것이고 어떤 문제에 대한 어떤 지수를 작성한다 하더라도 이런 비판을 극복할 수 있는 대안은 기대하기 힘들다. 사회과학에서 수행하는 모든 관측이나 측정은 본질적으로 불완전하기 때문에 개념 정의의 문제, 조작 정의의 문제 그리고 이에 따른 측정상의 오류에 직면할 수밖에 없다(King, Keohane, and Verba 1994, 151). 계량화를 통한 사회과학의 분석과 추론이 가지고 있는 난제 속에서도 사회과학연구에서 지수가 가지는 중요성은 지수로 표현된 대상의 이론적 간결성(parsimoniousness), 내용의 포괄성(comprehensiveness) 그리고 효과적 비교가능성(comparability)에 있다. 위에서 예를 든 바와 같이 종합주가지수, 빅맥지수, 인권지수, 민주주의지수 등 다양한 지수들은 주어진 대상의 특성을 시계열에 따라 비교하고 분석할 수 있는 자료를 제공한다는 점에서 연구자가 지수화 작업을 추진하는 것은 의미가 있다.

본 연구는 국가의 평화로운 정도의 측정에 학문적 관심을 두고 있다. 한 국가의 평화로운 정도에 대한 측정도 사회과학에서 계량화가 안고 있는 비판으로부터 자유로울 수 없는 주제이다. 우선 평화의 개념 정의가 광범위하기 때문에 주어진 국가의 평화로움의 정도를 단일의 지표로 측정하는 것은 현실적으로 불가능하며 복수의 지표를 선정하고 이들의 수치를 합산하는 방식의 합산측정(summational measurement)은 적절한 방법으로 보기 어려운 점이 있고 이와 달리 주어진 국가의 전체적인 상황을 고려하여 집단적 특성을 측정하는 종합측정의 방식도 적절한 대안을 제시하기에는 어려움이 따른다. 이러한 지표에 의한 방식이 아닌 경우에는 전문가의 종합적인 판단에 근거하여 국가의 평화로운 정도를 측정하는 것은 현실적으로는 용이한 방법일수 있으나 객관적인 현상을 반영하는 적절한 측정방법이라고 하기 어렵다.

사회과학의 다른 분야, 특히 경제학에 비해서 정치학, 특히 국제관계 분야에서 계량은 상대적으로 발전되지 못한 측면이 있다. 국제관계 연구에 있어서 국력(power), 평화(peace), 협력(cooperation), 갈등(dispute), 그리고 분쟁(conflict)과 같이 이론적으로 중요한 의미를 가지는 개념들은 중요도에도 불구하고 추상적인 특성 때문에 계량화 작업이 용이하지 않았다. 본 연구는 이러한 한계를 인식하고 이를 개선하는 하나의 방안으로 개별국가의 평화로운 정도를 지수로 작성하고 이를 누적함으로써 보다 체계적인 분석의 자료로 활용하려는 목적으로 연구를 시작하였다.

이러한 계량화는 과학적 분석을 위한 것으로 자연과학과 사회과학이 본질에 있어서 다르지 않은 과학적 방법론의 적용과정이다. 하지만 사회과학 중에서 국제관계 연구를 논의할 때 계량화를 통한 과학적 분석의 목표는 완전히 가치 중립적인 과학적 분석이 최종 목표가 아니라 분석을 통한 대안의 모색을 통해서 국가의 이익, 지역의 안정, 평화의 달성, 인류의 공동번영과 같은 명백한 가치판단이 개입하는 것이 올바른 사회과학의 연구라고 생각한다. 현실의 문제점을 인식하고 이를 개선하기 위한 목표를 설정하고 목표를 달성하기 위한 올바른 대안과 방법을 모색하고 이를 제시하는 것이 사회과학의 궁극적인 목표이다. 사회과학의 존립근거라고 할 수 있는 사회문제에 대한 대안의 제시라는 목표를 달성하기 위해서 현상을 측정(measurement)하고, 측정된 현상에 대해 평가(evaluation)하고, 평가를 통해서 개선을 위한 대안을 제시해야 한다. 사회과학이 본연의 임무를 달성하기 위한 첫 출발점은 바로 측정이다.

본 연구서는 1장에서 평화지수의 이론적 배경과 방법론적 기술을 설명하고 2장에서는 평화지수의 신빙성(reliability)과 적실성(validity)에 중점을 두어 측정된 자료의 이론적 적용가능성을 논의하고자 한다. 그 이후 3장에서 10장까지는 평화지수의 적용을 통해 한국, 북한, 미국, 중국, 일본, 러시아, 독일, 그리고 이스라엘의 대외정책을 분석적으로 논의하고자 한다. 지역외교정책의 분석에 평화지수를 활용하는 것은 새로운 시도이다. 기존의 연구가 특정국가의 조합을 연구대상으로 특정 시기나 특정 정책이슈에 중점을 두어 논의를 전개한 점에서 연구자가 깊이 있는 연구는 할 수 있으나 사례 선택의 편견(selection bias)이라는 비판으로부터 자유로울 수 없었다. 반면 평화지수를 통해 1990년부터 2004년까지 25년에 해당하는 상대적으로 긴 시기에 걸쳐 다양한 유관 국가 조합을 고려할 수 있다는 점에서 본 연구의 장점이 있다.

II. 기존연구에 대한 고찰

1. 평화지수 연구에 대한 고찰

평화에 대한 지수화 작업은 국내외에서 이루어져 왔지만 아직은 초보적인 단계라고 할 수 있으며, 때문에 만족할 만한 결과는 그다지 많지 않다. 평화지수화 작업은 크게 두 가지로 나눌 수 있는데 가장 일반적인 방법은 개별국가의 평화로운 정도를 구성하는 상위영역의 개념을 설정하고 이를 반영할 수 있는 지표(indicator)를 결정하여 이를 종합하는 방식이다. 다른 방법은 최근 국내에서 시도된 방법으로 사건자료(event count data)의 누적빈도(accumulated frequency)에 가중치(weighted value)를 적용하여 합산하는 방식으로 평화지수를 생산하였다.

평화지수(Global Peace Index: GPI)는 국내외의 분쟁 부문, 사회적 안전 부문, 그리고 군사화 분야의 세 가지 영역으로 나누어 총 24개의 지표를 선정하여 표본으로 140여 개 국가를 선정하여 선정된 국가의 해당분야 점수를 1~5점으로 환산한 후 이들의 평균값을 계산하여 각국의 평화도

(degree of peace)를 서열화하여 발표하였다. 2008년의 자료를 기준으로 보면 1위인 아이슬란드가 1.176을 얻어 가장 평화로운 나라에, 그리고 3.514를 얻은 이라크가 가장 평화롭지 않은 나라로 각각 선정되었고 한국은 1.691을 얻어 32위에 선정되었다.

GPI를 구성하는 지표에는 국내 및 국제분쟁에 해당하는 것으로 (1)해당 국가가 참여한 국내 및 국외 분쟁의 참여 횟수, (2)참여한 국제분쟁의 사망자 추정치, (3)참여한 국내분쟁(내전)의 사망자 추정치, (4)분쟁의 수준, 그리고 (5)주변국과의 관계를 포함하고 있다. 사회안전 부문과 관련한 지표로는 (1)사회구성원과의 신뢰수준, (2)전체 인구 중에서 추방된 사람의 비율, (3)정치적 불안, (4)인권에 대한 침해수준(political terror scale), (5)테러행위의 가능성, (6)폭력시위의 가능성, (7)폭력범죄의 수준, (8)인구 10만 명당 살인사건의 수, (9)인구 10만 명당 투옥자의 수, (10)인구 10만 명당 공안요원 및 경찰의 수가 포함되어 있다. 끝으로 군사화 부문을 측정하는 지표로는 (1)전체 GDP에서 군사비가 차지하는 비율, (2)소형 무기 및 경화기에 대한 접근의 용이성, (3)군사력 및 무기의 발전수준, (4)UN의 군사력 배치, (5)비UN군사력의 배치, (6)인구 10만 명당 군인의 수, (7)인구 10만 명당 재래식 무기의 수입량, (8)인구 10만 명당 재래식 무기의 수출량, 그리고 (9)인구 10만 명당 중화기의 누적 수치가 포함되어 있다. 내전과 국가 간 전쟁에 관련해서는 Uppsala Conflict Data Program과 오슬로에 소재한 International Peace Research Institute에서 수집한 자료를 활용하였고, 사회안전망(social security net) 중에서 범죄와 관련한 자료는 UN 마약범죄사무국(UN Office of Drugs and Crime)에서 작성한 것을 활용하여 자료를 작성하였다. 군사화에 관한 자료는 International Institute of Strategic Studies(IISS)의 자료를 활용하여 작성하였다.

국내 연구기관에 의한 평화지수는 세계평화포럼에서 2002년부터 2006년까지 세계의 140여 국가들에 대한 국내외 정책에서 평화지향적 행위에 대한 개별조사를 수행하고 이를 보고서로 종합하고 평화와 관련된 하부영역을 논의하고 이에 해당하는 지표를 선정하여 평화지수(World Peace

Index: WPI)를 계산하였다(세계평화지수 2003). 전체적으로 80여 개의 지표를 조사하여 측정된 모든 지표를 1~4의 스케일로 전환하는 서열측정을 통해서 채점하는 방식으로 조사하였다. 2006년의 WPI에 따르면 오스트리아가 90.3을 얻어 1위를 차지했고, 대한민국은 75.3을 얻어 36위로 조사되었고, 파키스탄은 47.0으로 조사대상국 중 최하위인 76위를 기록했다.

세계평화포럼에서 측정한 WPI는 정치영역, 군사영역, 사회경제영역의 세 가지 분야를 포함하여 국제분쟁, 국내분쟁, 국내정치의 안정과 사회정의 등을 포함하는 포괄적인 연구를 수행하였다. 국제적 분쟁의 수준을 측정하는 지표로는 사상자규모, 영토분규와 같이 갈등자체와 관련된 사항뿐 아니라 식민지경험이나 국력과 같이 분쟁을 일으킬 수 있는 배경에 해당되는 지표도 포함하고 있다. 국내상황에 대한 포함은 GPI와 WPI의 공통점이며 가장 중요한 특징이라고 할 수 있다. 두 지수가 국내정치 및 경제상황을 포함시켰다는 점은 평화지수에 적극적 평화(positive peace)의 개념을 적용하여 계량화를 시도하였다는 점에서 이론적으로 의미 있는 시도라 할 수 있다.

한양대학교 아태지역연구센터의 한반도 평화지수(Korea Peace Index: KOPI)는 남북한 간의 사건발생을 추적하여 남북한의 통합과 분쟁에 대한 변화를 남한과 북한의 양자조합으로 조사하였다. KOPI는 Conflict and Peace Data Bank(COPDAB)(Azar 1982; 1984)의 자료를 원용하여 남북한 관계에 적용하여 평화지수를 작성하였다. KOPI는 매일 발생하는 사건을 COPDAB의 가중치에 따라 기록하여 2005년 1월부터 2007년 12월까지 36개월의 시계열자료(time series data)를 만들어 월별 총계를 구하고 간략하게 한반도 평화지수의 역동적인 현상에 대한 월별 설명과 원인 분석을 제공하였다.

KOPI는 사건자료를 통해 평화도를 구했다는 점에서 새로운 방법론을 적용한 사례라고 할 수 있지만 추적한 사건의 행위자(source)와 상대방(target)을 구분하지 않고 자료를 추적하였다는 점에서 COPDAB자료에 비해서 KOPI지수가 전달하는 정보의 양이 감소되었다고 평가할 수 있다. KOPI자료의 활용은 기술통계(descriptive statistics)로서 월별 변화(variance)와 추이

(trend)의 추적에 중점을 두고 있으며, 전체 자료의 범위(temporal domain)가 3년(36개월)으로 제한되어 있다는 점에서 남북한 관계의 변화에 대한 분석통계(analytic statistics)의 적용가능성은 상당히 낮아 보인다. 남북한 관계와 관련한 이론적 측면에서 볼 때, 탈냉전기(the post-Cold War era)의 남북한 관계를 설명하는데 2005년 1월 이후 36개월의 자료는 분석적인 목적을 추진할 수 없는 한계가 있고, 단순히 남북 관계의 변화를 추적하는데 중점을 둘 수밖에 없는 본질적 한계가 있다.

평화지수에 대한 세 가지 기존연구를 고찰해보았는데, GPI와 WPI가 채택한 지표의 측정에 의한 평화지수 측정은 크게 세 가지의 문제를 안고 있다.

첫째, 지표측정방법은 한 국가의 평화지수가 1년 동안 변화하지 않고 동일한 수준을 유지하고 이와 동시에 전 세계의 모든 국가에 대해 동일한 수준의 평화를 유지한다는 전제조건을 제시하고 있다는 점이 문제이다. 국제관계의 현실은 한 국가의 대외정책이 상대방에 따라서 매일 변화하고 있다는 현실을 감안할 때, 동일한 상대국가에 대하여 1년 동안 평화의 정도가 변화하지 않는다는 전제조건은 현실을 적절히 반영하는 측정이라고 할 수 없다. 상대방에 대해서 변함없는 평화의 정도를 유지하는 것도 논리적 설득력이 떨어진다. 어떤 나라의 평화도는 상대방에 따라서 변화하는 것이 당연하다.

둘째, 지표측정방법이 안고 있는 문제는 한 국가의 평화지수를 측정하는데 있어서 국제관계에서 분쟁의 측면과 국내정치에서 사회적 안정과 경제적 기회균등과 같은 사회정의의 측면을 동등하게 포함시킴으로써 평화의 개념 정의에서 논의된 소극적 평화(negative peace)가 아니라 더 확대된 개념인 적극적 평화를 계량화했다는 점에서 산술적인 통합은 달성했지만 이론적 통합은 달성하지 못했다.

셋째, GPI는 24개 그리고 WPI는 60개의 지표를 포함하고 있다는 점에서 지나치게 많은 지표를 지수에 포함시킴으로써 포괄성의 측면에서는 우수하다고 할 수 있지만 이는 동시에 고려해야 할 간결성의 측면에서는 효과적이지 못하다는 비판을 피할 수 없다. 다시 말해서 포괄성과 간결성은 상호배타적인 측면이 있다는 점에서 지표의 숫자는 단순한 수학적 통합을 고려해서 결정할 것이 아니라 이론적 고려를 통해서 결정해야 한다. 인구 10만 명당 재래식 무기의 수·출입량과 인구 10만 명당 중화기의 누적치는 무기의 수·출입이 많은 국가는 중화기 누적이 많아질 수밖에 없다는 점에서 중복된 측면이 있다. 폭력범죄의 수와 투옥자 수의 경우도 국가가 정상적인 작동을 하는 경우에는 범죄의 증가는 투옥자의 증가로 귀결될 수밖에 없고 폭력시위의 증가도 투옥자의 증가로 이어질 수밖에 없다는 점에서 지수의 측정은 계량화의 과정이지만 방법론적 고려보다 이론적 고려가 우선되어야 한다.

사건자료를 원용한 평화지수인 KOPI의 경우는 남북한의 상호관계에 대한 평화의 정도를 측정하는 전 기간에 걸쳐, 그리고 모든 국가에 대해서 동일한 평화지수를 유지하는 문제는 해결할 수 있었지만, 한 국가의 전체적인 평화지수와 복수의 개별국가에 대한 평화지수를 분리하여 측정하는 연구에는 제약이 존재하고 있다. 본 연구는 기존의 연구가 해결하지 못했던 약점을 보완하는 방향에서 사건자료를 활용하여 개별국가의 전체적인 평화지수를 작성하고 이를 활용하여 필요한 경우에 개별국가 조합에 해당하는 평화지수를 별도로 작성하여 양자수준에서 평화지수를 작성하며 이는 일별 그리고 월별로 변화하는 평화지수의 역동성을 반영할 수 있다.

이와 유사한 사건 자료를 이용한 연구로는 Bond et al.(2000)이 Inte-grated Data for Event Analysis(IDEA)자료를 이용하여 남북한 간의 평화에 대하여 계량화 작업을 수행한 것이 있다. IDEA는 원칙적으로 대량의 기사정보를 컴퓨터 프로그램인 *VRA(Virtual Research Association)^TM Reader, Knowledge Manger*를 이용하여 사건(event)의 발생에 대한 육하원칙의 구조—누가, 무엇을, 누구에게, 언제, 어디서, 왜—아래 조사하여 통계학적 분석에 용이하게 자료로 만들었다는 점에서 기존의 WEIS, KEDS, PANDA 그리고 COPDAB과 같은 자료와 유사하다. IDEA자료를 이용하여 북한과 한반도 주변 관계국이라고 할 수 있는 한국, 중국, 일본, 러시아, 미국의 양자관계를 방향성을 나누어 분기별로 누적하여 지수화하였다(Bond et al.

2000). 한반도 주변국가들에 대한 평화지수의 연구진들은 IDEA의 자료가 다른 사건자료보다 우수하다고 주장하지만 조사대상이 된 기간은 1990년 에서 1999년까지 10년이고 연구 대상이 된 국가도 6개국이라는 점에서 오 히려 제한적이다. 이러한 제한에도 불구하고 Bond et al.(2000)연구의 장 점은 사건자료를 이용하여 복수의 양자관계의 구조로 평화지수를 작성하려 고 하였다는 점이며 이 과정에서 평화지수의 방향성을 구분하여 평화관계 의 구조를 분석하였다는 점이다.

평화지수에 대한 기존 연구의 장단점에 입각하여 본 연구는 가능한 모든 장점을 포괄하는 방향에서 평화지수를 작성하고자 한다. 평화지수의 장점 을 극대화하는 데 필요한 사항은 다음과 같이 정리할 수 있다고 판단된다; (1)시간의 흐름과 관련하여 기간별 역동성이 가장 중요한 기준이다. 이는 지표선정방식이 아니라 사건자료를 활용하여 국가의 평화지수를 1년간 불 변하는 정태적 지수가 아니라 매일, 매월, 그리고 매년 역동적으로 변화하 는 동태적 지수로 작성한다. (2)사건자료를 활용하여 평화지수를 국가수준 (nation state level)으로 설정하여 한 국가의 전 세계 다른 모든 국가에 대한 행위를 누적하여 개별국가의 평화로운 정도를 지수화로 작성하여 조 사 대상이 된 국가의 전체 평화지수를 작성한다. (3)한 국가의 평화지수를 작성한 사건자료를 양자수준(dyadic level)에서 행위자(actor)와 상대방 (target)으로 분리하여 한 국가의 평화지수의 방향성도 고려할 수 있도록 지수 를 작성함으로써 외교관계의 역동성(dynamic)과 인과관계(causal relation- ship)를 분석할 수 있다. (4)가장 포괄적으로 조사된 사건자료라고 할 수 있는 10 Million International Dyadic Event Data(King and Lowe 2003) 를 활용함으로써 특정 지역의 일부 국가군에 제한된 국지적 평화지수가 아 니라 전 세계 차원의 포괄적인 평화지수를 작성한다. (5)사건의 발생 빈도 에 대하여 연구자가 별도의 가중치(weighted value)를 적용하여 지수를 작 성할 수 있다는 점에서 연구자에게 보다 많은 자료의 활용을 가능하게 한 다. (6)협력과 갈등의 사건과 각각의 사건의 발생빈도를 동시에 조사함으로 써 협력과 갈등의 차를 의미하는 순협력(net-cooperation)과 같은 개념을 만듦으로써 등 통계적인 활용도를 높인다(Goldstein 1997).

2. 사건자료에 대한 고찰

평화지수를 작성하는 방법으로 사건자료를 이용하는 점에서 이에 대한 이해가 선행되어야 하는데, 사건자료는 주로 국제관계에서 협력이라는 특수한 형태의 행위를 측정하기 위한 방법으로 개발되었다. 국제관계에서 연구주제를 기준으로 평가할 때, 전쟁과 평화가 전통적인 연구주제였음에 반해서 최근에는 협력이 상대적으로 주된 학문적 관심의 대상이 되었다고 할 수 있다. 국제관계 연구에서 방법론적인 측면에서 고려할 때, 특정 사건의 발생을 추적하여 자료로 작성하는 연구는 협력에 대한 계량적 분석과 같이 발전하였다는 점에서 상대적으로 최근에 연구가 진행된 분야라고 할 수 있다. 언론에 보도되는 국가들 사이의 상호관계(reciprocal action-reaction)의 양상에 해당되는 협력과 갈등의 범주의 사건 발생을 추적하여 빈도를 측정하거나 사건의 빈도에 가중치를 적용하여 양자관계의 특성을 측정하는 사건자료가 있다.

양자관계의 특성을 측정하는 사건자료 중에서 가장 고전적인 연구라고 할 수 있는 Conflict and Peace Data Bank(COPDAB)는 135개 국가와 국제기구 그리고 비정부기관이 상대기관에 대하여 실행한 정책행위 중 언론에 보도된 기사를 추적하여 자료를 작성하였다(Azar 1982; 1984). COPDAB의 경우는 70여 개에 달하는 다중의 뉴스소스를 이용하여 자료를 수집하였다는 점에서 포괄적인 자료조사가 이루어졌고 특정한 뉴스에 의해 왜곡될 수 있는 가능성을 배제했다는 장점이 있으나 이와 동시에 복수의 뉴스소스를 사용함으로 인해서 동일한 사건에 대한 중복된 조사의 가능성이라는 일관성에 대한 문제가 제기될 수 있는 한계도 안고 있다. 갈등과 협력이라는 두 가지의 범주로 나누어 조사한 COPDAB은 모두 15가지의 사건의 유형을 서열화하여 측정하였다. 가장 높은 수준의 협력을 의미하는 '자발적 통합' 에서 최고 수준의 갈등을 나타내는 '전면전' 에 이르기까지 7가지의 협력행위와 8가지 갈등행위로 분류하여 협력과 갈등을 정도에 입각하여 서열화하고 각각의 사건에 대한 가중치를 적용하였다.

다음의 〈표 1-1〉이 보여주는 바와 같이 '자발적 통합' 은 가중치 92를 적용하고 '공식적 구두 지원' 은 가중치 10을 적용하였다는 점에서 산술적인 의미를 고려한다면 공식적 구두 지원 9번이 자발적 통합 1회에 상응하는 값을 얻게 된다. 다시 말하면 국가가 자국의 주권을 일정 정도 또는 상당 정도 포기하고 상위의 권위를 조직하여 포기한 주권의 일부를 위임하는 통합은 인류역사에서 미국의 13개 주가 합의한 합중국이나 유럽 12개국이 마스트리히트조약을 통해 유럽연합에 합의한 정도라고 할 수 있는데, 이러한 세계사적 사건이 비공식적 구두 지원 9회에 해당하는 정도의 협력이라

〈표 1-1〉 COPDAB 사건유형 및 가중치

사건범주	사건유형	유형별 가중치
1	자발적 국가 통합	92
2	전략적 동맹	47
3	경제적인 또는 전략적인 군사적 지원	31
4	비군사적 경제·기술·산업 협약	27
5	문화·과학적 협정이나 지원(비전략적)	14
6	목표·가치·제도에 대한 공식적인 구두 지원	10
7	준공식적 교류·대화·정책에 대한 약한 구두 지원	6
8	내부문제에 관한 중립적 혹은 일상적 태도	-1
9	국가 간 불화에 대한 약한 구두적 표현	-6
10	국가 간 적대감을 나타내는 강한 구두적 표현	-16
11	외교·경제적 적대 행위	-29
12	정치·군사적 적대 행위	-44
13	소규모 군사행동	-50
14	국지적 도발 행위	-65
15	실상이나 혼란 혹은 막대한 비용을 수반한 전면전	-102

는 점은 이론적 설득력을 얻기 어렵다.

이러한 단순 누적합산의 오류는 갈등의 경우에도 마찬가지이다. ‘국가 간 적대감을 표현하는 강한 구두적 표현’ 의 경우 가중치가 -16이고 ‘전면 전’ 의 경우 -102의 가중치가 적용되어 있는데, 이는 6.5회의 강한 적대감 표현이 전면전 1회에 상응하는 효과가 있다는 것을 의미하는데 이 경우도 이론적으로도 현실 정치적 측면에서도 설득력이 부족하다.

McClelland(1978)이 측정한 World Event Interaction Survey(WEIS) Project의 자료는 연구의 범위와 방법에 있어 보다 발전된 형태를 취하였 다. WEIS자료는 1966년부터 1978에 이르기까지 243개의 국가 행위자, 국 제기구, 그리고 비정부기구(nongovernmental) 행위자 등 다양한 국제관계 의 행위주체를 포괄하는 자료를 조사하였다. WEIS가 개발한 연구의 방법 은 Kansas Event Data System(KEDS)에 승계되어 1966년부터 현재에 이르 기까지 자료가 지속적으로 조사되고 있다. 통칭하여 KEDS자료는 COPDAB 와 여러 가지 면에서 차별된 접근을 시도하였다. 우선 자료조사단계에서부 터 사건의 비중을 미리 설정하는 서열화된 방식이 아니라 사건의 명목적 범주만 설정하고 각각의 범주에 해당하는 세부 외교정책행위를 조사하는 방식을 사용하였다. 범주측정은 서열측정방식과 달리 자료의 조사단계에서 는 사건의 가중치를 고려하지 않고 사건을 유형별로 분류하여 명목변수로 측정하여 누적 빈도만 측정하고 가중치는 개별연구자의 판단에 맡김으로써 연구의 활용도가 향상되었다.

〈표 1-2〉에 제시된 것은 Goldstein(1992, 376-377)의 WEIS의 사건범주 와 해당 사건에 대한 가중치이다. COPDAB의 15개 범주에 비해서 WEIS는 61개의 범주를 설정하고 각 범주 사이의 가중치 차이를 적게 함으로써 COPDAB에서 가중치 적용으로 발생했던 ‘통합’ 과 ‘구두 지원’ 사건 사이 의 비중의 문제가 어느 정도 해결되었지만 실제 행위가 아닌 구두표명과 실제정책행위 사이에 존재하는 가중치의 문제가 완전히 해소된 것은 아니 다. 개별 행위의 비중에 대한 논리적 오류의 가능성을 완화하는 방안은 COPDAB에 포함되어 있던 ‘전면전’ 이나 ‘통합’ 과 같은 극단적 형태의 갈

〈표 1-2〉 WEIS 사건유형 및 가중치

사건범주	사건유형	유형별 가중치
223	군사적 공격, 충돌, 습격	-10.0
211	위치나 소유물의 탈취	-9.2
222	비군사적 파괴/부상	-8.7
221	부상을 유발하지 않는 파괴행위	-8.3
182	군대의 동원, 훈련, 시위, 병력증강	-7.6
195	외교관계단절	-7.0
173	군대에 의한 위협	-7.0
174	최후통첩; 시한부 또는 금지조치를 통한 위협	-6.9
172	비군사적 제재를 통한 위협	-5.8
193	지원 원조의 삭감이나 중단; 처벌행위	-5.6
181	비군사적 시위, 항의퇴장	-5.2
201	특정인물에 대한 출국조치	-5.0
202	조직이나 집단의 추방	-4.9
150	명령, 강요, 복종의 요구	-4.9
171	구체적인 제재를 동반하지 않는 위협	-4.4
212	억류 또는 체포	-4.4
192	일상적 국제관계의 감소, 외교관 소환	-4.1
112	거절; 반대; 승락의 거부	-4.0
111	제안의 거절; 항의, 요구, 위협의 거부	-4.0
194	협상의 중단	-3.8
122	비난; 모욕; 능욕	-3.4
160	경고	-3.0
132	공식적 불평 또는 항의의 제기	-2.4
121	비난; 비판; 고발; 부정	-2.2
191	예정된 행사의 취소나 연기	-2.2
131	(비공식적)불편	-1.9
063	피난처 제공	-1.1
142	부속 정책, 행위, 역할이나 인장에 대한 부정	-1.1
141	비난을 부정	-0.9

023	상황에 대한 언급	-0.2
102	행위나 정책의 촉구 또는 제안	-0.1
021	언급에 대한 명시적 거절	-0.1
094	행위의 요청; 요구	-0.1
025	정책의 설명이나 언급; 장래 입장 설명	0.0
091	정보의 요청	0.1
011	항복, 명령에 따름, 체포에 응함	0.6
012	입장의 양보; 퇴각; 철수	0.6
031	회합; 메모를 보냄	1.0
095	간청; 탄원; 호소; 부탁	1.2
101	제안	1.5
061	유감 표명; 사과	1.8
032	방문	1.9
066	인물이나 재산의 석방 또는 반환	1.9
013	실수의 인정; 사과; 성명 철회	2.0
062	초청	2.5
054	확인; 재확인	2.8
033	방문을 수용; 주최	2.8
065	제재의 철회; 처벌의 종결; 휴전을 요청	2.9
082	미래의 행위와 절차 회합 협상에 합의	3.0
092	정책지원의 요청	3.4
093	물질적 지원의 요청	3.4
041	찬사, 환호, 박수, 조의 표명	3.4
042	다른 행위자의 정책이나 입장을 후원; 구두 지원	3.6
053	다른 행위자에게 미래의 지원을 약속	4.5
051	정책지원의 약속	4.5
052	물질적 지원의 약속	5.2
064	특권의 부여; 외교적 인정; 사실상 관계형성	5.4
073	다른 행위자를 지원	6.5
081	실질적 합의	6.5
071	경제지원; 수여, 구매, 판매, 대부, 차용	7.4
072	군사적 지원	8.3

등이나 협력의 사례는 WEIS의 범주에 포함시키지 않고 현실적으로 발생하는 일상적인 사건을 자료조사의 주요 대상으로의 성격을 정확하게 반영하는 방향에서 사건의 범주를 설정하였다.

사건을 추적하여 계량화한 COPDAB과 WEIS는 위계측정(ordinal measurement)과 범주측정(categorical measurement)이라는 차이 이외에도 방법론적으로 중요한 차이점이 있다. COPDAB은 대학교 학생들에게 훈련을 시킨 후 이들에게 기사를 읽고 판단하는 전문가 코딩이라는 방법을 사용하였음 반해 WEIS는 사람에 의한 판단이 아니라 컴퓨터의 프로그램이 기사의 특정 단어의 배치를 인식하여 자료를 작성하는 기계코딩의 방법을 이용하였다. 사실 COPDAB은 1948년부터 1978년까지 자료를 조사하고 중단된 이유 중의 하나가 전문가를 동원한 코딩을 실시할 경우 많은 인력이 요구되기 때문에 연구의 비용이 많이 소요되는 반면 정확도 면에서 별다른 강점이 없었기 때문에 컴퓨터의 발달과 더불어 기계코딩이 적실성과 신빙성에서 두각을 나타내면서 전문가 코딩기법은 사라지게 되었다(Reuveny and Kang 1996).

기계코딩이 측정에 있어서 중요한 기준이 되는 적실성과 신빙성을 충족시키기 위해서는 전문가들의 기사에 대한 이해가 바탕이 되어야 기계코딩에 필요한 행위자와 대상자 그리고 행위에 관한 사선을 작성하여 자료를 만들 수 있다는 점에서 전문가 코딩은 기계코딩으로 발전하기 위한 필연적 과정이었다. 전문가 코딩의 공헌은 현재 진행되는 기계코딩과 비교할 때 시간과 비용 면에서 비교할 수 없을 만큼 경제적이기 때문에 기계코딩이 선호되고 있다. 문제는 자료 코딩의 정확도인데 기존의 연구에 따르면 WEIS자료의 경우 분석에 이용한 로이터 뉴스 기사의 약 10% 정도는 내용의 복잡성 때문에 컴퓨터가 처리하지 못한 것으로 밝혀졌다. Protocol for the Assessment of Nonviolent Direct Action(PANDA)의 경우에도 로이터 뉴스를 무작위로 선택하여 하루 분량의 기사를 기계코딩으로 분석한 결과 약 91.7%를 정확하게 분석하였다는 점에서 현재 컴퓨터를 이용한 기계코딩은 상당한 수준까지 발전했다고 할 수 있다.

이외에도 사건자료는 앞에서 사건자료를 이용한 IDE, International Political Interaction(IPI) project, Global Event Data System(GEDS), Asia Specific Information Analysis(ASIA) 등이 있으나 기계코딩에 근거한 사건자료라는 점에서 유사한 방법론에 입각해서 자료가 조사되었기 때문에 본 연구에서는 기존에 제작된 사건자료의 명칭만 소개하고자 한다.

III. 평화의 이론적 개념 정의와 조작 정의

인간의 보편적 가치의 확대라는 일반적 기준에서 판단할 때, 항상 도덕적 정당성을 부여받는 단어가 바로 '평화'라고 할 수 있지만 평화도 정의가 용이한 단어가 아니며 오히려 개념 정의가 어렵다고 할 수 있다. 현실 국제관계에서 평화는 주어진 문화와 역사적 배경에 따라 다의적 및 다차원적 의미를 가진다고 볼 수 있으며 이와 같은 평화의 복합적 의미는 평화와 관련된 연구와 교육을 추진하는 데 있어서 연구의 범위와 방법을 확대하는 장점이 되기도 하지만 개념적 혼돈을 일으킬 수 있는 여지가 있으며 문화의 다양성을 반영하는 개념은 평화에 대한 보편주의적(universalism) 시각과 상대주의적(relativism) 시각의 논쟁을 불러일으키는 근거가 되기도 한다.

이런 점에서 평화에 대한 개념 정의는 시대와 장소에 따라 일정한 차이를 보여주고 있다. 로마의 라틴어의 평화(Pax)는 동일한 단어이지만 로마의 평화(Pax Romana)에서는 '힘에 의한 평화'를 의미하고, 기독교의 평화(Pax Christi)는 '사랑의 평화'를 의미하는 양면적 성향을 가진다. 그리스어의 평화(Eirene)는 '휴전' 또는 '당사자 간의 약속에 의한 현상고착(status quo)' 또는 계약에 의한 평화를 의미한다는 점에서 그리스 문화의 특성을 반영한다고 볼 수 있다. 히브리어의 평화(Shalom)는 '완전함, 전체적 통일, 충만 등을 나타내는 적극적인 최상의 상태'를 의미하고 인도어의 평화(Shanti)는 '정신적 만족과 인간 내면의 조화와 통합'을 의미한다. 동북아에서 우리의 평화(平和)와 중국의 화평(和平)은 '전쟁이 없는 평온한 상태와 동시에 조화로운 상태'를 의미한다. 이처럼 평화에 대한 이해와 개념에 대한 문화적 차이는 '힘에 의한 평화'에서부터 '계약에 의한 평화', '구성체 간의 조화(unity)' 그리고 '절대적 조화(harmony)'에 이르기까지 다양한 모습을 취하고 있다. 평화에 대한 다양한 지역과 문화의 차이는 평화를 분석적 개념으로 이해하는 데 도움이 된다기보다는 너무나 많은 의미를 지니는 포괄적인 어휘로 받아들여져 분석적인 논의에서 정확하게 사용하기에 어려움이 따르는 단어로 연구자에게는 중압감을 주는 단어이다.

현대적 의미의 독립된 학문영역으로서 평화연구는 1940년대 말과 1950년대 초 전쟁에 대한 연구를 시작하면서부터라고 본다(Stephenson 1989, 13). 프랑스에서 시작한 초기 형태의 국제법 논의와 전쟁에 대한 심리학적 분석의 단계를 지나면서 행태주의에 입각한 분석적 전쟁연구와 기존의 평화연구에 대한 비판을 제기한 유럽의 평화연구가 이론적으로 대립되는 구도를 취하면서 평화에 대한 체계적 개념 정의에 대한 필요성을 제기하였고 두 가지의 대별되는 시각이 발전하게 되었다. 문화적 개념이 아니라 학문적 개념으로서 소극적 평화는 전쟁의 부재(absence of war)에 중점을 두고 평화연구를 진행하였고(Boulding 1978), 적극적 평화의 시각에서는 전쟁의 부재는 물론 정의의 현재(presence of justice)를 의미하는(Galtung 1969) 두 가지의 다른 학문적 전통이 미국과 유럽의 문화적 특성을 반영하여 양분되어 논의되어 온 것이라 할 수 있다. 사회적 정의와 평등을 중요시하는 북유럽의 문화적 전통은 적극적 평화를, 그리고 제2차 세계대전을 전후해서 세계질서의 재편을 주도해야 했던 미국의 입장에서는 전쟁의 부재에 중점을 두는 소극적 평화를 선호했다.

폭력의 일반적 개념을 현실성(reality)과 가능성(potential)의 괴리로 정의함으로써 현실에 존재하는 모든 구조적 제약을 폭력으로 이해하였다(Galtung 1969). 이에 근거하여 적극적 평화는 구조적 폭력의 부재를 의미하는 것으로 소극적 평화는 개인적 폭력의 부재를 의미하는 것으로 이해한다. 적극적 평화는 사회정의, 분배정의, 평등이 구현되는 것을 평화로운 상태로 보았다는 점에서 평화연구를 분석적으로 다루려고 했다기보다는 사회운동의 차원에서 논의하려 했다는 평가를 받고 있고 이런 점에서 적극적 평화의 개념은 과격한 주장으로 받아들여진다. 평화에 대한 일반론에 따르면 평화와 폭력(violence)을 상반되는 개념으로 보는 대신 평화와 전쟁(militarized interstate conflict)을 상반되는 개념으로 간주하는 소극적 평화론은 전쟁과 평화의 차이를 가르는 기준을 인간행동의 금기에 두었다. 평화로운 관계에 있는 행위자 사이에 금기로 간주되는 행동이 교전관계에 돌입하면 금기의 영역으로 간주되지 않는다고 보았다. 소극적 평화와 적극적 평화의 이론적 차이의 핵심은 평화의 반대되는 개념의 설정과 이의 범위의 확장성에 두었다. 소극적 평화는 반대 개념을 전쟁에 둔 반면, 적극적 평화는 반대 개념을 폭력에 두었다.

실용적 분석을 위한 학문적 개념 정의를 위해서는 지나치게 포괄적인 적극적 평화보다는 전쟁의 부재만을 의미하는 소극적 평화의 개념이 더욱 적절하다는 주장이 있었으며(Boulding 1978), 경험적 분석을 주된 연구방법으로 활용해 온 미국의 학계에서는 소극적 평화의 개념 정의를 선호하였다. 초기 평화연구(peace studies)의 상당수가 전쟁의 원인에 대한 가설의 수립과 이에 대한 경험론적 분석을 주로 다루어 왔다. 이에 반해 사회적 당위의 규범적 이론으로서 평화에 대한 논의에는 적극적 평화의 개념이 선호되어 왔으며 적극적 평화개념은 국가 간의 분쟁보다는 국내정치 영역에서의 평등이나 기회균등과 같은 사회정의의 문제를 주로 논의하는 경우에 선호되었다.

평화의 개념규정을 논의하기 전에, 본 연구에서 요구되는 평화의 개념은 평화를 분석적 시각에서 논의하고 종합적으로 이해하기 위해서는 소극적 평화와 적극적 평화에 대한 양분법적 선택보다는 양자를 연속적인 개념으로 이해해야 한다. 평화에 대한 개념 정의는 소극적 평화론의 시각에서나 적극적 평화론의 입장에서나 평화의 개념을 이분법적으로 이해하였다. 인간의 행위는 갈등(conflict)과 비갈등(non-conflict)으로 양분할 수 있고 이와 동시에 평화(peace)와 전쟁(war)으로 양분할 수 있다(Boulding 1978, 10-12).

이 중에 대부분의 인간활동은 비갈등에 해당되지만 평화연구의 대상이 되는 것은 전쟁이 수반되는 갈등 또는 폭력이 수반되는 갈등이 연구의 대상이 된다. 적극적 평화를 주장하는 학자들의 경우도 폭력의 부재와 더불어 정의의 현재를 평화라 정의하며 다양한 형태의 폭력에 대해서 논의하였다(Galtung 1969, 169-174). 평화를 폭력의 부재로 정의한 후, 폭력을 포괄적으로 정의함으로써 평화를 위해서 제거해야 하는 폭력의 범위를 최대화시킴으로써 평화의 개념을 가장 넓은 의미로 해석하고자 하였다. 이러한 점에서 평화의 개념은 폭력의 정의에 의해서 결정되는 이론적 구조를 가지고 있었다는 점에서 가능한 평화의 개념을 넓게 설정하려는 의도가 있었다(Galtung 1969, 183). 적극적 평화의 개념을 본 연구에 적용하더라도 국제관계에서 발생하는 국가 간의 분쟁과 갈등을 모두 포함하여 지수화할 수 있는 장점이 있다. 사건자료에는 협력이나 갈등 상황에 실질적인 행동보다 언어에 의한 표현이 포함되어 있기 때문에 평화의 의미를 소극적으로 해석할 경우 군사적 충돌의 부재만을 의미하는 경우 사건자료를 활용하여 평화지수를 작성하는 데 불일치가 발생하지만 사건자료를 통한 평화지수의 작성이 정의의 구현과 같은 적극적 평화의 개념을 정확하게 측정할 수 없는 한계도 명백히 존재한다.

평화의 개념에 대한 소극적 평화와 적극적 평화의 개념 정의를 이분법적으로 분리하여 둘 중의 하나를 선택하는 접근보다 소극적 평화와 적극적 평화의 개념규정을 양 극단으로 이해하고 이 두 극단의 연속선상에서 평화의 개념을 파악하는 것이 바람직하다고 판단된다. 본 연구는 평화의 개념 정의를 확대할 수 있는 연속적 개념으로 제거해야 할 폭력의 대상과 범위를 확대함으로써 평화의 개념을 확대하는 논리적 연장선에서 "군사적 분쟁의 부재"와 "의사표현에 의한 분쟁의 부재"라는 평화의 조작정의(operational definition)를 이용하여 평화지수를 측정하고자 한다.

IV. 표본의 선택과 방법론

세계평화지수는 제목이 시사하는 바와 같이 지구상에 존재하는 모든 국가들의 그리고 국가들 사이에 유지되는 평화의 수준에 대한 전체적이고 포괄적인 이해를 가능하게 해야 한다는 점에서 가능한 많은 국가를 포함하는 것이 적절하다. 평화지수에 포함되는 표본국가는 많을수록 포괄적인 정보를 전달한다는 장점이 있는 반면 국제관계의 현실을 고려해야 하는 정책적 적절성(relevancy)은 상대적으로 감소하게 된다는 점에서 포괄성과 적절성은 상호 교차하는 특성을 가진다고 할 수 있다. 2007년 6월 1일 우리나라 통계청 자료를 따르면 총 221개 국가가 존재하지만 이들 모든 국가를 포함하는 평화지수를 작성하는 것은 통계학적 방법론의 기준에서 볼 때 현실적으로 가능하지 않을 뿐 아니라 방법론으로 가능하다고 하더라도 이론적인 정당성을 부여하기 어려운 경우가 많다. 현재 국제관계를 구성하는 221개의 국가들 중에서 경제규모나 인구를 기준으로 하위 50~60여 개 국가의 경우는 국가의 존재 자체가 잘 알려지지 않은 경우라고 할 수 있고 차하위 범주에 속하는 50여 개의 국가들은 국가의 명칭은 알려져 있지만 실질적으로 국제관계에서 의미 있는 역할을 수행한다고 보기 어려운 경우이다.

국가들의 현실적인 역학관계를 고려할 때, 국제관계에서 평화지수의 분석과 관련하여 이론적 적절성과 타당성이 있는 국가는 경제규모를 기준으로 상위 30여 개 국가에 해당한다고 할 수 있다. 표본 선택의 이론적 정당성을 확보하기 위해서 본 연구는 OECD(Organization for Economic Co-operation and Development)의 회원국 및 예비회원국을 주요 표본으로 선택하였고 여기에 한반도 주변의 북핵문제와 관련한 6자회담 당사국들을 현실정책적 필요성을 고려하여 표본에 추가하여 모두 33개국에 대한 평화지수를 작성하였다.

어떤 기준에 의해서든 모수통계가 아니라 표본통계를 통해 자료를 수집하고 분석하는 경우, 즉 전체 대상의 일부를 표본으로 선택하여 자료를 수집하는 경우에는 항상 선택의 왜곡(selection bias)이 문제가 된다. 사례의 수가 5개 이내로 구성되는 사례연구의 경우 연구자가 종속변수(dependent variable)와 독립변수(independent variable) 사이의 상관관계에 따라 이론에 정당성을 부여하는 사례는 의도적으로 포함시키고, 이론에 반하는 사례는 의도적으로 배제하는 과정을 거쳐서 자신의 이론에 도움이 되는 사례를 의도적으로 선택하는 것을 선택의 왜곡이라고 한다. 무작위 선택을 통해 분석 사례를 선정할 경우에 종속변수와 독립변수 사이의 상호관련성(correlation)에 따라서 사례를 포함하거나 배제할 수 있는 가능성은 현실적으로 존재하지 않기 때문에, 표본의 숫자가 많은 연구를 수행할 때 무작위 선택을 통해서 왜곡의 가능성을 자동적으로 제거할 수 있다(King, Keohane and Verba 1994, 124-125).

세계평화지수 연구의 경우에 전 세계 중에서 일부 국가를 무작위로 선택할 경우에 국제관계 연구가 추구하는 두 가지 목표라고 할 수 있는 이론의 일반화와 정책분석과 제안 어느 곳에도 도움이 되지 못한다.

첫째, 이론의 일반화의 측면에서 무작위 선택이 가지는 문제점은 무책임한 결과로 귀결된다. 예를 들어 무작위 선택으로 30개의 국가를 표본으로 추출할 경우, 나우루, 말라위, 벨리즈, 안도, 지부티, 통가와 같은 이론적 관련성이 부족한 사례(irrelevant cases), 약소국가(minor country)가 포함될 가능성이 높다. 국가의 협력과 갈등의 관점에서 볼 때, 이들 약소국가의 빈도, 비중, 영향력은 실질적으로 0에 가까울 만큼 미약하기 때문에 실질적 의미를 파악하는 데 도움이 되지 않는 사례들이라고 할 수 있다. 특정 요소들 사이의 상호관계를 판단하는 데 가장 효과적인 연구방법이라고 할 수 있는 실험연구(experimental research design)의 논리에 따르면 관심의 대상이 된 요소가 실질적으로 존재하고 작동하는 개체를 사례로 선택해야 한다. 국제관계에서 갈등의 존재를 파악하고 이를 통해 평화지수를 작성하는 연구에서 무작위 선택이 효과적이지 못한 이유는 현실적으로 주변국가와 갈등과 협력 어느 쪽에도 참여하지 않는 국가를 포함할 경우 측정한 자료에 변화(variance)가 없기 때문에 이론을 검증할 수 있는 근거로 자료를 사용할 수 없다.

두 번째, 정책분석과 제안의 측면에서 무작위 사례추출도 유사한 문제점을 노출하게 된다. 무작위 선택을 통해 결정된 표본에 우선 정책분석과 제안의 당사자인 한국이 포함되어 있지 않다면, 한국 외교의 주요 상대국인 미국, 일본, 중국, 북한이 모두 또는 일부가 제외되어 있다면 한국 외교정책의 분석과 대안의 모색이라는 실질적 목표에 부합하지 않는 표본을 연구대상으로 선정하게 되고 이로 인해서 정책적 관심의 대상이 된 양자관계는 분석할 수 없게 된다.

자료선택의 방법으로 위에서 논의한 이론의 검증과 정책제안이라는 두 가지 기준을 충족시키기 위해서 본 연구는 국제관계에서 상호작용이 활발한 국가를 위주로 선택하고 여기에 우리나라와 관련이 있는 동아시아 국가를 추가하는 것을 기준으로 선정하였다. 이러한 기준에 부합하는 국가 그룹은 OECD라고 할 수 있다. OECD 30개 회원국 중에는 호주, 오스트리아, 벨기에, 캐나다, 체코공화국, 덴마크, 핀란드, 프랑스, 독일, 그리스, 헝가리, 아이슬란드, 아일랜드, 이탈리아, 일본, 한국, 룩셈부르크, 멕시코, 네덜란드, 뉴질랜드, 노르웨이, 폴란드, 포르투갈, 슬로바키아공화국, 스페인, 스웨덴, 스위스, 터키, 영국, 미국이 포함되어 있고 회원 후보국(accession candidate countries)에는 칠레, 에스토니아, 이스라엘, 러시아, 슬로베니아가 그리고 준회원국(enhanced engagement countries)에는 브라질, 중국, 인도, 인도네시아, 남아프리카 공화국이 포함되어 있다. 회원국 중 체코공화국, 덴마크, 아일랜드는 내부타당성(internal validity)의 문제와 자료부족의 문제로 표본에서 제외하였고 회원 후보국과 준회원국 중에는 에스토니아, 슬로베니아, 남아프리카 공화국이 역시 동일한 이유로 인해 표본에서 제외하였다. OECD와 관련이 없으면서 표본으로 선정된 국가는 앞에서 말했듯이 우리나라의 정책적 필요성에 대한 고려로 북한이 유일하게 포함되었다. 표본으로 선택된 33개 국가와 각 국가에 대한 변수를 작성하기 위한 약자의 표기는 〈표 1-3〉과 같다.

표에 나타난 약자표기에 기초하여 변수의 구성을 간략하게 설명함으로써 향후 분석과 관련된 글을 이해하는 데 도움이 될 것이다. 두 자로 구성된

〈표 1-3〉 표본국가의 약자 표기

국가명	약자	국가명	약자
Australia	AL	Luxembourg	LX
Austria	AS	Mexico	MX
Belgium	BE	Netherlands	NT
Canada	CA	New Zealand	NZ
Chile	CL	North Korea	NK
China	CH	Norway	NR
Finland	FI	Poland	PL
France	FR	Portugal	PR
Germany	GR	Russia	RU
Greece	GC	South Korea	SK
Hungary	HN	Spain	SP
Iceland	IC	Sweden	SW
India	IN	Switzerland	SZ
Indonesia	IS	Turkey	TR
Israel	IR	United Kingdom	UK
Italy	IT	United States	US
Japan	JP		

국가관련 약자는 국가의 평화지수를 분석하는 데 사용되는 변수이다. 예를 들어 변수 cAL과 dAL이 있는데 이는 앞의 소문자 c는 협력(cooperation)을 그리고 d는 갈등(dispute)을 나타내며, AL은 오스트레일리아를 나타낸다. cAL은 오스트레일리아의 협력수준을 그리고 dAL은 오스트레일리아의 갈등수준을 의미한다. $NcAL$과 $NdAL$과 같이 변수 앞에 대문자 N은 각 국가의 협력과 갈등의 빈도수를 측정한 것을 의미한다. 다시 말해서 cAL은 빈도에 가중치를 반영하여 합산한 것을 나타내고 $NcAL$은 가중치를 반영하지 않고 빈도만을 측정한 것이다.

다음 양자관계를 의미하는 변수를 작성하는 경우에는 관련성이 있는 국가의 조합이 6개 이내로 구성되기 때문에 변수의 단순성을 위해서 각 국가를 알파벳 한 글자로 표시하여 변수의 이름을 작성하였으며 작성의 논리적 구조는 앞에서 설명한 한 국가의 평화수준을 측정한 경우와 동일하다. 다만 각각의 변수는 행위의 방향성을 구분하는 방법으로 작성되어 있다. 예를 들어 양자관계를 반영하는 cSN과 dSN의 경우에 앞의 소문자 c는 협력 그리고 d는 갈등을 나타내는 것은 동일하나 S와 N은 각각 다른 국가를 나타낸다. S는 한국(South Korea) 그리고 N은 북한(North Korea)를 의미하므로, cSN은 한국의 북한에 대한 협력을 그리고 cNS는 북한의 남한에 대한 협력을 나타내고 dSN은 한국의 북한에 대한 갈등을 그리고 dNS는 북한의 남한에 대한 갈등을 각각 나타낸다. 양자를 나타내는 변수의 경우에도 NcSN이나 NdNS와 같은 변수에서 첫 번째 대문자 N은 사건의 빈도를 측정한 변수를 나타낸다. 즉 NcSN이나 NdNS은 가중치를 적용하지 않고 단순히 빈도만을 측정한 변수이다. 실제로 양자관계를 측정한 변수에 사용된 국가별 약자는 한국(South Korea)은 S, 북한(North Korea)은 N, 미국(the United States)은 U, 러시아(Russia)는 R, 중국(China)은 C, 일본(Japan)은 J 등으로 표시하여 양자 간의 협력과 갈등의 수준을 측정하였다.

〈표 1-4〉 자료추출에 사용된 행위와 가중치

코드	형태	설명	세부사항	가중치
01	YIEL	승낙	모든 형태의 승낙	1.1
011	YORD	명령에 순응	항복, 명령에 승낙, 체포에 순응, 권력을 양보	0.6
012	YPOS	위치의 양보	특정 지점에 대한 통제권의 양보, 퇴각, 물질의 소유를 포기	0.6
02	SAID	언급	사건과 상황에 대한 모든 형태의 설명이나 언급	-0.1
021	DECC	언급의 거절	명시적 거절, 상황에 대한 언급의 거절	-0.1
022	PCOM	비관적 언급	명시적으로 비관적인 것으로 판단되는 상황에 대한 언급	-0.1

024	OCOM	낙관적 언급	명시적으로 낙관적인 것으로 판단되는 상황에 대한 언급	0.1
026	CLAR	책임의 확인	책임을 요구, 실수나 잘못에 대해 사과의 뜻이 없는 인정, 후회의 의사가 없는 언급의 철회	
03	CONS	상의	모든 형태의 상의	
031	DISC	논의	회의(장소불문), 직접 또는 전화를 통한 상의와 협상, 대화, 선물교환을 포함하여 모든 형태의 공식적 교신	1.0
0311 0312			중재대화 협상참여	
032	VISI	회의를 위한 여행	회의나 다른 행사를 위해 특정 장소를 방문하기 위한 여행 행위, 복귀 여행도 포함	1.9
033	HOST	회의 주제	집무실이나 국내에서 방문객을 접대	2.8
04	ENDO	승인	모든 형태의 승인	3.5
041	PRAI	칭찬	사람, 사물, 또는 정책이나 관행에 대한 칭찬, 환호, 또는 찬미	3.4
043	EMPA	동정	장례식 또는 이와 유사한 행사에 참석을 포함해 조의와 위로의 표현	3.4
044	APOL	사과	행위나 상황에 대한 후회와 유감의 표명	3.4
045	FORG	용서	관계의 재건과 상황의 개선을 위해 용서나 명시적인 타협 행위를 표명함	
05	PROM	약속	모든 형태의 약속	4.7
051	PROO	정책지원 약속	비물질적 지원의 약속	4.8
052	PRMS	물적 지원 약속	경제적 및 재정적 지원 군사 및 무기지원 비상 구호품 제공 및 지원을 포함하는 물적 지원의 약속	5.2
0521	PRME	경제적 지원	경제 및 재정적 지원의 약속	5.2
0522	PRMM	군사적 지원	무기 및 군사적 지원의 약속	5.2
0523	PRMH	인도적 지원	긴급구호 물자나 지원의 약속	5.2
054	ASSR	확인	약속한 또는 지속되는 지원이나 긍정적 이익이 지속되리라는 것을 확인 또는 재확인	2.8
06	GRAN	허가	모든 허가, 허가의 방향이 역으로 전환되는 경우도 허가가 지속됨	2.2

062	INVI	초청의 확대	방문을 위한 초청의 확대, 초청의 방향이 역으로 전환되는 경우도 초청은 지속됨	2.5
063	SHEP	피난처의 제공	곤경에 빠진 희생자나 집단에게 피신처를 확대함. 이 범주의 사건은 세부적인 사항을 포함하는 경우 세부적으로 분류할 필요가 있음	2.2
0631 0632	GASY EVAC	피난처의 제공 희생자의 피신	피난처의 제공 희생자나 희생자의 유해를 제거함	2.2
064	IMPR	관계개선	관계나 활동의 개시, 개선, 재시작 그리고 외교 및 다른 공식 관계의 확대	5.4
065	EASS	제재의 완화	비군사적 제재의 중단, 중지, 종식 또는 완화, 벌금이나 처벌의 경감, 재산의 환원과 군대의 철수	2.9
0651	TRUC		휴전의 준수	2.2
0652	RPOL		검열의 완화	2.2
0653	RSAN		행정적 제재의 완화	2.2
0654	DMOB		군대의 해산	2.2
0655	RCUR		통행금지의 완화	2.2
0656	DMIN		지뢰의 제거	
0657			경제제재의 완화	
0658			군사적 봉쇄의 완화	
066	RELE	석방 및 반환	억류 및 체포된 사람의 석방, 특사, 사면, 감형, 재산의 반환도 포함	1.9
0661 0662			사람의 석방이나 반환 재산의 반환	
07	REWD	보상	역관계를 포함한 모든 보상	
071	EEAI	경제원조확대	금융원조와 재정적 변제, 보조, 증여, 대변 (전달을 포함해야 함). 원조의 공여와 수령이 바뀔 수도 있음	7.4
072	EMAI	군사원조확대	군대와 경찰의 평화유지활동 그리고 무기와 병력을 포함하여 군대와 경찰의 지원 확대	8.4
073	EHAI	인도적 원조 확대	비군사적 비경제적 지원의 확대. 민간인 훈련, 개발 지원, 교육과 훈련을 포함함. 원조의 공여와 수령이 바뀔 수도 있음	7.6
074	SRAL	상호지원	지원을 표하거나 과시하기 위한 집회, 의식, 그리고 다른 형태의 공적인 전시 철야농성이나 축하를 포함함	7.6

08	AGRE	동의	모든 형태의 동의	4.8
082	AGAC	동의와 수락	초청에 응함, 제안이나 요구 등에 동의함	3.0
0821			평화유지에 합의	
0822			중재에 합의	
0823			협상에 합의	
0824			해결에 합의	
083	COLL	협력	동맹의 형성, 교류, 통합, 결합, 동반, 행위의 조정	4.8
09	REQS	요청	모든 종류의 요청	1.6
091	SEEK	정보의 요구	정보의 요구와 탐색, 수색영장의 집행, 모든 형태의 공개적 수사를 포함	0.1
092	SOLS	지원의 요청	정치적 지원과 정치적 영향력의 요청, 선거운동과 로비를 포함함	3.4
093	ASKM	물질적 원조요청	물질적 지원, 경제적 원조, 무기를 요청	3.4
0931	ASKE		경제원조의 요청	1.6
0932	ASKI		무기지원의 요청	1.6
0933	ASKH		인도적 지원의 요청	1.6
0934			수사의 요청	
0935			중재의 요청	
0936			철수나 정전의 요청	
094	ASKP	보호의 요청	피난처나 보호를 요청, 은신처를 찾거나 망명자 지위를 모색	5.0
10	PROP	제안	모든 형태의 제안	0.8
101	PTRU	평화안의 제공	평화를 위한 유인효과 제공, 대화의 제안, 해결, 정전, 휴전을 위한 제안 중재의 제안	1.5
102	CALL	실행을 요구	특정한 문제나 재난에 대응하여 구조, 개입, 동원, 또는 행동을 요청하도록 요구	-0.1
11	REJC	거절	모든 거절	-4.0
111	RPRO	제안의 거절	제안이나 요청을 거절	-4.0
112	RALL	허가의 거절	이견, 반대, 허가 또는 인정의 거절, 제한 자유의 제약	-4.0
1121	BANA	통행금지 부과	계엄령이나 통행금지의 선포나 다른 민간의 활동에 대한 유사한 제약	-4.0
1122	CENS	미디어 검열	매체에 대한 제안, 억제, 위협, 그리고 토론과 출판에 대한 금지	-4.0

1123	VETO	거부권	입법안, 권고안, 결의에 대한 공식적 거부에 대한 동의를 거부	-4.0
113	DEFY	규범에 대항	법과 규범에 대한 공개적 도전, 시민 불복종, 대안적 기관의 설립을 포함함	-4.0
1131	HIDE	정치적 망명	체포나 억류로부터 도주, 은닉, 회피 또는 탈출	-4.0
1132	OPEN	정보의 공개	개인적이고 민감한 개인의 정보를 대외적으로 공개	-4.0
1133	BLAW	범법행위	무력의 사용이나 사용의 위협을 수반하지 않는 모든 범죄; 예, 화이트 칼라의 지능범죄	
12	ACCU	고발	모든 형태의 고발	-2.8
121	BLAM	비판과 비난	단언, 비난, 결점 찾기, 책임지우기, 혹평, 꾸중, 고발	-2.2
122	DENO	매도 또는 모욕	비방, 중상, 명예훼손, 모욕, 매도, 욕설	
13	COMP	불평	모든 형태의 불평	-2.4
131	ICOM	비공식적 불평	구두의 항의와 비난; 모든 다른 형태의 비공식적 불평	-2.4
132	FCOM	공식적 불평	서면의 또는 제도권의 항의와 호소, 모든 청원과 철회의 시도	-2.4
14	DENY	부인	모든 형태의 부인	-1.0
15	DEMA	요구	모든 형태의 요구	-4.9
16	WARN	경고	모든 형태의 경고	-3.0
161	ALER	경보	모든 경보	-3.0
1611	MALT	군사적 경보	재래식 무기의 군사적 준비태세의 공공연한 증대	-2.9
1612	NUCA	핵 경보 및 실험	핵 군사력과 핵 실험의 군사적 준비태세의 공공연한 증대	
162	MDIS	무력시위	모든 군사력의 시위	-7.0
1621	ADIS	공군력의 시위	전투작전이 포함되지 않은 항공 군사력의 공개적 시위 및 실험	
1622	NDIS	해군력의 시위	전투작전이 포함되지 않은 해군 군사력의 공개적 시위 및 실험	
1623	TDIS	지상군의 시위	전투작전이 포함되지 않은 지상 군사력의 공개적 시위 및 실험	
163	CONC	군중 통제	군중을 통제하기 위해 경찰이나 군대의 병력을 사용함	-8.3

17	THRT	위협	모든 위협	-6.4
171	TUNS	특정되지 않은 위협	모든 위협과 괴롭힘을 포함해서 특정한 부정적 제재가 없는 위협	-4.4
172	TSAN	제재의 위협	비군사적 위협, 비군사적 제재	-5.8
1721			협상을 중단하는 위협	
1722			중재를 중단하는 위협	
1723			원조의 감소와 중단의 위협	
1724			보이코트나 금수를 통한 위협	
1725			관계의 감소나 단절하는 위협	
173	MTHR	군사력의 위협	군사력을 사용하는 모든 위협	-7.0
1731	TATT	강제공격 위협	군사적 공격과 침략에 있어 군사력 사용하는 명시적 위협	-7.0
1732	TBLO	강제봉쇄 위협	영토의 출입을 방지하기 위해 군사력 사용하는 명시적 위협	-7.0
1733	TOCC	강제점령 위협	영토를 점령하기 위해 군사력 사용하는 명시적 위협	-7.0
1734	TWAR	전쟁 위협	군사적 전쟁상태를 선언하는 명시적 위협	
1735	TNUC	핵 공격 위협	군대, 민간인, 영토에 대한 핵무기 사용의 명시적 위협	-7.0
1736		생화학무기의 공격 위협		
174	ULTI	최후통첩	최후통첩을 명시적으로 보내는 위협	-6.9
175	NMFT	비군사적 무력의 위협	비군사적인 물리력을 사용한 위협	-6.4
18	DEMO	시위	모든 형태의 시위	-6.9
181	PDEM	항의 시위	모든 항의 시위	-5.2
1811	POBS	차단 항의	연좌와 다른 비군사적 점유의 항의	-5.2
1812	PMAR	진행 항의	피켓들기 및 행진을 동반한 항의	-5.2
1813	PPRO	손상 항의	낙서와 상징물에 대한 모독을 통한 항의	-5.2
1814	PALT	이타적 항의	타인을 위해 스스로 위험에 처하게 하는 항의성 시위	
1815	INFO	정보 항의	교육이나 정보의 제공을 통한 항의	
182	MDEM	무력 시위	모든 무력 시위	-7.6
1821	MOBL	군대의 동원	모든 형태의 유휴 군사력의 동원	-7.6
1822	BFOR	국경 강화	국경지역에 군사적 통제력의 명시적 강화	
19	SANC	제재	모든 제재	-4.5

191	MBLO	군사적 봉쇄	군대, 경찰, 또는 보안 등 무장한 병력을 사용하여 물자와 사람이 영토에서 출입하는 것을 제한함	
192	REDR	통상활동의 감소	통상적이고 계획된 활동의 감소, 시위의 일환으로 명시적인 취소, 소환, 연기	-2.2
193	REDA	지원의 감소 및 중단	항의의 명시적인 표시로 원조제공의 감소와 중단	-5.6
1931			경제적 지원의 감소와 중단	
1932			인도적 지원의 감소와 중단	
1933			군사적 지원의 감소와 중단	
1934			평화유지의 감소와 중단	
194	HALT	협상의 중단	항의의 명시적 표시로 대화와 다른 회의의 중단	-3.8
1941			협상의 중단	
1942			중재의 중단	
195	BREL	관계의 단절	공식적인 결합의 단절, 독립, 이혼, 항의성 사임의 선언을 포함함	-7.0
196	STRI	파업과 보이코트	파업, 총파업, 항의퇴장, 상품과 서비스의 태업, 공장폐쇄로 보고된 노동자 및 전문가의 제재	-4.5
197	ADMS	행정적 제재	국가, 개인, 단체에 가해진 행정적 제재와 벌칙	
198	DWAR	군사적 전쟁의 선언	군사적 전쟁상태의 존재를 공식적으로 선언함	
20	EXIL	퇴출	모든 퇴출	-5.0
21	SEIZ	압수	모든 압수	-6.8
211	SEZR	소유물 압수	지위와 소유물에 대한 통제	-9.2
2111	PSEI	경찰의 압류	장소, 지위, 물질적 소유에 대한 통제권을 경찰이 압류	
2112	OSEI	다른 형태의 압류	장소, 지위, 물질적 소유에 대한 통제권을 다른 무력을 통해 압류	
212	ARES	체포와 억류	정치적 또는 범죄와 관련한 것으로 명시되지 않은 모든 체포와 억류	-4.4
2121	POAR	정치적 체포	정치적 이유에 의한 체포 또는 억류	-4.4
2122	CRAR	범죄관련 체포	범죄행위에 근거한 체포 또는 억류	-4.4
213	ADBU	유괴 하이재킹	사람의 유괴와 생포	

2131	JACK	하이재킹	운송수단이 운행 중에 운송수단의 승객을 탈취	
2132	HTAK	인질 납치	사람의 납치와 인질 잡기	
214	MONI	은밀한 감시	스파이활동 및 다른 은밀한 정보수집활동	
215	MSEI	군사적 장악	물질과 사람에 대한 통제력을 군대가 확보	
216	MOCC	군사적 점령	영토의 전체나 일부를 탈취 또는 확보하기 위해 군사력 사용	-6.8
217	BVIO	군사적 국경 침범	충돌 없이 군대에 의해서 상호 인정된 국경을 넘어감	-6.8
22	FORC	강제력	모든 물리력의 사용	-9.6
221	BOMB	폭격	지표 및 지표면 밑 지뢰, 정지된 폭탄 및 파괴장치의 폭발	
2211	GRPG	수류탄 및 로켓 추진 수류탄의 사용	사람 및 영토에 대한 수류탄 및 로켓추진 수류탄의 사용	-10.0
2212	SBOM	자살폭탄	폭발과정에서 폭탄 공격자가 죽는 폭발	
2213	MINE	지뢰의 폭발	지하 및 수중에 있는 지뢰의 폭발	-10.0
2214	VBOM	차량 폭탄	차량 폭탄으로 보이는 명시적 폭발	
222	PASS	물리적 공격	사람에 대한 공격에 있어 비군사적 물리력의 사용	-9.6
2221	BEAT	폭행	무기를 사용하지 않은 모든 폭행	-9.6
2222	PEXE	총격	개인이나 집단의 사람이 사망하거나 부상 당하는 모든 총격	-10.0
2223	CORP	신체상 처벌	구체적인 처벌의 목적으로 신체상 부상, 사망, 고통을 야기	-9.6
2224	SEXA	성적 공격	강간과 다른 형태의 성적 공격	-9.6
2225	MAIM	고문	불구 만들기와 고문으로 규정되는 모든 행위	-9.6
2228	ASSA	암살	정치적 살인이나 암살로 특징되어지는 명시적 살인	-10.0
223	MENG	군사적 충돌	모든 군사적 충돌	
2231	CLAS	무장전투	군사 적대행위의 애매한 개시, 휴전위반 포함한 군사력 충돌	
2232	RAID	군사적 습격	상대방 군사력, 시민, 영토에 대한 군사력의 사용을 개시	-10.0
2233	COUP	쿠데타와 폭동	군인에 의한 쿠데타, 폭동과 다른 형태의 반역행위	-10.0

2234 2235 2236 2237 2238 2239	AERI	소규모무장공격 포격 자살폭탄 지뢰폭발 차량폭탄 미사일 공격		-10.0
224	RIOT	폭동과 정치적 소요	폭동이나 다른 자치단체의 투쟁이나 충돌로 특정지어지는 민간 또는 정치적 불안	-8.3
225	CBRU	화생방무기의 사용	사람에 대한 화생방 무기의 사용	
2251 2252	CHEM	핵 공격 화학무기 공격	개인이나 영토에 대한 화학무기의 사용 (핵공격 포함)	
23	ECON	경제활동	모든 경제활동	0.0
231	TRAN	거래	경제재와 서비스의 구매, 판매, 교환	0.0
2311 2312	GCTA CCTA	정부의 거래 개인거래	정부 사이 정부와 기업 사이의 상업적 거래 기업 및 상업적 거래	0.0 0.0
232	DEFA	지불 불이행	채무에 대한 불이행	
2321 2322	GDEF CDEF	정부 채무 불이행 개인 채무 불이행	채무에 대한 정부의 불이행 채무에 대한 민간영역의 불이행	0.0
29	OHAC	다른 인간활동	인간의 활동에 대한 나머지 범주	
291	VOTE	대표 선출	모든 대표의 선출	
292	GADJ	행정적 조정	정부의 행정적 조정	
293	CADJ	비정부적 조정	비정부적, 사회 및 경제적 조정	
294	LITI	사법행위	기소와 유사한 공식적 고소를 포함하는 모든 판결의 선고	

본 연구에 이용된 사건 자료의 유형을 〈표 1-4〉에서 설명하고 있는데 이 표는 기존의 범주를 세분화하여 10 Million Event Count Data에 직접 사용된 것이다. 앞에서 설명한 바와 같이 본 자료는 사건의 범주만을 측정 하였고 측정된 개별사건에 대하여 가중치를 부과하였는데 가중치는 표의 마지막 칸에 표시되어 있다. 진하게 표시된 두 자리 숫자의 코드는 대항목 을 의미하며 세 자리 숫자로 표시된 코드는 대항목에 포함되는 세부 유형을

의미하는 것이다. 대부분의 행위에 가중치가 표시되어 있으나 표시되어 있지 않은 경우는 바로 위에 표시된 항목과 동일한 가중치를 적용하는 것을 의미한다. 예를 들어 031로 표시된 '논의'는 1.0의 가중치를 적용하며 0311의 '중재대화'나 0312의 '협상참여'는 '논의'와 마찬가지로 1.0의 가중치를 적용한다. 045의 '용서'는 가중치가 표시되어있지 않는데 이 경우에는 위의 044의 '사과'에 해당하는 가중치 3.4를 적용한다.

가중치가 가지는 의미는 실질적으로 중요도가 높음을 의미하는 것이다. 일반적으로 요청은 1.6의 가중치를 적용하지만 '정보의 요구(091)'는 상대적으로 낮은 수준의 협력으로 0.1의 가중치만을 부과한다. 한편, '지원의 요청(092)'이나 '물질적 원조의 요청(093)'은 보다 높은 수준의 협력으로 3.4의 가중치가 부과된다. 상대방에게 지원을 표시하거나 과시하기 위해 집회, 의식, 또는 기타 공적인 행사나 축하를 의미하는 '상호지원(074)'은 협력의 수준이 높다는 점을 고려하여 가중치로 7.6을 부과한다.

동일한 논리적 연장선에서 갈등의 경우에도 그 심각성에 따라서 가중치를 부과한다. 가장 경미한 형태의 갈등행위라고 할 수 있는 '언급의 거절(021)'은 주어진 상황에 대하여 명시적으로 언급하기를 거절하는 행위를 의미하는데 이 경우에는 가중치가 -0.1이 주어진다. 상대방의 제안이나 요청을 거절하는 경우인 '거절(11)'은 -4.0을 부과하는 한편 상대 국가의 개인 또는 집단의 사람이 사망하거나 부상당하는 총격의 발생을 의미하는 '총격(2222)'의 경우는 -10.0의 가중치를 부과한다. 이처럼 갈등의 수준이 높을수록 음의 절대값이 높은 가중치가 부과된다.

가중치의 부과는 논리적으로 적절한 것으로 간주될 수 있지만 논의를 전개하는 과정에서 방법론상의 문제가 논리적으로 명쾌한 설명을 제공하지 못하는 한계도 있다. 예를 들어 -0.1의 가중치에 해당하는 '언급의 거절'을 100번 하는 경우 이를 누적하면 한 번의 '총격'에서 얻는 가중치 -10.0과 수학적으로 동일한 결론에 도달하게 된다. 이 경우 양국관계에 있어서 언급의 거절을 100회 하는 것과 총격으로 사망자 또는 부상자를 1번 발생시키는 것이 동일한 정도의 갈등을 의미하는 것이라고 할 수 있는가 하는 이론적 문제가 남게 된다. 이 논의는 자칫 사망자가 한 번 발생하는 것이 100번의 거절에 비해서 심각하다는 주장을 하는 것은 인명을 중요하게 생각하는 도덕적 판단이 개입될 수 있는 여지가 있고 그 반대의 경우 사망자 1명 발생보다 100번의 거절이 국가관계에서는 더욱 심각하고 부정적인 영향을 가진다고 주장할 수 있다는 점에서 가중치의 등가치가 현실을 적절하게 반영하지 못한다는 논리적 비판으로부터 자유로울 수 없다는 한계가 있다.

나아가서 이러한 가중치는 분석단위 간의 비교에 있어서도 유사한 문제를 발생시킨다. 주어진 국가의 평화로운 수준을 의미하는 평화지수는 앞에서 논의한 바와 같이 조작정의에 따라서 평화는 갈등의 부재로 정의하고 주어진 기간 동안 표본국가의 갈등수준을 종합하여 음수로 처리함으로써 평화수준을 지수의 형태로 측정할 수 있다. 측정된 평화지수는 음의 정수의 형태를 취하게 되는데 절대값이 크면 클수록 갈등의 수준이 높음을 의미하고 정수의 값으로 보면 숫자가 클수록 평화의 수준이 높음을 의미한다. 절대값을 기준으로 하면 |-1|〈|-2|이므로, 이는 갈등의 수준이 |-2|의 갈등수준이 더 높음을 의미하지만, 정수 값을 기준으로 하면 -1〉-2이므로 평화지수의 개념으로 보면 -1이 -2보다 더 평화로운 것을 의미한다. 1990년 사례를 기준으로 미국의 평화지수는 -3101.4이고 한국의 평화지수는 -150.6으로 각각 측정되었다. 이는 절대값을 기준으로 보면 미국의 |-3101.4|는 한국의 |-150.6|보다 20배 큰 값을 가지며, 이는 20배 더 갈등의 수준이 높음을 의미하고 반대로 평화지수를 기준으로 보면 한국이 미국보다 20배 더 평화의 수준이 높다는 것을 나타낸다. 이러한 주장에 대해서는 논란의 여지가 많을 것이다. 평화를 갈등의 부재로 정의한 조작 정의에 근거해서 본다면 이론적 타당성을 부여할 수 있지만 특정국가가 다른 국가보다 몇 배 더 평화롭다거나 평화롭지 못하다든가 하는 주장은 현실 정책적 고려에서는 물론 이론적 고려에서도 정당화하는 데 많은 어려움이 따른다.

평화지수의 측정과 활용과 관련해서 분석수준 및 분석단위는 방법론적으로 그리고 이론적으로 중요한 의의를 가진다. 평화지수의 자료를 축적하는 방법은 분석수준과 관련되어 크게 단일국가를 분석단위로 하는 경우와 두 국가의 상호관계를 나타내는 양자조합을 분석단위로 하는 두 가지로 대별된다. 이런 점에서 평화지수를 활용하는 방안은 두 가지이다.

첫째, 한 국가의 종합적 평화의 정도를 측정할 때는 국가를 분석단위로 설정하여 한 국가의 전체적인 평화수준을 측정한다. 주어진 기간 한 국가가 행위자(source)로서 전 세계의 모든 국가를 대상(target)으로 수행한 모든 갈등행위를 추출한 후 각각의 갈등행위에 상응하는 가중치를 곱하여 이 값을 주어진 기간에 따라 누적하여 연도별 및 월별로 평화지수를 산출한다. 이렇게 얻은 평화지수는 한 표본국가가 전 세계의 모든 국가에 대한 행위이므로 한 국가의 종합적 평화도를 측정하는 경우에는 효과적이다. 다만 한 국가의 평화도 측정은 대상 국가를 차별하지 않고 포괄하여 합산한다는 점에서 주어진 국가의 평화적 행위에 대한 전체적 이해를 가능하게 하지만 개별 국가의 외교정책적 역동성에 대한 분석에는 적절하지 못한 단점이 있다. 이러한 단점을 보완하기 위해서 양자수준의 분석이 필요하다.

둘째, 한 국가를 분석단위로 하는 경우의 대외정책의 역동성을 분석하기 어려운 단점을 보완하기 위해서 본 연구는 한 국가의 평화지수를 상대방(target)에 따라서 분리함으로써 평화지수의 분석단위를 양자관계로 설정하여 필요한 국가조합에 대하여 별도의 지수를 측정할 수 있다. 미국의 전체 평화지수에서 대한국 평화지수, 대중국 평화지수, 대러시아 평화지수와 같이 분리하여 양자관계를 측정할 수 있고 이에 상응하여 한국의 대미국 평화지수, 중국의 대미국 평화지수, 러시아의 대미국 평화지수를 각각 측정할 수 있다. 양자관계를 기준으로 측정한 평화지수는 미국의 대북한 정책이나 북한의 대미국 대응과 같은 각국의 상호관계로써 대외정책을 분석하는 데 효과적이다. 양자관계 수준의 측정과 분석은 특별히 해당 국가의 상호관계를 측정하는 데 있어서 방향성을 구분할 수 있다는 점이 본 연구 결과가 제시하는 평화지수의 최대의 장점이다. 다시 말해서 북한의 미국에 대한 정책과 동시에 미국의 북한에 대한 정책을 분석할 수 있는 근거가 된다는 점에서 이론적으로 국제정치에서 말하는 호혜성(reciprocity)을 분석하고 이를 기초로 다자관계의 상호역동성을 분석할 수 있다는 장점을 가진다.

셋째, 양자관계를 누적하면 특정지역에 있어서 유관 행위자들 사이의 다자관계의 역동성을 분석하는 데 평화지수를 활용할 수 있다. 현실 국제관계에서의 협력은 분쟁과 더불어 더욱 복잡한 양상으로 전개되고 있다. 탈냉전기의 국제질서에서 전통적인 우방과 적대국의 경계가 약해진 현실에서 국가의 대외정책 반응이 하나의 이슈에 국한된 단순한 작용과 반작용(action-reaction)의 반복 수준을 넘어 다양한 이슈에 대한 '동시다발적 상호작용(simultaneous and multilateral interaction)'의 양상을 나타낸다고 정의할 수 있다. 하나의 양자관계의 상호작용이 주변의 국가들에게도 영향을 미치는 것이 현실이라는 점을 고려할 때 다자관계의 분석은 현실국제관계의 이해에 절대적인 중요성을 가진다.

넷째, 탈냉전 이후 국제관계의 양적·질적 확대는 국제관계의 복합성을 의미하는 군사적 분쟁과 이의 부재를 의미하는 평화와 같은 국제정치학의 전통적인 주제와 더불어 국제협력과 갈등과 같은 낮은 수준의 상호작용과 관련된 연구의 필요성을 요구하였다. 이러한 학문적 관심의 증가에도 불구하고 국제협력에 대한 체계적이고 분석적인 연구방법은 낮은 수준의 상호작용에 대한 실증적 연구를 수행할 수 있는 자료가 부족한 것이 현실이다. 이런 점에서 본 연구가 제시하는 평화지수는 실질적인 군사적 개입이나 충돌이 아니라 그보다 낮은 수준의 상호관계를 추적하여 분석함으로써 특히 Tit-for-Tat(TFT) 이론에 근거한 양자(two-actor) 사이의 호혜관계(reciprocity) 모델이나 상호작용(action-reaction) 모델의 적실성을 검증할 수 있는 근거가 되며 이는 국제관계에 대한 이론적 연구의 요소로 작용하고 있기도 하다.

앞에서 논의한 네 가지의 사안을 특정사례를 통해서 논의하면 구체적으로 특장점에 대해 이해할 수 있다. 동아시아의 국제관계를 고려할 때, 유관 당사자로 한국, 북한, 미국, 중국, 일본, 러시아를 들 수 있다. 먼저 한 국가 수준의 평화수준을 측정함으로써 각국의 일반적인 행태를 이해할 수 있고 개별국가의 상호작용을 분리함으로써 유관 당사자 간의 행위패턴을 이해할 수 있다. 탈냉전기의 한·러 및 한·중 관계의 중요성이 증가하고 이와 마찬가지로 북·미 및 북·일 관계 확대는 유관 행위자들 사이의 포괄적인 이해를 요구한다.

특히 북한 핵문제는 동아시아 전체 유관자에게 영향을 미친다는 점에서 앞에서 논의한 '동시다발적 상호작용'의 본질적 특성을 나타내는 전형적인 예라 할 수 있다. 극단적으로 설명하자면 관련국들이 모든 관련국들을 상대로 협력, 협상은 물론 대립, 위협 등 다양한 정책수단을 동원해 자국 이익의 최대화에 활용하고 있다고 할 수 있다.

'복합적이며 동시다발적 성격을 가진 현실 국제관계의 상호작용'에 대한 연구는 제한된 특정 사안이나 또는 특정 사건과 관련된 사례를 선별하고 제한된 변수만을 고려하는 사례연구 방법을 통해서는 성과를 거두기 어렵다. '동시다발적 상호작용'의 본질을 가진 국제협력과 분쟁의 연구는 과학적 분석과 추론을 통해 이루어져야 하고, 이를 위해서는 체계적인 계획에 기초해 다수 국가의 장기적 행태를 포괄하는 '계량화된 데이터(quantitative data)'의 제작이 중요하다.

V. 연구의 방향

과학은 사물의 인과관계(causal relationship)를 찾아내기 위한 인간의 지적 활동을 가리키며, 지적 활동을 통해서 발견된 사물의 인과관계의 축적을 지식(knowledge)이라고 한다. 사회과학의 하나인 정치학의 논의에서 과학의 개념 정의를 논의하는 것은 과학에 대한 일반적 개념규정은 자연과학을 염두에 둔 것이라 하더라도 사회과학도 과학이란 이름으로 수행되는 인간의 지적 활동을 의미하는 바에 관철되어야 한다.

현대과학철학의 효시라 할 수 있는 포퍼(Popper 1972)에 따르면 어떠한 이론이나 가설도 절대적으로 확증되거나 확률적으로 입증될 수는 없고 오로지 그 반증만이 가능하다고 주장한다. 과학적 이론의 근거는 반증가능성(falsifiability)이며, 반증될 수 없는 명제는 과학적 명제가 아니라 추상적 수사라고 주장했다. "어떠한 이론도 정확하게 증명될 수 없다" 라는 것을 받아들인 포퍼는 "과학이론이란 반증가능성이 있는 이론이다" 라고 하였으며 하나의 과학이론이 반증되면—틀렸다고 판단되면—기존의 이론을 폐기하고 새로운 이론을 수용한다고 한다. 과학이론은 증명할 수는 없으며 단지 반증할 수 있을 뿐이라는 것이다.

포퍼가 제시하는 과학의 기준을 따르면 사회과학이란 사회현상 특히 정치현상 또는 이와 관련 있는 사회현상 사이의 인과관계에 관하여 틀렸는지를 판단할 수 있는 명제를 구성하고 이를 검증하는 과정에서 논의하는 것이 과학으로서 정치학(political science)이다. 이러한 조건을 충족시키기 위해서는 무엇이 바람직한 것인가를 논의하는 것이 아니라 무엇이 현실에 영향을 미치는지를 찾아가는 과정이 사회과학으로서 정치학의 바람직한 접근이다. 사회과학으로서 정치학을 수행하기 위해서는 국제정치 현상에 대하여 실증적 연구를 수행해야 한다.

과학철학의 논의에서 과학이란 규칙이 지배하는 활동이라는 쿤의 견해에 비판적인 입장을 취하고 과학이 합리적 절차에 따라 발달한다는 주장도 거부하고, 과학의 발달은 과학 그 자체의 방법이나 권위가 아니라 과학자들의 창의성에 의해 설명할 수 있다는 견해를 나타내는 파이어아벤트(Feyerabend 1975)는 과학적 발전에 있어서 부정적인 입장을 주장한다. 경쟁이론의 성립과 발전은 논리적으로나 탈상황적으로 평가 비교할 수 없고, 단지 역사적으로 분석할 수밖에 없다. 과학은 논리적 추리나 다른 어떤 합리적인 논증이 아니라 설득수사(rhetoric), 선전(propaganda), 실천 등을 통해서 발전한다는 생각이다.

'Anything goes(어떠한 것이든지 좋다)' 라고 대변되는 파이어아벤트의 주장에 의하면 과학이론이란 정치활동, 신화와 근본적이 차이가 없으며 과학자들의 학회는 정치인들의 정당대회와 유사하다. 극단적으로 말하면 과학자 그리고 사회과학자는 자신의 필요에 의해 데이터를 조작하고 소수의 사람이 신봉하는 이론적 바탕에서 쓴 논문을 거절하는 일을 할 뿐이라고 주장한다. 이러한 견해는 포스트모더니즘, 해체주의, 반이성주의 철학 등과 함께 최근에 점차로 큰 힘을 얻어가는 추세이다. 문제는 이러한 어떤 것이든 좋다는 주장이 기존의 과학주의의 맹점을 비판하는 데는 훌륭한 논리를 제기하는 것은 사실이나, 그렇다면 어떻게 연구를 수행해야 하는가라는 질문에 대해서는 명확한 대안을 제시한다고 보기 어렵다는 것이다.

사회과학에 대한 기준과 근거에 대한 논의도 일치된 의견을 도출하기 어렵다는 점에서 결국은 간주관성(inter-subjectivity) 즉, 다수의 주관적 견해에서 공통되는 최소한에 의존하여 기준을 설정하고 이에 근거하여 논의를 전개할 수밖에 없다는 것이 현재 사회과학의 과학적 논의가 안고 있는 한계임은 분명하다.

이러한 논의 속에서 과학적 연구활동은 "사물 또는 사건의 인과관계에 대하여 반증 가능한 명제를 구성하고 이를 검증해가는 과정"이라고 정의할 수 있다. 이러한 정의에 기초하여 사회과학적 논의를 전개하는 것이 바람직한 방향으로 설정할 때, 국제관계를 설명하는 데 국가 간의 평화지수를 측정하여 이에 근거하여 국가의 행위를 설명하는 것은 적절한 사회과학적 시도라고 할 수 있다.

본 연구는 위에서 설명한 과학적 이론에 기초하여 정치학이 다루는 정치현상들 사이의 인과관계에 관한 명제의 반증에 중점을 두고 진행된 연구이다. 과학적 연구란 이론적인 설명에 기초하고 있고 과학적으로 판명된 방법론에 기초하여 평화지수를 측정하였음을 의미하는 것이다. 평화지수 연구는 지수를 활용하여 동아시아 주변국 정세를 설명하고 나아가서 지수의 적용 가능성을 확대하려는 시도의 일환으로 동아시아 6개국은 물론 유럽과 중동 국가를 표본으로 포함하여 정책 현황의 분석에 적용하고자 한다. 본 연구에 다수의 연구자가 지역전문가로서 연구에 참여하고 있다는 점 때문에 방법론적인 설명에서 약간의 취약함이 나타날 수 있지만 실질적으로 연구의 결과를 비교해 보면 지역전문가들이 가지고 있는 학문적 식견과 자료가 경험적 연구의 결과와 부합되는 설명에 도달하는 것을 확인하는 계기는 자료의 적절성을 반증하는 계기가 될 수 있다고 판단된다.

한 걸음 더 나아가서 설명을 하자면, 과학적 연구는 추상적 개념의 완벽한 객관화를 상정하는 것이라기보다는 주어진 제약 속에서 가장 객관적이라고 평가할 수는 없지만 다수의 간주관성에 기초한 과학적 방법을 활용하여 분석하고 설명하는 과정이다.

▮ 참고문헌 ▮

세계평화포럼. 2007. 『세계평화지수 2006』. 서울: 세계평화포럼.

Azar, E. 1982. "Conflict and Peace Data Bank 1948-1978." *International and Domestic Files (ICPSR7767)*, Second ICPSR edition.

______. 1984. "The Conflict and Peace Data Bank (COPDAB) Project." *Journal of Conflict Resolution*, 24, pp.143-153.

Bond, Joseph, and Doug Bond. 1995-1999. "The Protocol for the Assessment of Nonviolent Direct Action." *The Program on Nonviolent Sanctions and Cultural Survival, The Weatherhead Center for International Affairs*. Harvard University.

Bond, Joseph, Doug Bond, and Churl Oh. 2000. Charting the Korean Peninsular: A 1990-2000 Assessment of North Korea Event Interaction, presented at *The 5th International Command and Control Research and Technology Symposium*. Australia War Memorial, Canberra ACT, Australia.

Boulding, Kenneth E. 1978. *Stable Peace*. Austin, TX: University of Texas Press.

Feyerabend, Paul. 1975. *Against Method: Outline of an Anarchistic Theory of Knowledge*. NY: New Left Books.

Frankfort-Nachmias, Chava, and David Nachmias. 1996. *Research Methods in the Social Sciences* 5th edition, New York, NY: St. Martin's Press.

Galtung, Johan. 1969. "Violence, Peace and Peace Research." *Journal of Peace Research*, 3, pp.167-191.

Goldstein, Joshua S. 1992. "A Conflict-Cooperation Scale for Weis Events Data." *Journal of Conflict Resolution*, 36-2, pp.369-385.

King, Gary, Robert O. Keohane, and Sidney Verba. 1994. *Designing Social Inquiry: Scientific Inference in Qualitative Research*. Princeton, NJ: Princeton University Press.

Popper, Karl. 1972. *Objective Knowledge: An Evolutionary Approach, revised edition*.

NY: Oxford University Press.

Reuveny, Rafael, and Heejoon Kang. 1996. "International Conflict and Cooperation: Splicing COPDAB and WEIS Series." *International Studies Quarterly*, 40-2, pp.281-306.

제2장

세계평화지수의 추이와 변화: 1990~2004

이성우 | 제주평화연구원

I. 들어가는 말: 평화지수의 활용가능성

추상적인 또는 형이상학적인 개념을 계량화하여 수(number)로 전환시킬 수 있다는 전제에 대해서 학자들 사이에서 논란은 지속되어 왔다. 전통적 방법론과 경험적 방법론의 차이에 따른 논란은 물론이고, 경험적 연구를 수행하는 학자들 사이에도 평화, 협력, 인권과 같은 추상적 개념의 지수화는 논란의 대상이 되었다.

사건자료인 10 Million International Dyadic Event Data(King and Lowe 2003)에 포함된 정보를 활용하여 평화지수를 작성할 경우 상당히 많은 응용을 통해 많은 양의 정보를 제공할 수 있다. 사건자료에는 사건(event), 사건의 발생일자(date), 행위자(actor), 상대방(target)의 기본 정보가 포함되어 있고 이를 통해 주어진 기간 동안 주어진 국가가 행한 사건의 빈도도 구할 수 있다. 여기에 가중치를 적용하면 행위자가 상대방에게 행한 외교정책의 빈도와 비중을 반영하는 자료를 작성하여 분석에 이용할 수 있다.

앞에서 설명한 바와 같이 평화지수는 두 가지 분석수준에서 작성되고 논의될 수 있다. 국가수준으로 작성된 자료는 개별 국가의 전반적인 대외정책의 평화로운 정도와 협력의 정도를 파악하는 데 활용할 수 있다. 양자수준으로 작성된 자료는 원래 사건자료가 작성된 양자관계를 구체적으로 분석하는 데 활용될 수 있는 한편 양자수준으로 작성된 자료는 양자의 조합을 결합함으로써 다자주의 관계의 역동성을 분석할 수 있게 해준다. 탈냉전 이후 국제관계는 양적 확대와 질적 변화를 보여주고 있다. 먼저 양적인 변화는 국가와 국가 간의 전쟁의 가능성은 급격하게 감소했지만 국가 사이의 비폭력적 갈등은 급증하는 추세에 있다. 양적 성장에 병행하는 질적 변화는 개별국가들이 이념에 따른 행동이라기보다는 이익이라는 국제관계의 현실적 동기가 지배하는 상황을 초래했다. 탈냉전기의 국제관계는 전통적인 우방국가와 적대국의 경계가 모호해지는 상황 아래서 국가들은 단일 정책문제에 국한되어 상호작용하는 것이 아니라 다수의 정책분야에 대하여 이해관계가 걸린 다수의 국가들이 동시에 상호작용과 반작용을 진행하는 "동시다발적(simultaneous and multilateral interaction) 상호작용(action-reaction)"의 양상을 나타내고 있다.

탈냉전기 국제관계의 특성을 단적으로 대변하는 동시다발적 상호작용의 국제관계에 대한 연구는 특정한 국제관계의 사안이나 사건과 관련한 적은 숫자의 사례연구와 제한된 숫자의 변수만을 고려하는 분석으로는 국제관계에 대한 체계적이고 정확한 이해를 어렵게 한다. 국제관계 연구에서 핵심 주제라고 할 수 있는 평화와 분쟁에 대한 연구는 동시다발성을 반영하여 과학적인 분석을 위주로 진행되어야 한다.

본 연구는 국제관계의 역동성을 반영하여 과학적 추론(scientific inference)을 제공하기 위하여 사건자료를 이용하여 평화지수를 작성하고 이를 통해 국제관계 전반에 대한 이해와 우리나라의 입장에서 고려해야 할 정책적 함의에 대한 분석과 대안의 제시라는 두 가지 목표를 충족시킬 수 있다. 본 장에서는 평화지수가 제공하는 자료 중에서 전 세계와 국가를 분석단위로 하여 전 세계에 걸쳐서 나타나는 평화와 협력의 추세를 설명하는 데 중점을 둔다. 이 과정에서 평화지수의 적절성을 검증하는 계기로 활용할 수 있다.

II. 평화지수의 전 세계적 추이

평화지수의 유용성에 대해서는 지속적으로 비판과 논의가 제기되고 있다. 이러한 비판과 회의적 시각은 측정과 관련된 방법론적인 차원의 문제에서부터 개념 정의의 적절성, 조작 정의의 적절성, 완성된 평화지수의 현실 반영, 국제정치현상에 대한 설명의 적절성, 나아가서는 지수의 장래에 대한 예측력 등 다양한 차원에서 제기될 수 있다. 평화지수에 비판적 시각은 궁극적으로 평화지수의 이론적 설명력을 강화하는 방향으로 진행될 것이다. 본 절에서 중점을 두어 논의하는 부분은 이론적 설명력의 적절성이다. 평화지수를 이용해 기존의 이론적 설명을 검증(falsify)할 수 있다면 평화지수의 활용가능성의 범위를 확대하는 것이며 이는 궁극적으로 평화지수의 적절성을 검증하는 과정의 하나가 될 것이다.

세계체제의 평화와 갈등을 분석하는 것은 국제정치 신현실주의이론이 제기하는 체제이론에 따르면 국가 간의 힘의 분배가 체제의 특성을 결정하고 그러한 특성이 체제의 구성원인 국가의 행위를 결정한다는 주장을 편다. 패권안정이론에 따르면 단극체제를 상정하고 있는데 단일의 패권국가가 국제 공공재인 규범과 질서를 제공하기 때문에 국제체계에 패권국이 존재할 경우 국제질서는 개방적이고 안정적이며 교류와 협력이 확대되어 체제가 보다 평화롭게 된다고 한다. 역사적으로 개방과 성장 그리고 상대적인 안정은 단일의 지배적 국가 즉 패권국가의 존재와 일치한다고 주장한다. 결국 세계체제의 평화와 안정은 미국의 패권적 지위와 직접적인 관련이 있다는 주장이다. 역사적으로 2차 세계대전 이후 미국의 부상으로 인한 세계적 안정과 월남전 이후 1970년대 후반에 경험한 미국의 상대적 쇠퇴로 인한 국제질서의 불안을 설명한다. 1980년대 후반 소련의 붕괴와 미국의 재부상 그리고 2002년 9·11테러와 이후 미국의 상대적 영향력의 쇠퇴에 따른 국제질서의 안정과 상호관계를 설명할 수 있다고 한다.

본 연구에서 작성한 평화지수의 분석수준을 세계체제에 맞추어 세계수준의 협력과 갈등을 고찰하는 것이 신현실주의 체제이론의 주장과 직접적인 관련이 있는 것은 아니지만 세계체제 이론을 설명하는 하나의 근거는 될 수 있다. 국가 간의 협력과 갈등을 누적하여 세계체제 수준에 맞추어 분석한다는 점에서 새로운 시도라는 이론적인 의미가 있다. 표본으로 포함된 30여 개 국가가 전 세계를 의미하는 것으로 간주하는 데는 논리적인 무리가 있는 것도 사실이지만 표본에 포함된 국가가 주요국이라는 점을 감안한다면 갈등의 가중치를 연도별로 총합하여 추이를 추적함으로써 세계체제이론이 주장하는 패권안정이론의 적절성을 분석하는 계기가 될 수 있다.

다음의 〈그림 2-1〉은 10 Million International Dyadic Event Data를 활용하여 표본으로 선택된 국가들의 협력수준과 갈등수준을 측정하여 이를 그래프로 정리한 것이다. 미국, 러시아, 중국, 일본과 유럽의 주요국가를 포함하고 있다는 점에서 전 세계적인 수준의 협력과 갈등의 변화는 현실주의 또는 신현실주의 시각에서 논의하는 세계시스템 차원의 이론적 함의를 고찰할 수 있는 자료이다.

분석의 대상이 된 기간은 1990년부터 2004년까지 탈냉전기간에 해당하기 때문에 냉전기와 구분해서 비교하는 것은 불가능하지만 탈냉전기의 전체적인 특성과 추세에 대한 논의는 가능하다. 첫째, 탈냉전기가 시작되면서 갈등이 증가했다는 일반적인 이론과 달리 협력과 갈등과 관련한 평화지수에 따르면 갈등의 증가보다는 협력의 증가가 뚜렷한 현상으로 나타났다. 둘째, 초기는 협력이 증가한 반면 갈등은 비교적 증가의 추세가 약화되어 나타났다. 탈냉전기와 1990년을 기준으로 세계 협력수준의 총합은 24373.0, 그리고 세계 갈등수준의 총합은 8104.0으로 조사되었다. 이는 조사대상에 포함된 주요국가들 사이의 관계가 갈등도 존재하지만 협력관계의 빈도와 비중이 약 3배 정도 더 많다는 의미이며 이는 국가 간의 관계가 갈등적이라기

〈그림 2-1〉 세계 협력 및 갈등수준: 1990~2004

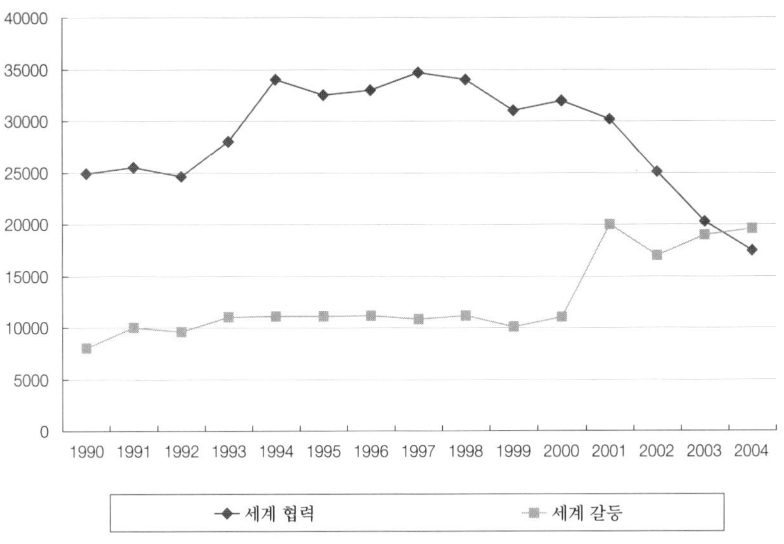

보다 협력적이라고 할 수 있다. 이러한 협력적 추세는 2000년까지 지속되어 오다가 2001년에 접어들면서 협력의 수준은 급격하게 감소하고 갈등의 수준은 급격하게 증가하는 양상을 보여준다. 2003년을 기점으로 협력과 갈등의 비중이 역전하는 상황을 맞이하게 된다. 국제적 수준의 협력의 감소와 갈등의 증가는 협력과 갈등의 일반이론과 일치하지 않는 추세라고 할 수 있다.

이 결과는 앞에서 논의한 패권안정이론의 적절성을 설명하는 이론적 근거가 된다. 패권국가의 지위가 공고할 경우에는 패권국이 제공하는 국제공공제인 규범과 질서가 온전하게 작동하지만 패권국가의 지위가 위협받게 되면 국제사회의 협력은 감소하고 갈등은 증가하는 불안정한 상태를 경험하게 된다는 점에서 2000년부터 미국의 패권적 지위가 흔들리게 되었고 이러한 현상이 2001년 9·11을 계기로 가시화되었다고 설명할 수 있다.

국가는 자국의 이익을 달성하기 위해서 강경정책과 온건정책을 병행하면서 상대 국가에게 협상과 위협을 동시에 또는 교차해서 사용하기도 하고 때로는 상대방에게 원하는 것을 획득하기 위해 제3의 행위자에게도 위협을 가하거나 협상을 진행하는 동시다발적 상호작용을 지속적으로 진행하여 국가의 이익을 최대화시키고자 하는 것이 전형적인 국가의 외교정책이며 이러한 관계를 호혜적 상호관계(reciprocal relationships)라고 규정하여 왔다. 〈그림 2-1〉에서 보여 주듯이 협력과 갈등이 서로 같은 방향으로 증감한다는 점이 국가의 상호관계는 호혜적이라는 점을 보여 주는 사실이라고 할 수 있다. 조사를 시작한 시점인 1990년부터 2000년까지 호혜적 추세는 지속되어 오다가 2001년에 글로벌 차원에서 급격한 갈등의 증가와 협력의 감소라는 전례 없는 추세가 나타나서 조사가 끝나는 시점인 2004년까지 이러한 갈등의 확대재생산의 추세가 유지되었다.

협력과 갈등의 상호관계에 대한 경험적 연구 결과에 따르면 협력과 갈등의 빈도는 상호배타적(mutually exclusive)인 것이 아니라 상호보강(mutually reinforcing)하는 관계에 있다(Yi 2008, 95-98). 갈등의 증가는 협력의 증가를 유도하고 협력의 증가는 갈등의 증가를 유도하는 것이 갈등과 협력의 일반적인 상호관계이다. 이론적 논의의 수준에서 국가의 최고목표를 이익의 추구라고 전제할 때, 국가는 협력을 통해 이익을 추구하려고 하지만 이익의 추구과정에서 갈등이 발생하게 되고 갈등이 일정수준으로 증가하면 국가들은 갈등을 확대시키기보다는 협력을 통해 갈등을 감소시키는 방향에서 정책을 조율한다는 것이 주된 이유이다.

이러한 일반적인 추세에도 불구하고 앞에서 상술한 바와 같이 2000년 이후의 국제관계의 전반적 추세는 '협력의 급감과 갈등의 급증' 으로 특징지어진다. 이러한 추세가 의미하는 바는 전 세계의 주요국가들 사이에 기존의 호혜적 상호협력관계에 중대한 변화가 나타났음을 의미한다. 협력이 갈등을 초래하지만 갈등이 확대되면 협력을 통해 갈등을 완화시키는 호혜적 행위양상이 지배적이라고 할 수 있는데 반해, 2000년 이후 증가하는 갈등에 대한 협력의 노력이 줄어들고 그나마 감소한 협력에 대해서 갈등으로 대응하는 악순환이 나타나고 있음을 의미한다. 이는 궁극적으로 세계체제

<그림 2-2> 미국의 평화지수: 1990~2004

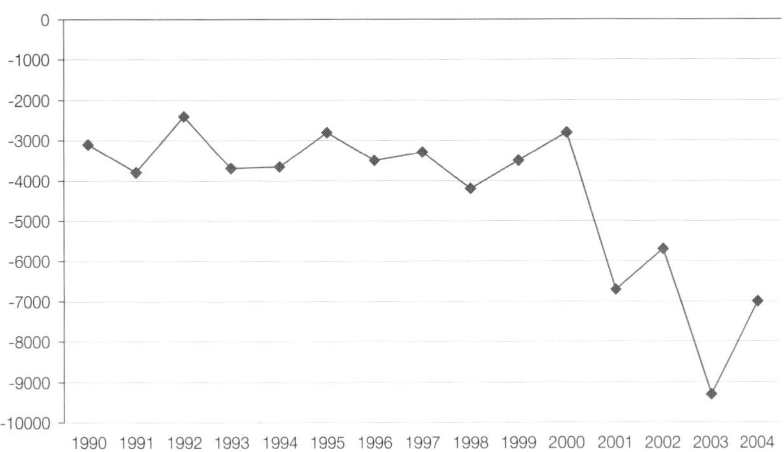

차원에서는 질서와 규범의 지배가 감소하고 있음을 의미한다.

세계체제의 변화를 반영하는 여부를 검증하기 위해서는 패권국인 미국의 행태를 분석해야 한다. 미국의 행위를 추적하는 것은 의미가 있지만, 전 기간에 걸친 전 세계 평화지수의 총합에서 미국이 차지하는 비중이 40%에 도달한다는 점과 미국 다음으로 갈등의 비중이 높은—평화지수가 낮은—이스라엘이 32%를 차지하고 있다는 점은 세계의 평화지수가 패권국인 미국에 의해 결정되는 것은 이론적 설득력을 가지지만 이스라엘의 경우는 설득력을 가지기 어렵다는 문제가 있다. 미국과 이스라엘의 갈등의 정도가 72%를 차지하고 그 다음 나머지 28개국이 30%의 갈등 비중을 나누어 가진다. 이를 다른 각도에서 정리하면, 주요 10개국이 전 세계의 갈등 추세에서 차지하는 비중은 전체의 90%를 차지하고 있고 미국과 이스라엘을 제외한 주요 8개국의 갈등은 전체 갈등에서 18%를 차지한다.

국제관계를 연구하는 학자들에게 냉전기에서 탈냉전기로의 전환을 통해 단순히 갈등의 증감과 갈등의 질적 양상의 변화에 대해서 체계적인 이해가 요구된다. 본 연구가 제시하는 자료를 이용해서 냉전기와 탈냉전기의 갈등

상황의 전개를 검증하는 데는 제약이 따른다. 주어진 제약 아래서 1990년의 자료를 검토해보면 갈등보다는 협력이 지배적인 행동양식으로써 국제사회의 규범이었음을 알 수 있다. 협력과 갈등의 수준의 차이는 있지만 변화의 추이가 동일하게 전개되고 있다는 점에서 국가들은 호혜적인 방향에서 정책행동의 보조를 맞추어왔다는 점을 반증하는 자료라 할 수 있다. 이는 간접적으로 국제사회의 상호관계는 반복되는 상호협력의 관계(reiterated cooperative relationship)를 기저로 하고 이에 호혜적 상호작용과 반작용(reciprocal action-reaction)이 주된 행동의 원리로 작용했음을 보여주고 있다.

국제관계의 상호작용을 지배해온 두 가지 주요원칙이 무너지면서 글로벌 차원에서 갈등의 확산과 협력의 급감은 보다 분석적인 연구를 통해 원인이 규명되어야 할 부분이지만 이는 미국의 입장에서 서술적 설명을 제공하는 차원에서 논의할 수 있다. 2001년 9월 11일 알카에다의 미국에 대한 테러가 국제관계에 있어서 협력과 갈등의 역학관계에 있어 기존의 경향을 변화시킬 만큼 결정적인 영향을 미쳤다고 가설을 제시할 수 있다.

2001년을 기준으로 미국의 갈등은 급격하게 증가하여 2000년 이전 갈등수준의 2배 그리고 많게는 3배 이상의 수준까지 갈등의 수준이 급격하게 늘어나는 추세를 보여준다. 2001년 알카에다의 테러공격 직후인 10월 미국은 알카에다 테러세력을 지원하는 탈레반 정권이 장악하고 있는 아프가니스탄에서 군사작전을 전개하였다. 2003년 3월에 시작된 제2차 걸프전은 다국적군에 의한 모양을 갖추었지만 미국은 이라크에 최후통첩을 보내고 정밀폭격을 개시하는 등 이라크와의 전쟁을 주도하면서 개전 단계에서부터 이라크는 물론 전통적인 우방이라고 할 수 있는 서유럽국가들과도 많은 갈등을 빚어왔다는 점에서 2003년의 갈등은 유례없는 수준으로 비등했고 이는 전 세계의 평화지수에도 부정적인 영향을 미쳤다. 1990년 전 세계 갈등에서 미국이 차지하는 갈등의 비중이 16%, 1995년의 10%, 그리고 1996년 14%에 그치는 수준이었음에 반해, 2003년 전 세계 갈등의 20%를 차지하는 수준으로 비중이 높아진 측면도 있다. 북한의 경우에도 2003년의 갈등수준이 급증한 것으로 나타난 것은 미국이 테러와의 전쟁을 수행하는 과정에서 테러지원 국가와 갈등을 확산시킨 측면도 크게 작용했다고 할 수 있다.

이러한 현상은 미국의 행위양상을 분리해서 전 세계의 추세와 비교해볼 필요가 있다. 이를 설명하기 위해서 〈그림 2-2〉는 미국의 평화지수를 분리해서 나타내었는데 〈그림 2-1〉의 세계갈등의 추이와 전반적으로 유사한 움직임을 보이고 있음을 육안으로 확인할 수 있다. 이는 다시 말해서 패권국가인 미국의 활동이 전 세계 질서와 안정을 지배하는 데 결정적인 역할을 하고 있음을 의미한다. 패권안정이론의 이론적 적절성을 검증하기 위해서는 미국의 국력의 변화와 갈등의 추세의 상관관계에 대한 분석이 필요하지만 본 장에서는 이에 대한 분석은 제외하기로 한다.

III. 한반도 주변국 체제 안정과 평화지수의 논의

평화지수의 활용의 한 방법으로 앞에서는 세계체제 차원의 분석과 설명에 중점을 두었다. 세계체제 수준의 분석은 단일의 설명이라는 점에서 활용의 가능성이 일회적이라는 문제가 있는 반면, 지역차원에서 국제관계를 설명하는 시도는 다양한 지역의 유관 행위자 사이의 상호관계를 분석할 수 있다는 점에서 유용한 접근법으로 평가된다. 한반도를 둘러싼 동북아시아는 우리의 관심이 높은 지역이라고 할 수 있지만 유럽의 경우도 서유럽, 중부유럽, 동유럽 등 세부지역을 나누어서 분석할 수 있고 동남아시아, 중동, 북미, 북중미, 남미, 아프리카 등 다양한 지역의 상호관계를 분석할 수 있다. 본 절에서는 한반도 주변국의 상호관계에 대해서 논의함으로써 여타 지역에 활용가능성을 점검해 볼 수 있다.

러시아와 미국이 동아시아 국가인가라는 설정은 지정학적 정체성에 근거하여 동아시아 유관자로 포함시킨 것이 아니다. 미국은 전 세계적 차원에서 영향력을 행사하는 강대국의 일원이고 러시아는 강대국의 범주에서는

〈표 2-1〉 한반도 주변 6개국 평화지수: 1990~2004

연도	한국	북한	미국	러시아	중국	일본	평화지수 총합
1990	-150.6	-196.9	-3101.4	-134.2	-129.3	-407.3	-19095.3
1991	-226.7	-171.1	-3752.9	-388.1	-119.8	-377.4	-23438.2
1992	-230.7	-184	-2312.3	-579.2	-134.8	-494.1	-21311.2
1993	-157.1	-261.1	-3619	-687.1	-284.9	-325.4	-26387.8
1994	-225	-364.9	-3563.2	-619.6	-187.3	-369.4	-26885.7
1995	-345.3	-201.3	-2785.9	-748.5	-451.7	-480.1	-25962.5
1996	-358.5	-317.4	-3407.7	-595.4	-247.6	-394.9	-27246.1
1997	-274.5	-264.8	-3193.3	-582.2	-291.2	-369.3	-25173.4
1998	-184.1	-267.7	-4264.1	-790.3	-314.4	-314.7	-27641.8
1999	-152.1	-189.3	-3492.3	-840.4	-411.1	-311.5	-24014.1
2000	-165.9	-241.9	-2734.3	-585.7	-216.6	-300.1	-24594.5
2001	-236	-212.4	-6620.2	-688.9	-407.2	-502.8	-46414.5
2002	-320.3	-259.8	-5611.5	-549.5	-197.3	-406.7	-39702.2
2003	-288.7	-651.9	-9226.6	-341.2	-413	-310.4	-47156.1
2004	-239.4	-227	-7027.7	-320.1	-219.8	-387.2	-46352.2

벗어났지만 지정학적으로 동아시아에 걸쳐 있고 실제로 한반도와 동아시아 문제에 일정한 영향력을 행사한다고 보기 때문에 포함시켰다. 이 때문에 동아시아 국가라는 명칭보다는 한반도 주변 6개국으로 통칭하는 것이 더 적절하다고 판단된다.

한반도 주변 6개국의 평화지수를 전체적으로 비교해보면 미국이 최악의 평가를 받는다는 것은 새로운 사실이 아니다. 러시아는 탈냉전기 강대국의 지위를 상실함으로써 미국과 달리 전 세계 차원의 국제관계에 개입하는 양상이 급격히 감소했기 때문에 갈등을 일으키지 않고 제한적인 활동을 해왔다고 평가되므로 평화지수에서 미국에 비해 상당히 높은 평가를 받았다. 하지만 동아시아의 다른 국가들과 비교해 볼 때 여전히 높은 수준의 갈등을 일으킨다는 점에서 평화지수에서 낮은 평가를 받았다고 할 수 있다. 일정한 변화는 있지만 전반적으로 보았을 때 중국과 일본의 평화지수가 그 뒤를 이은 좋은 평가를 받고 있다고 할 수 있지만 매년 상당한 변화가 나타나고 있다. 중국의 경우 2000년부터 2004년까지 400과 200 사이를 오가는 역동적인 변화를 보여주고 있으며, 일본은 평화지수가 꾸준히 악화되다가 2001년을 기점으로 개선되는 양상을 보여준다. 한국도 상당히 역동적인 변화를 보여주고 있지만 흥미로운 것은 북한의 변화이다. 2003년의 경우 미국 다음으로 평화지수가 낮게 나타나고 있다.

전체적으로 보면 한반도 주변 6개국의 평화지수는 순위를 기준으로 볼 때 역동적인 변화를 보여주고 있다. 이러한 역동적인 변화는 평화지수의 유용성을 반증하는 근거라고 생각된다. 기존의 경제 또는 정치지표를 활용

〈그림 2-3〉 한반도 주변 5개국(미국 제외) 평화지수: 1990~2004

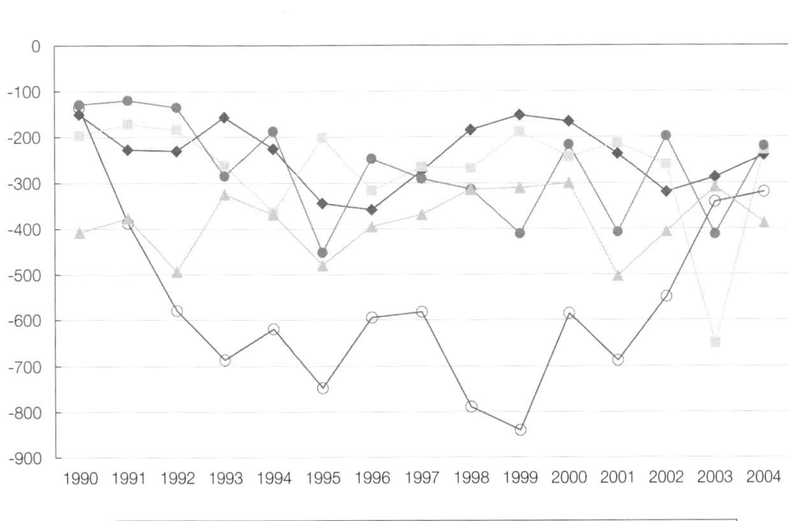

하여 연도별로 작성된 평화지수를 보면 이러한 역동적인 변화는 관찰할 수 없었다. 각국의 연도별 문맹률, 영아 및 유아 사망률, 전쟁에 참여여부와 같은 지표는 그 자체에 변이가 나타나지 않는 자료이다. 통계학적 기준으로 역동적인 변이(variance)가 나타나지 않는 자료는 그 의미가 상당히 제한된다고 할 수 있다. 이러한 역동적인 변화는 〈그림 2-3〉에 그래프로 잘 나타나 있다. 연구의 대상이 된 1990년부터 2004년까지 미국의 평화지수는 최악의 평가를 받고 있기 때문에 그래프에서는 제외되었다. 1993년에는 중국의 평화지수가 북한보다 악화되었고 1995년에는 북한의 평화지수는 개선되어 최고의 기록을 나타낸 반면, 중국의 평화지수는 한국보다 낮은 수준으로 나타났다. 북한은 2003년 평화지수를 기준으로 최악의 행태를 보여주었다. 러시아는 1991년부터 2002년까지는 최악의 점수를 기록하다가 2003년과 2004년 지속적으로 개선되는 양상을 보여 주고 있다. 일본은 상대적으로 변동이 적은 수준의 평화지수를 보여주고 있다.

위의 〈그림 2-3〉의 변화를 순위로 나타내면 다음의 〈표 2-2〉와 같은데 여기서 순위는 6개국 내에서의 순위가 아니라 전체 표본국가 중에서 순위를 측정하여 나타낸 것이다. 평화지수의 순위의 숫자가 적을수록 평화지수 기준으로 평화적이지 않음을 의미한다. 2003년 평화지수 기준으로 보면 한국, 일본, 러시아, 중국, 북한, 미국 순으로 평화로운 국가행태를 보여준 반

〈표 2-2〉 한반도 주변 6개국 연도별 평화지수 순위

	1990	1991	1992	1993	1994	1995	1996	1997	1998	1999	2000	2001	2002	2003	2004
한국	14	12	10	18	13	11	9	11	15	18	17	13	10	14	10
북한	11	15	14	13	9	15	10	12	12	16	11	16	12	5	11
미국	1	1	2	1	1	1	1	1	1	1	2	2	2	1	2
러시아	17	6	6	5	6	7	6	7	4	3	5	5	6	11	8
중국	18	21	18	12	18	10	12	10	11	10	13	10	16	9	13
일본	6	7	7	8	8	8	8	8	9	11	9	8	8	12	7

면 2002년을 기준으로 보면 중국, 북한, 한국, 일본, 러시아, 미국 순으로 평화로운 국가행태를 보여주었다고 할 수 있다.

여기서 비교를 통한 특정국가들 사이의 상대적 평화의 정도가 독자들에게 쉽게 납득이 되지 않을 수 있는 문제가 제기될 수 있다. 예를 들면, 2003년은 우리나라(한국)가 한반도 주변 6개 국가 중에 가장 평화로운 국가로 결과가 나타났다는 점에서 설득력이 있지만 2002년의 경우는 우리나라(한국)가 중국이나 북한보다 평화롭지 못한 국가라는 결과를 보여주고 있다는 점에서 동의하지 않을 수 있다. 이러한 평가는 평화지수의 본질에 대한 이해가 선행되어야 하는 문제라고 할 수 있다. 북한이 동아시아 안정과 평화에 위협이 되는 세력이라는 점에는 이론의 여지가 없으나 북한의 대외 활동은 주로 정책 이슈별로는 북한 핵문제와 관련된 행위 그리고 당사자 관련은 동아시아 주변국 이외에는 실질적으로 존재하지 않는다고 할 수 있다. 반면 한국이나 일본은 북한과의 관계 이외에도 경제, 통상, 문화 등 다양한

〈그림 2-4〉 남북한 평화지수 평균

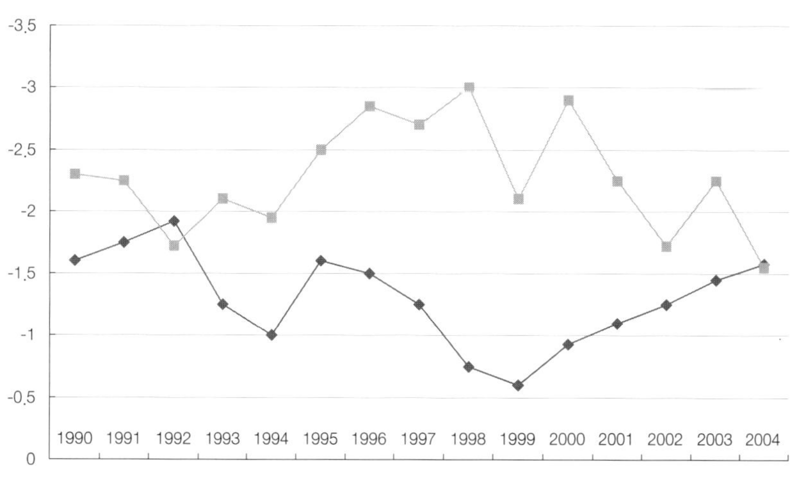

이슈에 관련하고 있으며 실질적으로 전 세계의 다양한 국가와 양자관계를 맺고 있기 때문에 북한보다 많은 수준의 갈등을 유발한다고 할 수 있다. 북한과 한국의 상호관계를 비교하자면 단위행위당 갈등수준을 비교하는 것이 더 바람직하다. 〈그림 2-4〉는 남북한의 평화지수 누적값을 합산한 다음 이를 누적도수로 나눈 결과이다.

한국의 평화지수는 북한에 비해서 1992년과 2004년을 제외하면 단위 사건당 매년 상당히 낮은 갈등의 수준을 보여주고 있다. 특히 1998년과 2000년의 경우를 보면 한국은 단위 사건당 갈등의 수위가 낮아지고 있는 반면 북한은 단위 사건당 갈등의 수준이 증가하는 경향을 보여주고 있다는 점에서 남북한 관계의 상호 평화수준을 비교할 수 있다. 다만 전체적인 수준에서 한국의 갈등이 북한과 유사하거나 보다 더 갈등이 많은 것으로 나타나는 것은 한국의 대외관계의 폭과 범위가 북한에 비해서 넓고 깊기 때문에 발생하는 것이라 할 수 있다.

한반도 주변 6개국의 평화지수를 전체적으로 검토해보면 미국의 갈등 급증이 동아시아 지역에서도 반영되어 나타났다고 평가할 수 있다. 물론 이를 확증하기 위해서는 미국과 동아시아 국가의 양자관계를 분석해야 하지만 일단 전체적인 분포에서 논의가 가능하다. 미국이 수행하던 테러와의 전쟁에 기본적인 지지의 입장을 보인 한국과 일본의 경우에는 미국과 달리 전체적인 갈등의 수준이 오히려 감소하는 경향을 보이는 반면, 미국으로부터 테러지원국 또는 '악의 축'이라는 평가를 받은 북한의 경우는 미국과 마찬가지로 전체적인 갈등의 수준이 증가하는 양상을 보여주고 있다.

2004년의 평화지수를 전년인 2003년과 비교해서 보면 상당한 개선이 있었고 미국도 이와 동일한 방향에서 평화지수가 개선되었음을 보여준다. 동아시아 지역과 관련된 국가들의 평화지수를 분석하는 과정에서 미국의 대외정책 행위가 세계적 수준에 영향을 미치고 있음을 간접적으로 보여주는 사례라고 할 수 있다. 미국이 동아시아 국가들과 비교해서는 물론이고 세계 어떤 나라와 비교해도 가장 갈등이 많고 그래서 평화지수를 기준으로 했을 때 최악의 평가를 받게 되었다. 동아시아 국가와 비교했을 때 역내에서 가장 평화지수가 높은 한국에 비해서 20배 그리고 동아시아에서 가장 평화지수가 낮은 일본에 비해서도 최소한 8배 정도 평화지수가 낮게 나타났다. 심지어 상식적으로 평가할 때 동아시아에서 질서의 교란자로 평가되며 미국에 의해서 '악의 축'이라고 평가를 받는 북한과 비교했을 때도 미국은 14배나 더 많은 갈등을 유발하고 있다.

IV. 평화지수와 국력의 상관관계

평화지수의 비교에 대한 논의에 의하면 기존의 평화지수 연구가 제시한 내용과 본 연구가 제시하는 평화지수의 내용은 전반적으로 상이한 그림을 보여주고 있는데 본 연구는 국제정치의 현실을 적절하게 반영하는 결과라고 판단한다. 미국은 세계패권 국가로서 세계 모든 지역의 분쟁에 개입하여 적극적인 역할을 수행하고 있는 반면 북한은 동아시아지역에서만 갈등을 일으키고 있다. 북한의 경우 국한된 지역에서 갈등을 일으키기 때문에 미국에 비해 갈등이 가시적으로 보이지만 세계차원의 갈등에는 개입할 수 있는 능력이 없기 때문에 갈등지수에 있어서 미국에 비해서 상당히 낮은 수준으로 나타났다고 할 수 있다.

패권국가로서의 미국의 역할과 지역 내의 질서 교란자로서 북한의 역할에 대한 차이점을 고찰한다면, 일본이나 한국에 비해서 약 10배에 달하는 많은 분쟁을 유발하는 미국의 경우를 보면 이러한 결과는 조사 대상이 된 국가의 국력이 강할수록 많은 갈등을 유발한다는 명제를 지지하는 사실로 활용될 수 있는 근거가 된다. 국력이 강한 국가가 분쟁을 많이 일으킨다는 단순논리로 귀결될 수 있다는 점에서 평화지수가 전달하는 정보의 한계가 있다는 비판이 가능하다. 국력에서 상대적 우위를 차지하는 국가는 국력을 확대하거나 유지하기 위해서 지속적으로 국제관계에서 정치, 경제, 사회적인 상호관련을 맺게 되고 이는 결국 갈등의 지속적인 상승으로 나타날 수밖에 없다고 할 수 있다.

평화지수와 관련한 국가를 극단적인 두 그룹으로 상정하고 폴란드, 그리스, 멕시코를 한 그룹으로 그리고 미국, 영국, 일본을 한 집단으로 단순 비교하면 평화지수와 국력 사이에 반비례 관계가 존재하는 것처럼 주장할 수 있다. 다시 말해서 GDP를 기준으로 국가의 경제력 또는 국력이 높을수록 평화지수에서 낮은 기록을 보여주고 있다. 다음의 〈표 2-3〉과 〈표 2-4〉에

〈표 2-3〉 2004년 평화지수 국가별 순위

순위	국가	지수	순위	국가	지수
1	이스라엘	-8597.3	18	인도네시아	-103
2	미국	-7027.7	19	멕시코	-101.4
3	영국	-955.8	20	스웨덴	-100.5
4	프랑스	-852.8	21	벨기에	-95.1
5	독일	-513.1	22	인도	-94.7
6	스페인	-451.4	23	스위스	-88.6
7	일본	-387.2	24	오스트리아	-65.5
8	러시아	-320.1	25	핀란드	-62
9	이탈리아	-271.2	26	노르웨이	-58.6
10	한국	-239.4	27	폴란드	-56.5
11	북한	-227	28	포르투갈	-48.4
12	오스트레일리아	-219.8	29	헝가리	-35.3
13	중국	-219.8	30	뉴질랜드	-31.6
14	네덜란드	-157.4	31	룩셈부르크	-19.5
15	캐나다	-134.1	32	칠레	-9.5
16	터키	-128.3	33	아이슬란드	-0.1
17	그리스	-126.1			

〈표 2-4〉 2004년 GDP 국가별 순위

(단위: 백만 USD)

순위	국가	GDP	순위	국가	GDP
1	미국	11,667,515	21	오스트리아	290,109
2	일본	4,623,398	22	인도네시아	257,641
3	독일	2,714,418	23	사우디아라비아	250,557
4	영국	2,140,898	24	노르웨이	250,168
5	프랑스	2,002,582	25	덴마크	243,043
6	이탈리아	1,672,302	26	폴란드	241,833
7	중국	1,649,329	27	남아프리카공화국	210,938
8	스페인	991,442	28	그리스	203,401
9	캐나다	979,764	29	핀란드	186,597
10	인도	691,876	30	아일랜드	183,560
11	한국	679,674	31	포르투갈	168,281
12	멕시코	676,497	32	태국	163,491
13	오스트레일리아	631,256	33	홍콩	163,005
14	브라질	604,855	34	이란	162,709
15	러시아	582,395	35	아르헨티나	151,501
16	네덜란드	577,260	36	말레이시아	117,776
17	스위스	359,465	37	이스라엘	117,548
18	벨기에	349,830	38	베네수엘라	109,322
19	스웨덴	346,404	39	체코	107,047
20	터키	301,950	40	싱가포르	106,818

서 2004년을 기준으로 각국의 평화지수와 국가별 GDP 규모의 순위를 보여주고 있다.

국력의 측정에 대해서는 논란의 여지가 많지만 국력에 대한 연구에 따르면 국가의 능력을 구성하는 속성으로서 국력은 경제, 군사력, 인구, 국민성과 같은 다양한 부분으로 구성되지만 경제력에 해당하는 단일의 지표에 의해서 보다 명확하게 반영되는 측면이 있다고 한다(Taber 1989, 37-39). 이런 점에서 본 연구는 한 국가의 경제력을 측정하는 단일의 가장 효과적인 지표의 하나인 GDP 규모를 활용하여 국력을 측정하는 것으로 간주한다.

각국의 평화지수 순위와 GDP 규모의 상호관계를 단순 비교하는 것으로 두 특성 사이의 상호관계를 평가할 수 있다. 평화지수가 조사된 모든 기간에 대한 세밀한 검토와 논의가 필요하지만 논의의 편의를 위해서 2004년을 기준으로 평화지수를 논의하고자 한다. 다른 기간에는 미국이 평화지수에서 가장 낮은 성적을 보이고 그 다음을 이스라엘이 차지하는 추세를 보였으나 2004년에는 이스라엘이 미국보다 더 많은 갈등을 야기시킨 것으로 조사되었다. 평화지수를 기준으로 보면 미국과 이스라엘을 제외하면 OECD회원국 중 대부분의 국가들은 상당히 낮은 수준의 갈등을 야기하는 것으로 나타났다. 미국의 사례는 국력과 평화지수 사이의 반비례관계를 입증하는 가장 강력한 사례라고 할 수 있지만 이스라엘의 사례는 반증의 가장 강력한 사례라고 할 수 있다. 구체적으로 이스라엘은 2004년 국가별 평화지수기준으로 1위를 차지했으나 GDP 기준으로는 조사 대상 40개국 중에서 37위에 해당하기 때문이다.

평화지수의 기준으로 보았을 때, 상위권에 속하는 벨기에, 인도, 스위스, 오스트리아, 핀란드, 노르웨이, 폴란드, 포르투갈, 헝가리, 뉴질랜드, 룩셈부르크, 칠레, 아이슬란드와 같은 국가들은 현실적으로 국제사회의 주목을 받는 갈등을 야기하지 않는 것으로 판단된다. 그 이외의 중간수준의 국가들은 1년간 누적가중치를 기준으로 보았을 때 1000 미만의 갈등수준을 유지하고 있고 그 중에서도 대부분의 국가의 누적가중치가 200 미만에 해당되고 우리나라도 이 범주에 포함되는 것으로 나타났다. 다수의 국가들이 평화지수 수준과 경제규모의 수준에서 가시적인 상호 역의 비례관계가 관측되지 않았다는 점에서 GDP 기준의 국력과 갈등수준으로 측정된 평화지수 사이에는 상호관련성이 없는 것으로 판단할 수 있다.

상위권에 속하는 국가들 사이에 일종의 상관관계가 더 가시적으로 나타날 수 있다는 주장은 설득력이 있는 것처럼 나타난다. GDP 기준의 경제규모 면에서 2위를 차지하는 일본은 평화지수 면에서 7번째로 분쟁을 야기하는 국가로 조사되었다. 순위를 기준으로 경제력과 평화지수에서 일정한 일관성을 보이는 국가로는 미국과 영국이 가장 일관된 경향을 보여주고 있으며 그 다음이 독일과 프랑스 정도라고 할 수 있다.

이런 점에서 앞에서 설명한 바와 같이 평화지수의 순위와 경제력으로 표현된 국력 사이에 일정한 상호관계가 존재하는 것은 사실이라고 할 수 있다. 즉 국력에서 상대적 우위를 차지하고 있는 상위권 국가들에 해당하는 미국, 영국, 프랑스, 독일과 같은 국가들은 자국의 국력을 확대하거나 유지하는 하나의 방법으로 주변국들과 상호관련을 확대해나가고 이들 국가는 다른 국가에 비해서 관련을 맺는 국가의 범위도 상대적으로 광범위하다고 할 수 있다. 즉 국력에서 상대적으로 우위에 있는 국가일수록 상호 교류의

〈그림 2-5〉 2004년 평화지수 국가별 순위

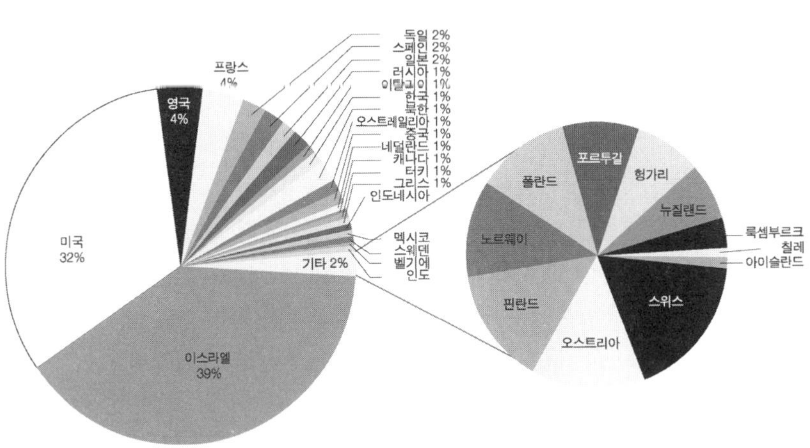

* 1% 미만 수치는 생략함

분야와 교류상대의 범위가 확대되기 때문에 구조적으로 보다 많은 갈등을 유발할 수 있는 가능성은 있다. 하지만 이러한 가능성이 반드시 가시적인 분쟁의 실현으로 나타나서 평화지수에서 낮은 점수를 기록하는 것은 아니다.

이러한 분포를 보다 가시적으로 나타낸 것이 〈그림 2-5〉의 파이 그래프인데 일본의 국력에 비해 갈등에서 차지하는 비중은 너무나 낮다고 할 수 있다. 나아가서 전체 2% 미만을 차지하는 하위 10개국의 경우 이들이 국제사회에서 행사하는 국력과 영향력을 고려하면 전혀 설득력이 없는 것으로 판단된다.

V. 맺는 말: 평화지수의 활용과 전망

본 장에서는 앞에서 논의한 바와 같이 평화지수의 세부적인 분석을 논의하기보다는 평화지수 자체가 가지는 이론적 적절성을 고려하는 차원에서 논의를 전개하였다. 우리 사회과학에 있어서 지수연구 자체가 가지는 의미에 더하여 평화의 지수화가 가지는 논의 자체가 용이한 작업은 아니다. 보다 구체적으로 논의하자면 사회과학에서 계량화가 가지는 의미 그리고 계량화된 자료를 통해서 사건 또는 사물의 상호인과관계 또는 연관성에 대해서 논의하여 명제의 반증(falsification)을 시도하는 것이 이론적 공헌으로 평가되기에는 어려움이 있다.

학문적 노력의 핵심은 사건이나 사물의 상호이론적 인과관계를 규명하여 이에 대한 체계적 지식을 축적해가는 과정이다. 과학적 학문활동에 대한 개념 정의가 다수의 학자들에게 받아들여질 수 있는지 자문해 보아야 한다. 만약 과학적 학문활동에 대한 개념 정의가 수용되지 않는다면 더 이상의 논의는 불가능해지지만 수용된다면 보다 많은 논의를 할 수 있을 것이다. 사회과학 특별히 정치학, 더 세부적으로 국제관계 연구와 관련된 인간의 지적 활동을 두 가지로 분류한다면 지역연구 vs. 이론연구, 정책 vs. 이론과 같이 여러 가지 범주로 분류할 수 있다. 이러한 분류보다 상호 배타적이고 모든 것을 망라할 수 있는 기준은 지식의 생산과 지식의 소비로 나눌 수 있다. 대장장이는 '쇠'를 만져 칼과 쟁기와 같은 '도구'를 만드는 사람이고 제화공은 '가죽'을 만져 '구두'를 만드는 사람이고 양복쟁이는 '천'을 다루어 '옷'을 만드는 사람이다. 같은 맥락에서 학자는 '정보'를 다루어 새로운 '지식'을 만드는 사람이다. 쇠를 만져 만드는 도구가 세상에 없던 새로운 것은 아닐 것이며 천을 만져 만드는 옷이 전혀 새로운 것은 아니다. 즉, 누군가 만들어 두었던 모양을 반복해서 만들어 낼 따름이다. 하지만 학자가 정보를 다루어 만드는 지식은 누군가 만들어 두었던 것을 반복해서 만들어 내는 것을 허용하지 않을 뿐 아니라 도덕적으로도 금기사항이다. 학자가 만들어 내는 새로운 지식은 예전에 없던 이론을 이야기해야 한다. 이런 면에서 학자는 지식의 생산자이다. 이렇게 학자가 생산한 지식은 교직자, 언론인, 정책결정자, 기업인 등 다양한 사람들이 활용할 수 있는데 이것은 지식의 소비이다.

본 평화연구는 이러한 지식의 생산의 일환이라는 분명한 목적을 가지고 연구를 진행하였다. 이러한 목표의식을 추구하는 과정에서 고심한 것은 평화지수에 대한 이론적 논의의 핵심은 측정된 평화지수의 신빙성(reliability)보다는 적실성(validity)이 더 중요한 요소라는 것이다. 앞에서 논의한 바와 같이 신빙성은 동일한 현상을 반복해서 측정할 때 동일한 값을 얻을 수 있음을 의미하는 것이며, 적실성은 추상적 개념을 적절하게 측정하여 계량화하였다는 것을 의미한다(Nachmias and Nachmias 1986). 평화지수 연구는 시작 단계부터 지속적으로 개념적 적실성에 대하여 문제가 제기되었다. 이러한 문제제기의 기본적인 이유는 추상적인 개념인 평화를 계량화하여 숫자로 표현할 수 있다는 가능성에 대한 회의적인 시각 때문이라고 할 수 있다. 평화를 단순히 분쟁의 부재(absence of conflict)만을 의미하는 것이 아니라 정의의 구현(presence of justice)을 포함해야 하는 복합적인 개념으로 이해한다면 평화를 계량화하는 것은 불가능할 것이다. 과학적 추론을 위해서 필요하다면 추상적 개념을 단순화시켜서 복잡하고 다양한 특성을 최소화시켜 측정을 가능하게 하는 것이 출발점이 되어야 한다. 실증주의적 분석에서 객관적이며 과학적인 측정은 관측할 수 있는 현상을 자료로 수집하는 과정이며 이 과정에서 관련성이 있는 부분과 관련성이 없는 부분을 분리하여 이론과 현상을 결합하는 것이다(King, Keohane and Verba 1994, 28-31). 나아가서 과학적 이론의 기준은 최소한의 정보를 통해서 최대한의 현상을 설명하는 것이라는 기준을 염두에 두고 평화지수 전반에 대한 논의를 전개하였다.

과학적 기준을 염두에 두고 평화지수 자체를 활용할 수 있는 방안을 논의하면서 평화지수를 활용하여 기존의 국제정치이론인 체제이론과 지역안정이론 등을 설명할 수 있는 가능성에 대해 분석적 논의를 제시하였다. 이 과정에서 연구자도 앞에서 밝힌 바와 같이 평화지수의 적실성에 대하여 많은 고민을 하였고, 때문에 세계 수준의 평화지수의 비교와 지역 수준의 평화지수의 비교에서 많은 논의를 하면서 이론적인 정당성을 부여하고자 하였다. 지수의 간결성(parsimoniousness)과 관련하여 국력과 상관관계에 대해서도 많은 논의를 진행하였다. 본 장에서 제시한 논의가 다양한 논란을 불러일으킬 여지가 있음은 인정하지만 논란의 여지는 활용의 가능성을 더욱 확대할 수 있는 긍정적 효과가 있다고 생각한다.

정치학 분야에서 과학적 방법론을 활용하여 작성한 사건자료(event count data)는 COPDAB(Conflict and Peace Data Bank)(Azar 1982; 1984)으로 계산한 것이 최초였으며, 그 후 약 30년의 시간이 지나면서 WEIS, KEDS, PANDA, 10 Million International Dyadic Event Data(King and Lowe 2003)에 이르기까지 많은 변화와 발전을 경험하였다. 이러한 변화와 발전의 과정에는 기존의 자료가 사용했던 방법에 대한 비판과 대안의 제시가 이를 가능하게 하였다. 과학적 사건자료의 측정에도 발전이 있었지만 과학적으로 측정된 자료의 활용도 다양한 방향에서 이루어지고 있으며 10 Million International Dyadic Event Data를 활용하여 평화지수를 작성하는 것도 이러한 활용의 한 중요한 사례라고 할 수 있다.

기존의 평화지수가 1년 단위로 측정되는 정적인 경제, 사회, 정치, 분쟁,

군사 지표를 활용하여 작성됨으로써 국가 간의 역동적인 관계를 반영하지 못했던 단점을 사건자료를 활용하여 국가의 평화지수를 측정함으로써 일별, 주별, 월별, 분기별, 반기별, 연도별 등 다양한 프레임을 통해 국가 간의 관계를 분석적으로 논의할 수 있다. 평화지수가 활용될 수 있는 가능성에 대해서 본 서의 후반부에서 보다 세부적이고 깊이 있는 논의가 지속될 것이다.

　연구자로서 본 연구를 일단락지으면서 가지는 기대는 평화지수의 국산화이다. 우리 나라에서 생산되는 기사자료를 활용하여 한글화된 프로그램으로 평화지수를 작성하여 우리의 대외정책을 분석하여 사회과학적 법칙성을 발견하는 데 일조하는 것이 본 연구가 지향해야 할 방향이라 생각된다.

▌참고문헌 ▌

Azar, E. 1982. "Conflict and Peace Data Bank 1948-1978." *International and Domestic Files (ICPSR7767)*, Second ICPSR edition.

______. 1984. "The Conflict and Peace Data Bank(COPDAB) Project." *Journal of Conflict Resolution*, 24, pp.143-153.

King, Gary, and Will Lowe. 2003. "10 Million International Dyadic Events." hdl: 1902.1/FYXLAWZRIAUNF:3:dSE0bsQK2o6xXlxeaDEhcg==Murray Research Archive [Distributor].

King, Gary, Robert O. Keohane, and Sidney Verba. 1994. *Designing Social Inquiry: Scientific Inference in Qualitative Research.* Princeton, NJ: Princeton University Press.

Frankfort-Nachmias, Chava, and David Nachmias. 1996. *Research Methods in the Social Sciences 5th edition.* New York, NY: St. Martin's Press.

Taber, Charles S. 1989. "Power Capability Indexes in the Third World." Stoll, Richard J. and Michael D. Ward. *Power in World Politics.* Boulder, CO: Lynne Rienner Publishers.

Yi, Seong-Woo. 2008. "The Nature of Cooperation and Conflict Events: Are They Mutually Exclusive?" *Korean Journal of International Relations*, 48-5, pp.81-103.

제3장

세계평화지수를 통해 본 북한의
통미봉남 전략 실증 분석:
벡터오차수정모형 방법을 이용한 한국, 미국,
그리고 북한 간의 상호역학관계 분석

홍우택 | 통일연구원

I. 들어가는 말

본 연구는 남한, 미국, 북한 간의 상호관계를 중심으로 상호역학 내지는 작용성을 분석하였다. 특히 북한의 대외정책 내지는 전략 중의 하나라고 여겨지는 통미봉남(通美封南) 패턴의 존재 여부와 통미(通美)가 이루어질 수 있는 주변국가들 간의 상호 역학관계를 가설로 설정하고 이를 검증하였다. 즉 본 연구는 통미봉남에 초점을 맞추어 남한과 북한, 남한과 미국, 그리고 미국과 북한 간의 관계가 상호 어떻게 영향을 미치고 어떠한 상관관계가 존재하는지를 분석하는 것을 목표로 삼았다.

한반도를 둘러싼 주변국들의 상호관계는 사실 다양한 요인들에 의해서 영향을 받고 있다. 그 요인들 중에는 특정한 한 쌍의 국가들 간의 관계가 다른 쌍의 국가들 간의 관계에 미치는 영향을 들 수 있다. 예를 들어 A국가와 B국가의 관계증진 혹은 관계악화가 A국가와 C국가와의 관계, 그리고 B국가와 C국가와의 관계에 특정한 영향을 미칠 만큼 국가 간의 관계는 서로 얽혀 있다고 볼 수 있다. 극단적으로 나에게 적의 적은 나와 친구를 맺을 수도 있고, 상대방과 가까워지기 위해서 상대방 친구와 나는 친구를 맺을 수도 있다. 중요한 것은 이해관계가 얽혀 있는 국제정치의 구조 속에서 두 국가 간의 상호관계가 이들 국가를 포함하거나 포함하지 않는 다른 쌍의 국가관계에 미치는 영향은 건설적이든 부정적인 영향이든 간에 존재한다고 가정할 수 있다.

통미봉남이라는 표현 속에 속해 있는 남한, 미국, 그리고 북한 간의 상호관계 속에서도 이러한 '국가 쌍' 간의 영향성은 깃들어 있다고 볼 수 있다. 물론 한반도를 둘러싸고 서로 얽혀 있는 국가들은 위의 3개의 국가를 포함하여 중국, 일본 그리고 러시아도 포함된다. 결국 이들 국가들 간의 관계, 즉 '15개의 쌍'은 서로 영향을 주고받을 것이다. 하지만 본 연구에서는 분석의 단순화를 위해 통미봉남의 표현 속에 속해 있는 '3개의 쌍' 간의 상호역학관계 내지는 작용관계를 분석하고자 하였다. 분석에 사용된 변수는 사건데이터인 '10 Million Event Data'를 바탕으로 상호관계를 표현할 수 있는 변수를 조작화(operationalization)하였다.[1] 우선 2절에서는 통미봉남이라는 표현 속에 숨어있는 의미를 살펴보고 분석가설을 설정하였다. 3절에서는 분석모형으로 이용된 벡터오차수정모형(VECM)에 대해 간단히 살펴보고, 4절에서는 이 모형을 통해 실증 분석을 하였다. 5절에서는 분석 결과가 의미하는 내용을 정리하고 이의 시사점을 짚어보았다.

II. 분석가설 설정: 통미봉남(通美封南)을 중심으로

일반적으로 '통미봉남'이라는 표현은 북한의 대외정책 내지는 대외전략

---

[1] 평화지수 자료는 Gary King의 '10 Million Event Data'를 활용하여 제주평화연구원의 이성우가 제공하였다.

의 특징을 묘사한 것으로 "미국과는 통하고 남한은 봉쇄한다"는 의미로 해석되고 있다. 때로는 북한의 대남 강경정책의 일환으로 풀이되기도 한다. 특히 북한과의 핵폐기 협의를 위한 6자회담이 시작된 이후 미국과의 관계는 진척시키면서도 남한과의 관계는 교착시키려는 북한의 전략적 의도를 지칭하는 데 쓰이고 있다. 또한 북한의 통미봉남을 경계하여야 한다는 주장을 자주 발견할 수 있는데, 이와 같은 주장은 주로 북한의 대남 강경책에 대한 남한의 맞대응 강경책을 비판하는 데 쓰이고 있다.

북한이 통미봉남을 하는 의도에 대해서는 다양한 분석이 제기되었다. 북한의 생존방식의 전술적인 일환으로 남한과 미국을 분리시켜 이득을 챙기려는 시도(이시형 2004)라는 분석이 있는가 하면 외교편승정책의 일환으로 미국에 편승하여 남한과 세력균형을 유지하려는(장노순 1999) 시도라고 분석되기도 한다. 반면에 비대칭관계와 같은 국제구조에 의해 영향을 받은 일시적이고 제한적인 성격(이정철 2009)으로 분석되기도 한다. 위와 같은 분석들은 공통적으로 통미봉남을 북한의 체제유지를 위한 생존전략으로 보고 있다. 즉 패권의 지위를 갖고 있는 미국과의 관계개선 내지는 관계정립을 통하여 체제와 정권보장을 하려는 외교정책의 일환으로 풀이하고 있다.

본 연구에서는 북한의 통미봉남(通美封南)이라는 대외정책 혹은 전략을 앞에서 살펴본 해석들에 구애되지 않고 신중적으로 분석하기 위해 두 개의 가정을 설정하였다.

첫째는, '통미(通美)'를 미국과 북한의 협력적인 행태라고 가정을 하였다. 일반적으로 북한의 통미봉남 행위는 미국과의 관계개선을 위해서 남한을 봉쇄하는 것으로 이해될 수 있는 동시에, 남한을 봉쇄하기 위해서 미국과 관계개선을 하는 것으로 해석할 수도 있다. 주목할 점은 통미봉남을 정책의 시각에서 보면, '통미'와 '봉쇄' 중에서 어느 것이 목적이고 어느 것이 수단이건 간에 정책 혹은 전략의 성공은 '통미'와 '봉남'이 상호 영향성을 발견할 수 있어야 한다. 즉 '통미'를 했을 경우 '봉남'이라는 현상이 발생해야 하거나, 혹은 '봉남'을 했을 경우 '통미'가 발생하여야 한다.

두 번째로는, '봉남(封南)'을 남한과 미국의 비협력적인 행태 혹은 남한과 미국의 비협력적인 행태라고 가정하였다. 다시 말해 남한을 봉쇄하기 위한 북한의 행위는 남한과 북한 간의 관계를 봉(封)하는 것으로 해석될 수도 있으며, 남한과 미국 간의 관계를 봉(封)하는 것으로도 해석할 수 있다. 위의 두 가지의 가정을 종합하여, 통미봉남을 다음과 같은 경우로 나누어 구별하였다.

(가) 북한은 미국과의 관계개선을 위해 자신과 남한의 관계를 봉쇄한다.
(나) 북한은 미국과의 관계개선을 위해 남한과 미국과의 관계를 봉쇄한다.
(다) 북한은 자신과 남한과의 관계를 봉쇄하기 위해 자신과 미국과의 관계개선을 도모한다.
(라) 북한은 남한과 미국과의 관계를 봉쇄하기 위해 자신과 미국과의 관계개선을 도모한다.

위의 네 가지의 경우에 국가 간의 행태 특성을 나타내는 표현은 '관계개선'과 '봉쇄'이다. 이때 관계개선은 두 국가 간의 관계에서 협력적인 행태를 통해 발견할 수 있고, 봉쇄는 비협력 내지는 갈등이라는 행태를 통해 설명될 수 있다. 이에 따라 본 연구는 다음과 같은 가설을 설정하였다.

〈가설 1〉 남한과 북한 간에 협력이 증가할수록 미국과 북한과의 관계는 비협력적인 양상을 보인다.

〈가설 1〉은 '통미봉남'을 "북한은 미국과의 관계개선을 위해 자신과 남한과의 관계를 봉쇄한다"는 가정(가)를 가설로 설정한 것이다. 북한이 남한과의 관계를 봉쇄하는 것을 선결조건으로 보고 북한과 미국과의 관계개선을 귀결조건으로 보면, 선결조건과 귀결조건 각각의 반대의 경우도 성립되어야 한다. 따라서 앞의 선결조건의 반대인 '북한과 남한과의 협력'은 앞의 귀결조건의 반대인 '북한과 미국과의 비협력'으로 이어진다고 가설을 설정하였다.

〈가설 2〉 남한과 미국과의 협력이 증가할수록 미국과 북한과의 관계는 비협력적인 양상을 보인다.

〈가설 2〉는 앞의 (나)의 경우를 가설로 설정한 것이다. 만약 '봉남' 이라는 정책을 미국과 남한 간의 관계를 봉쇄하는 것이라고 가정을 하면, 선결조건은 미국과 남한 간의 관계를 봉쇄하는 것이 되고, 귀결조건은 미국과 북한의 관계개선이 된다. 이때 앞의 〈가설 1〉을 설정한 방식과 마찬가지로 선결조건과 귀결조건이 반대의 성격을 갖고 있는 것도 논리적으로 성립이 되게 된다. 따라서 선결조건의 반대성격인 '남한과 미국과의 협력' 은 귀결조건의 반대인 '미국과 북한의 비협력' 으로 이어진다고 가설을 설정하였다.

〈가설 3〉 북한과 미국과의 협력이 증가할수록 남한과 북한과의 관계는 비협력적인 양상을 보인다.

〈가설 3〉은 (다)의 경우를 가설로 설정한 것이다. (다)의 경우에서 선결조건은 '북한과 미국과의 협력' 이고 귀결조건은 '남한과 북한과의 비협력' 이다.

〈가설 4〉 북한과 미국과의 협력이 증가할수록 남한과 미국과의 관계는 비협력적인 양상을 보인다.

〈가설 4〉는 (라)의 경우를 가설로 설정한 것이다. (라)의 경우에서 선결조건은 '북한과 미국과의 협력' 이고 귀결조건은 '남한과 미국과의 비협력' 이라 볼 수 있다. 논리적인 관점에선 앞의 네 가지의 경우에서 가설을 도출하는 과정에서의 타당성은 문제가 없어 보인다. 하지만 현실적으로 (나)의 경우와 (다)의 경우는 문제시될 가능성이 있다. 우선 (나)의 경우에 문제시될 수 있는 점은 비록 북한이 남한과 미국과의 관계를 봉쇄시킬 수는 있겠지만, 다양한 사건들로 구성되어 있는 남한과 미국 간의 관계가 북한의 '봉쇄' 로 이루어진 결과를 반영한다고 보기에는 무리가 있는 것이 사실이다. (다)의 경우도 마찬가지로 북한이 남한과 자신과의 관계를 봉쇄하기 위해 굳이 미국과의 관계를 엮어 놓을 필요가 있느냐라는 문제를 제기할 수 있다. 따라서 〈가설 2〉와 〈가설 3〉은 현실적으로 타당성을 의심할 수 있는 (나)와 (다)라는 전제를 바탕으로 구성된 가설이기에, 본 연구에서는 〈가설 1〉과 〈가설 4〉를 중심으로 실증 분석을 하였다.

III. 분석모형(벡터오차수정모형: VECM)과 변수의 조작화

앞의 절에서 제기한 가설을 증명하기 위해서 본 연구는 벡터오차수정모형(Vector Error Correction Model)을 사용하였다. 벡터오차수정모형은 벡터자기회귀모형(Vector Autoregressive Model)의 일환으로 각 시계열 변수 간에 공적분(Cointegration)이 존재할 때 오차수정항을 포함하여 분석하는 방법이다. 즉 시계열 변수 간에 공적분이 되어 있을 때 벡터자기회귀모형으로 분석을 하게 되면 변수 간의 영향성 여부를 알아내지 못하는 오류가 발생할 수 있다(Granger 1988; Engle and Granger 1987). 하지만 오차수정모형을 벡터자기회귀모형에 포함시키게 되면 독립변수의 차분항이 종속변수에 미치는 영향뿐만 아니라 오차수정항의 변화가 종속변수에 미치는 영향도 분석이 가능하게 되는 이점을 지니고 있다. 이와 같은 방법은 주로 거시경제학 분야에서 특정한 충격에 따른 경제분야에의 영향관계를 분석하는 데 이용되어 오고 있다. 또한 정치학 분야에서도 정책수립에 따른 파급효과를 분석하는 데 유용한 방법으로 여겨져 왔다(Freeman, Williams, and Lin 1989). 뿐만 아니라 국가 간의 관계에서도 상호의존성을 분석하는데도 이용되어 왔다(Casario 1996; Selover 1991).

이와 같은 분석방법을 이용하기 위해 본 연구에서 사용된 데이터는 이벤트데이터인 10 Million International Dyadic Event Data(King and Lowe 2000)를 사용하였다. 분석기간은 1990년 1월부터 2004년 12월까지로, 이

기간 중의 한·미, 미·북, 한·북 간의 각각의 협력 및 갈등 점수를 조작화하여 순가중평균값을 상호관계변수로 설정하였다. 이와 같이 협력과 갈등의 사건들을 한데 묶어 하나의 척도로서 국가 간의 일반적인 관계를 추정하는 방법은 많은 연구자들에 의해 이용되어 왔으며, 이러한 척도의 합리성과 타당성도 꾸준히 제기되어 왔다(홍우택 2007; O' Leary 1976; Lebovic 1985; 2003; King 1989; de Vries 1990).

사실 국가 간의 관계척도를 협력과 갈등의 사건점수로 측정하는 방법은 여러 가지가 있어 왔다. 첫 번째는 사건의 빈도수를 이용하는 방법으로 각각의 협력과 갈등 사건의 빈도수를 측정방법으로 사용하여 국가 간 관계의 성격을 알아내려 하였다(Polachek 1980; Sayrs 1989). 예를 들어 Polachek은 갈등적인 사건들의 빈도수에서 협력적인 사건들의 빈도수를 제한 빈도수의 높고 낮음을 두 국가 간 관계의 일반적인 성격으로 보았다. 하지만 빈도수를 이용하는 방법은 다양한 사건들의 강도 내지는 중요도를 간과하는 우를 범할 수가 있다. 즉 전면적인 전쟁이나 사소한 외교적 마찰이 같은 하나의 갈등적 성격을 지닌 사건으로 측정이 되기 때문이다. 이러한 오류를 피하기 위하여 사건종류별로 가중치를 설정하여 가중평균값을 사용하는 연구들이 있어왔다(Gasiorowski 1986; Pollins 1989; Reuveny and Kang 1996).

하지만 가중평균값을 사용하는 방법 역시 과보고(Over-Reporting) 혹은 적용범위가 한쪽으로 치우치게 되는 결과를 가져온다는 비판이 제기되었다. 다시 말해 미국의 신문기사들을 바탕으로 데이터에 입력을 하는 까닭에, 미국의 대중매체에 관심을 갖지 못하는 국가들 간의 관계는 데이터에 기록되지 않게 된다는 비판이 있었다(Gasiorowski 1986). 이러한 문제점들을 극복하기 위해 사용 되어진 방법은 순가중평균값을 총사건빈도수로 나눈 값을 사용하는 것으로서(홍우택 2007; Gasiorowski 1986; O' Leary 1976; Reuveny and Kang 1996), 본 연구에서도 이 방법을 사용하였다.

10 Million International Dyadic Event Data를 이용하여 한국과 미국, 한국과 북한, 그리고 미국과 한국 간의 상호관계의 특징을 잡기 위한 순가중평균값은 다음과 같이 도출되었다.

■ 미국과 북한의 순가중평균값 산출단계

1단계:

$$NIDU = \frac{\left\{\left(\dfrac{cNU}{NcNU}\right) + \left(\dfrac{cUN}{NcUN}\right)\right\}}{2}$$

2단계:

$$NIDU = \frac{\left\{\left(\dfrac{dNU}{NdNU}\right) + \left(\dfrac{dUN}{NdUN}\right)\right\}}{2}$$

3단계: NetUN = NICU - NIDU

NetUN = 미국과 북한 간의 순가중평균값

NICU = 미국과 북한 간의 협력적 상호관계 점수

NIDU = 미국과 북한 간의 갈등적 상호관계 점수

cNU = 북한으로부터 미국으로의 협력점수

NcNU = 북한으로부터 미국으로의 협력 빈도수

cUN = 미국으로부터 북한으로의 협력점수

NcUN = 미국으로부터 북한으로의 협력 빈도수

dNU = 북한으로부터 미국으로의 갈등점수

NdNU = 북한으로부터 미국으로의 갈등 빈도수

dUN = 미국으로부터 북한으로의 갈등점수

NdUN = 미국으로부터 북한으로의 갈등 빈도수

이와 같은 방법을 통하여 한국과 북한 그리고 한국과 미국의 순가중평균값인 NetSN과 NetSU를 도출하였다.

IV. 실증 분석

1. 조작화(Operationalization)된 변수에 대한 기초 분석

〈그림 3-1〉, 〈그림 3-2〉, 그리고 〈그림 3-3〉은 남한과 북한, 남한과 미국, 그리고 미국과 북한 간의 상호관계를 보여주는 변수들의 시계열 변화추이를 나타낸 것이다. 그림에서 나타난 바와 같이 각각의 모든 변수들은 1990년에서 2004년까지 월별단위로 구성된 데이터가 시간이 지남에 따라 변화되는 모습을 보여주고 있다. 각각의 변수들의 시계열 추이를 보면 시간이 지남에 따라 상승하거나 하강하는 경향을 나타내지 않고 일정한 점을 기준으로 하여 상승과 하강을 반복하는 안정적(Stationary)인 시계열 파장을 보여주고 있다. 이러한 파장적인 성격의 모습이 보여주는 시계열 분석상의 의미는 차분(Differencing)이 필요하지 않은 안정적인 시계열 모습을 뜻한다. 하지만 국가 간 관계의 성격이라는 면에서의 의미는 평균적으로

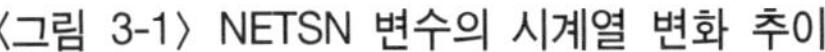

〈그림 3-1〉 NETSN 변수의 시계열 변화 추이

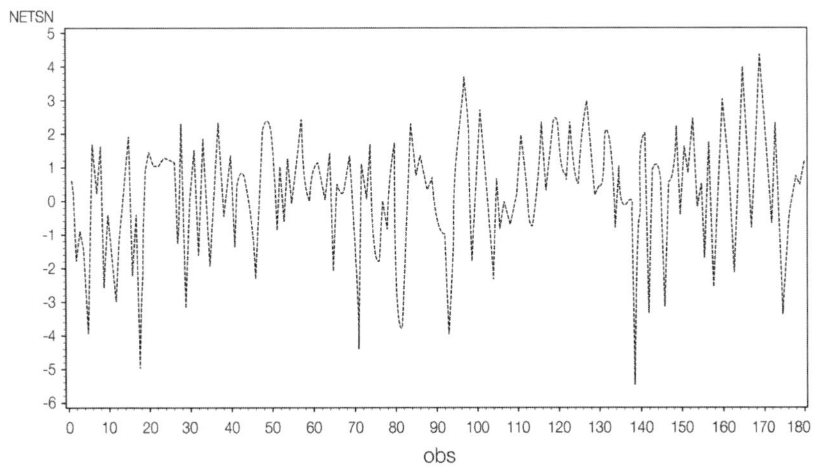

〈그림 3-2〉 NETUS 변수의 시계열 변화 추이

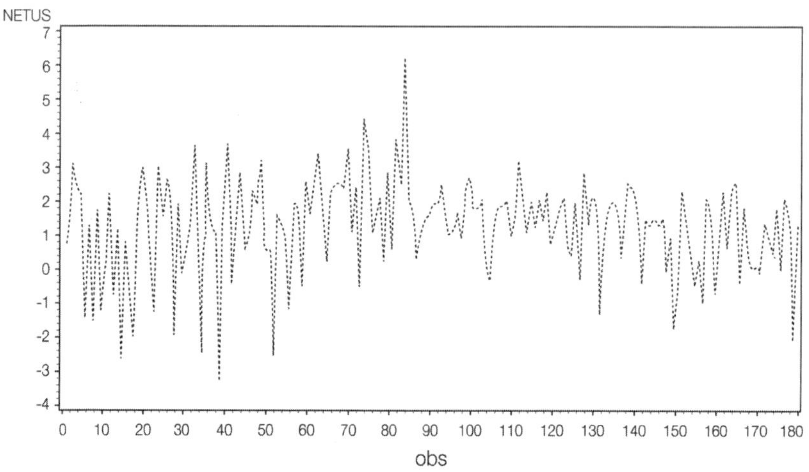

〈그림 3-3〉 NETUN 변수의 시계열 변화 추이

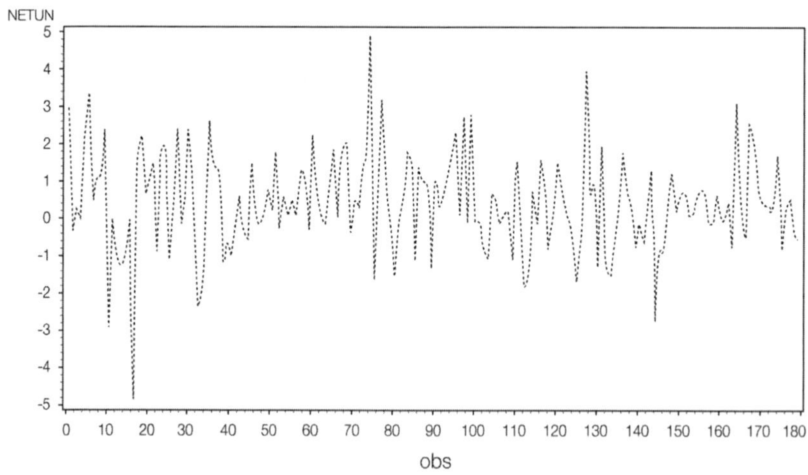

<표 3-1> 상관계수 분석 결과

	NETUN	NETUS	NETSN
NETUN	1.00000	0.05533 0.4607	0.14474 0.0526
NETUS	0.05533 0.4607	1.00000	-0.02620 0.7270
NETSN	0.14474 0.0526	-0.02620 0.7270	1.00000

Pearson Correlation Coefficients, N = 180
Prob 〉 |r| under H0: Rho=0

1990년대 이후 이들 국가들 간의 순협력은 증가하거나 감소하지 않고 꾸준히 협력과 갈등이 반복되었다는 것을 내포하고 있다.

본격적으로 시계열 데이터를 분석하기 전에 우선 한국과 북한, 한국과 미국, 그리고 미국과 북한 간의 상호관계를 보여주는 이벤트 데이터를 앞에서 설명한 방식으로 조작화하여 생성한 변수들의 상관계수를 살펴보았다. <표 3-1>은 NETUN, NETUS, 그리고 NETSN 변수들 간의 상관계수(Correlation Coefficient) 행렬을 나타낸 것이다. 예를 들어 NETUN 변수와 NETSN 변수 간의 상관계수는 0.14474이고 NETUN 변수와 NETUS 변수 간의 상관계수는 0.05533으로 상호 양의 관계가 있는 것으로 나타나고 있다. 하지만 모든 상관계수의 p값은 유의하지 않은 것으로 나타나고 있다. 이와 같은 결과는 앞서 가정한 두 국가 간의 상호관계의 변화가 다른 쌍의 국가 간 관계에 영향성을 가지고 있을 것이라는 가정을 부정하는 결과로 좀 더 세밀한 분석이 요구되는 것을 보여주고 있다.

2. 시간추세(Time Trend) 검사와 안정성(Stationarity) 검사

시계열 데이터를 이용한 실증 분석들은 데이터 혹은 변수들이 안정적이라고 가정을 한다. 다시 말해 시간이 지남에 따라 증가하거나 감소하는 경향을 보이는 데이터는 불안정적(Non-Stationary)인 시계열이라고 여긴다. 실제적으로 대부분의 시계열 변수들은 증가하거나 감소하는 불안정적인 성격을 갖고 있는데, 이러한 변수들을 아무런 조치 없이 분석에 사용하면 추정치의 표준오차들이 편의(bias)를 가진다고 보고 있다(이종원 2000). 따라서 일반적으로 불안정한 시계열 변수들은 차분을 한 후 안정적으로 변환을

〈표 3-2〉 시간추세(Time Trend) 검사

NETUN의 시간추세 검사

Variable	DF	Parameter Estimate	Standard Error	T Value	Pr 〉 |t|
Intercept	1	0.51819	0.19689	2.63	0.0092
Time	1	-0.00132	0.00189	-0.70	0.4847

NETUS의 시간추세 검사

Variable	DF	Parameter Estimate	Standard Error	T Value	Pr 〉 |t|
Intercept	1	1.25130	0.21689	5.77	〈.0001
Time	1	-0.00023516	0.00208	-0.11	0.9101

NETSN의 시간추세 검사

Variable	DF	Parameter Estimate	Standard Error	T Value	Pr 〉 |t|
Intercept	1	-0.24109	0.26040	-0.93	0.3558
Time	1	0.00573	0.00250	2.30	0.0228

시키게 된다.

앞에서 살펴본 것처럼 본 연구가 사용한 변수들의 패턴은 특정한 점을 기준으로 하여 파동을 보여주는 모습을 보여주는 안정적인 경향을 보이고 있다. 즉 비록 시간이 지남으로 해서 증가하거나 감소하는 경향은 보여주고 있지 않지만, 보다 정확한 분석을 위해서 각각의 변수를 대상으로 시간추세 검사와 정상분포도 혹은 안정성 검사를 실시하였다. 〈표 3-2〉는 시간추세 검사 결과를 보여주는 것이다. 시간추세 검사는 각각의 변수들을 시간을 독립변수로 하여 회귀분석을 하였다. 만약 시간변수가 유의한 t 값을 가진다면 그 변수는 시간추세가 있는 것으로 볼 수 있다(Gujarati, 1988). 〈표 3-2〉에서 보여주는 결과를 보면 NETUN 변수와 NETUS 변수는 '-0.70'과 '-0.11'로 유의한 t 값을 가지고 있지 않은 반면, 유일하게 NETSN 변수만이 '2.30'으로 근소하게 유의한 t 값을 가지고 있는 것으로 나왔다. 따라서 NETUN과 NETUS 변수는 시간이 경과함에 따라 증가하거나 감소하여 시간이 하나의 독립변수역할을 하는 시간추세는 없는 것으로 판명할 수 있지만 NETSN 변수만이 시간추세가 있는 것으로 볼 수 있다.

〈표 3-3〉은 각각의 변수들이 안정성을 갖고 있는지를 확인하기 위해 Dicky-Fuller 검사의 결과를 보여주고 있다. Dicky-Fuller 안정성 검사는 일반적으로 시계열 분석에서 많이 이용되는 것으로 단위근 검정(Unit Root Test)을 사용하고 있다. Dicky-Fuller 단위근 검정결과를 보면 모든 타입 (Zero Mean, Single Mean, Trend)들에 걸쳐 유의한 rho와 tau를 보여주고 있다. 이는 모든 변수들이 안정성 내지는 시불변적(時不變的)인 성격을 갖고 있는 것을 나타내는 것으로 더 이상 변수를 차분하지 않아도 되는 것을 뜻한다(Hamilton 1994; Yaffee 2000). 종합하면 비록 NETSN 변수가 시간추세 검사에서는 시간에 따른 추세가 있는 것으로 판명되었지만, Dicky-Fuller 안정성 검사에서는 시불변적인 성격이 있는 것으로 판명되었다. 따라서 이후 전개할 벡터오차수정모형 분석에서는 모든 변수에 걸쳐 차분을 하지 않고 분석을 하였다. 하지만 비록 모든 변수들이 안정성을 갖고 있다고 하더라도 이들의 결합함수는 불안정성을 갖고 있을 수 있기 때문에 보다

정확한 분석을 위해 다음 섹션에서는 변수들 간의 공적분(Cointegration) 관계를 살펴보았다.

<표 3-3> 정상분포 검사

NETUN의 정상분포 검사
자기회귀성 검사(Autocorrelation Check for White Noise)

To Lag	ChiSq	DF	Pr > ChiSq	Autocorrelations					
6	2.81	6	0.8320	0.045	-0.041	0.007	0.030	-0.044	0.092
12	12.51	12	0.4058	-0.010	-0.167	0.124	0.017	-0.079	0.027

Dickey-Fuller 단위근 검정

Type	Lags	Rho	Pr < Rho	Tau	Pr < Tau	F	Pr < F
Zero Mean	0	-99.2922	<.001	-8.25	<.0001		
Single Mean	0	-171.507	0.0001	-12.76	<.0001	81.45	0.0010
Trend	0	-171.527	0.0001	-12.73	<.0001	81.01	0.0010

NETUS의 정상분포 검사
자기회귀성 검사

To Lag	ChiSq	DF	Pr > ChiSq	Autocorrelations					
6	5.58	6	0.4720	0.042	0.042	0.045	0.091	0.123	0.032
12	15.86	12	0.1976	0.174	0.096	0.077	0.057	-0.034	0.064

Dickey-Fuller 단위근 검정

Type	Lags	Rho	Pr < Rho	Tau	Pr < Tau	F	Pr < F
Zero Mean	0	-99.2922	<.001	-8.25	<.0001		
Single Mean	0	-171.507	0.0001	-12.76	<.0001	81.451	0.0010
Trend	0	-171.527	0.0001	-12.73	<.0001	81.01	0.0010

NETSN의 정상분포 검사
자기회귀성 검사

To Lag	ChiSq	DF	Pr > ChiSq	Autocorrelations					
6	6.79	6	0.3408	0.140	-0.044	-0.043	0.060	0.098	0.007
12	11.68	12	0.4715	-0.017	0.030	0.033	-0.048	0.105	0.098

Dickey-Fuller 단위근 검정

Type	Lags	Rho	Pr < Rho	Tau	Pr < Tau	F	Pr > F
Zero Mean	0	-150.202	0.0001	-11.33	<.0001		
Single Mean	0	-153.852	0.0001	-11.54	<.0001	66.59	0.0010
Trend	0	-158.421	0.0001	-11.83	<.0001	66.92	0.0010

3. 공적분 검정(Cointegration Test)과 벡터오차수정모형의 시차구조 선정

단위근 검정을 통해 변수들의 안정성을 검정하였더라도 변수들 간의 안정성 존재 여부를 확인해야 한다. 공적분 검정은 이를 위한 확인절차로서 변수들 간에 불안정성이 존재를 하게 되면 분석 결과의 신뢰성이 떨어지는 관계로 분석에 사용된 변수들이 상호 공적분을 가지고 있는지를 검사할 필요가 있다. 만약 변수들 간에 공적분 관계가 있다면 벡터자기회귀모형을 사용하여 분석을 하기보다는 벡터오차수정모형을 통하여 분석을 하여야 한다. 한편 공적분 검정에 있어 가장 중요한 절차라고 할 수 있는 것이 시차 (Time Lag)의 선정이다. 적정 시차가 선정되지 않으면 검정결과의 신뢰성이 약화되기 때문이다. 여기서는 최소 AIC기준(Minimum AIC Criteria)을 근거로 적정 시차를 선정하였다. 다음의 〈표 3-4〉는 최대 12시차까지 각각의 시차의 AIC값을 보여주고 있다. 분석 결과 최소 AIC값은 '385.015017'로 분석되었고, 이에 따른 최적 시차는 '0'을 보이고 있다.

따라서 시차를 '0'에 두고 Engle-Granger 공적분 검정방법을 사용하여 변수들 간의 공적분 존재 여부를 분석하였다. 이 방법은 잔차(residual)를 분석하여 안정성 여부를 판단하는 것이다. 예를 들어 다음과 같은 두 변수 간의 회기식이 있다고 하면 잔차 분석은 δ의 t-value를 분석하는 것이다.

$$Y_t = \alpha + \beta X_t + \varepsilon_t \text{에서}$$

$$\varepsilon_t - \varepsilon_{t-1} = \delta \varepsilon_{t-1}$$

만일 앞의 회기분석에서 t 값이 절대임계값(absolute critical value)보다 크다면 Y변수와 X변수 사이에는 공적분이 있다고 볼 수 있다. 〈표 3-4〉는 NETUN, NETUS, 그리고 NETSN 변수 사이의 공적분 여부 분석 결과를 요약한 것이다. 첫째 열의 각각의 변수들을 종속변수로 두고 나머지 변수들 간의 관계를 분석한 결과를 횡으로 나열하였다.

〈표 3-4〉 최소 AIC값 분석 결과

ORDER M	INNOVATION LOG(IV(M)I)	VARIANCE AIC(M)
0	2.25604177	385.01501675
1	2.18293652	390.73333474
2	2.11199539	396.81522494
3	2.09147031	411.36701176
4	2.05585783	423.38411590
5	1.95626625	424.65272975
6	1.92099523	436.72719819
7	1.79961845	434.33590005
8	1.72073992	439.08430587
9	1.64441260	444.26131598
10	1.56416212	448.77923641
11	1.48446968	453.39090554
12	1.40424302	457.91282718

AIC(M)-AICMIN(truncated at 40.0)

M	AIC(M)-AICMIN	0	10	20	30	40
0	0	*				
1	5.718318		*			
2	11.800208		*			
3	26.351995				*	
4	38.369099					*
5	39.637713					*
6	51.712181					
7	49.320883					
8	54.069289					
9	59.246299					
10	63.764220					
11	68.375889					
12	72.897810					

MINIMUM AIC = 385.015017 ATTAINED AT M = 0

Engle-Granger의 1%, 5%, 그리고 10% t 임계값이 -5.41, -4.76, 그리고 -4.42임을 감안할 때(Engle and Yoo 1987) 모든 경우의 절대 t 값은 절대 임계값을 크게 상회하고 있다. 이는 결국 각각의 변수들을 종속변수로 삼았을 때 다른 변수들 간에 공적분 관계를 갖고 있음을 보여주고 있다. 이는 각각의 변수들이 서로 장기적으로 균형관계를 유지하고 있으며, 또한 장기적으로 안정적인 선형관계를 유지하고 있는 것을 알 수 있다. 따라서 〈표

〈표 3-5〉 공적분 검정 결과

Dependent Variable	R-Square	Computed t-value
NETUN	0.4975	-13.24
NETUS	0.4833	-12.87
NETSN	0.4403	-11.80

3-5〉에서 보이는 결과는 세 변수 간의 상관관계를 살펴보기 위해서는 오차
수정항(Error Correction Term)을 포함한 벡터자기회귀모형 즉 벡터오차
수정모형을 사용하는 것이 적절한 분석방법임을 보여주고 있다. 즉 벡터오
차수정모형을 사용함으로써 가성적 회귀현상과 장기적 속성을 잃게 되는
것을 방지할 수 있게 된다.

4. VECM(Vector Error Correction Model)을 이용한 분석

앞의 공적분 검정결과 각각의 변수들 간에 장기적으로 형성된 관계가 존
재하고 있음을 확인하였다. 따라서 지금까지 진행하였던 예비검증을 바탕
으로 아래의 벡터오차수정모형을 설정하였고, 이에 따라 각각의 개별 추정
계수를 구하였다. VECM 모형의 적정 시차는 앞에서 분석하였듯이 p=0로
설정하였고 장기적 정보의 유실을 막기 위해 각각의 변수들을 차분 없이
그대로 사용하였다.

$$\triangle NETUNt = \beta NETUN_{t-1} + \gamma NETUS_{t-1} + \delta NETSN_{t-1} + \sum_{i-1}^{n}\eta i\triangle NETUN_{t-i} +$$
$$\sum_{i-1}^{n}\theta i\triangle NETUS_{t-i} + \sum_{i-1}^{n}\lambda i\triangle NETSN_{t-i} + \alpha + \varepsilon$$

벡터오차수정모형으로 분석한 인과관계 검정결과는 〈표 3-6〉에서 보는
바와 같다. 첫 번째 통계적으로 유의한 주목할 만한 결과는, 각각의 모든
변수들이 자가동력적인 성향을 보이고 있다는 것이다. 다시 말해 t-1기의
각각의 모든 변수들이 t기에 음의 영향성을 보여주고 있다. 즉 NETUN
변수의 경우는 '-0.90644', NETUS 변수는 '-0.15234,' 그리고 NETSN
변수는 '-0.91614' 의 음의 영향성을 갖고 있다. 이는 과거의 협력이 증가
하면 증가할수록 다음 시기의 그들의 협력은 줄어들었다는 것을 보여준다.
예를 들어 미국과 북한 간의 협력은 한번 협력이 일어나면 계속해서 가중되
어 협력이 일어나는 성향을 보이질 않고, 협력의 강도가 크면 클수록 다음

시기에는 갈등의 강도도 높아졌다는 것을 보여주고 있다. 이러한 성향은 미국과 북한, 그리고 남한과 북한 간의 관계에서의 강도가 남한과 미국 간의 관계에서 보다 더 큰 강도를 지니고 있다고 나타났다.

두 번째는 미국과 북한 간의 협력변수와 남한과 미국 간의 협력이 쌍방향

〈표 3-6〉 VECM 분석 결과

The VARMAX Procedure
VECM Test 1
Model Parameter Estimates

Equation	Parameter	Estimate	Std Error	T Ratio	Prob>|T|	Variable
D_NETUN(t)	AR1_1_1	-0.90644	0.10625	-8.53**	0.0001	NETUN(t-1)
	AR1_1_2	0.31582	0.03546	8.91**	0.0001	NETUS(t-1)
	AR1_1_3	-0.03255	0.07657	-0.43	0.6713	NETSN(t-1)
	AR2_1_1	0.00333	0.07725	0.04	0.9657	D_NET(t-1)
	AR2_1_2	-0.13849	0.05262	-2.63*	0.0093	D_NET(t-1)
	AR2_1_3	0.06315	0.05741	1.10	0.2728	D_NET(t-1)
D_NETUS(t)	AR1_2_1	0.47640	0.13345	3.57**	0.0005	NETUN(t-1)
	AR1_2_2	-0.15234	0.04454	-3.42*	0.000	NETUS(t-1)
	AR1_2_3	-0.08433	0.09617	-0.88	0.3818	NETSN(t-1)
	AR2_2_1	-0.22868	0.09704	-2.36*	0.0196	D_NET(t-1)
	AR2_2_2	-0.43946	0.06610	-6.65*	0.000	D_NET(t-1)
	AR2_2_3	0.07675	0.07210	1.06	0.2886	D_NET(t-1)
D_NETSN(t)	AR1_3_1	0.17819	0.13744	1.30	0.1965	NETUN(t-1)
	AR1_3_2	0.06195	0.04588	1.35	0.1786	NETUS(t-1)
	AR1_3_3	-0.91614	0.09905	-9.25**	0.0001	NETSN(t-1)
	AR2_3_1	0.03646	0.09994	0.36	0.7157	D_NET(t-1)
	AR2_3_2	0.00037785	0.06807	0.01	0.9956	D_NET(t-1)
	AR2_3_3	0.05589	0.07426	0.75	0.4527	D_NET(t-1)

주) *, **는 각각 0.05, 0.01 수준에서 유의함을 나타냄

적으로 영향관계에 있다는 것이다. 즉 종속변수가 NETUN일 때 $NETUS_{t-1}$ 변수는 $NETUN_t$ 변수에 유의적인 양의 영향(0.31582)을 미치고 있는 동시에, $NETUN_{t-1}$ 변수는 NETUSt 변수에 양의 영향(0.4764)을 주고 있고 또 통계적으로도 유의하게 나타났다. 이는 남한과 미국의 협력이 증가하면 증가할수록 미국과 북한의 협력도 증가하며, 동시에 미국과 북한의 협력이 증가하면 할수록 남한과 미국의 협력도 증가한다는 것을 보여준다. 따라서 '북한과 미국과의 협력이 증가할수록 남한과 미국과의 관계는 비협력적인 양상을 보인다' 라는 〈가설 4〉는 기각될 수밖에 없다.

세 번째 흥미로운 결과는 NETSN 변수에 대해 영향성을 갖는 변수는 없으며, NETSN 변수 자신조차 다른 변수에 통계적으로 유의한 영향을 갖고 있지 못하다는 것이다. 즉 남한과 북한 간의 협력은 남한과 미국, 그리고 미국과 북한 간의 협력에 음의 영향성을 갖고 있으나 통계적으로 유의하지 못하는 것은 물론이고, 미국과 북한, 그리고 남한과 미국 간의 협력은 남한과 북한 간의 협력에 양의 영향성을 갖고 있으나 이 또한 통계적으로는 유의하지 못한 것을 보여주고 있다. 결국 〈가설 1〉도 〈가설 4〉와 마찬가지로 기각되었다.

V. 결과 요약 및 시사점

일반적으로 통미봉남(通美封南)은 북한이 구사하는 그들의 대외정책 혹은 전략으로 해석되어 왔다. 하지만 실제로 북한이 통미봉남을 추구하였는지를 확인할 수는 없다. 본 연구도 북한이 통미봉남 전략을 구사하였다는 가정하에서 남한, 미국, 그리고 북한 간의 역학관계를 분석하는 것을 목적으로 삼았으며, 실제로 북한이 그러한 전략을 구사하였는지를 알아보는 것은 본 연구의 범위에서는 제외되었다. 주목할 점은 북한이 통미봉남이라는 정책 내지는 전략을 구사하였다고 한다면 그것의 성공여부는 본 연구의 분석 결과를 통해서 살펴볼 수 있다는 것이다.

본 연구의 분석 결과가 제시해 주는 흥미로운 결과는 북한이 통미봉남 전략을 운용하였다고 하더라도 성공은 하지 못하였다는 것이다. 오히려 분석 결과가 보여주는 바는 남한과 미국의 협력이 증가할수록 미국과 북한의 협력도 증진되는 경향이 있음은 물론이고, '통미' 라고 할 수 있는 북한과 미국의 협력이 증가할수록 한국과 미국의 협력은 증가하는 결과를 보여주고 있다. 만약 '봉남' 이라는 전략이 성공했다고 한다면, 북한과 미국과의 협력은 남한과 미국과의 협력이 감소하는 경향이 나타났어야 했다.

통미봉남에 대한 실증 분석 결과 외에 본 연구의 분석이 보여주는 또 다른 결과는 남한과 북한 간의 협력에 건설적인 영향을 주는 국가 간의 관계는 본 연구의 변수들에서는 발견이 되지 않았다는 점이다. 이와 같은 결과는 한반도의 주변국들과의 모든 관계를 변수로 설정하지 않았음에 기인할 수도 있으며, 이에 대한 의문점을 풀기 위해서는 한반도를 둘러싼 주요 행위자들을 모두 포함한 국가 간의 관계를 변수로 설정할 필요성이 있다. 하지만 본 연구의 주된 목표는 남한, 미국, 그리고 북한 간의 삼각관계에서의 통미봉남이라는 현상을 확인하는 것이었기 때문에 다음 연구의 주제로 남겨 놓았다.

끝으로 본 연구의 결과가 시사하는 점은, 미국과 북한의 관계개선이 반드시 남한과 북한과의 협력증진으로 이어지지 않을 수 있다는 것을 보여줬다는 것이다. 북한은 미국과의 관계개선이 자신의 정권 내지는 체제유지를 위해 없어서는 안 되는 조건으로 여기고 있으며, 핵문제의 경우도 미국과의 관계개선을 통해서만 풀 수 있다고 주장하고 있다. 하지만 북한의 이러한 시도들이 남한과 북한 간의 협력증진으로 이어지지 않는다면 남한의 대북정책은 새로운 접근방법을 구상할 필요가 있을 것이다. 예를 들어 북한의 핵포기는 남한과 북한 간의 협력일 수도 있는 동시에 미국과 북한 간의 협력일 수도 있다. 북한이 핵문제는 미국과의 협상문제라고 주장하고 있다는 점에서 미국과 북한과의 협력문제라고 가정한다면, 분석 결과가 보여주는 바는 남한과 미국이 긴밀하게 공조해야 한다는 점을 시사하고 있다.

▌참고문헌 ▌

이시형. 2004. "김정일 시대 북한의 대남인식."『한국동북아논총』30권, 251-274쪽.

이정철. 2009. "북미대립과 남북관계: 변화와 동조화."『정신문화연구』32권, 261-287쪽.

이종원. 2000.『계량경제학』. 박영사.

장노순. 1999. "약소국의 갈등적 편승외교정책."『한국정치학회보』33집 1호, 379-397쪽.

홍우택. 2007. "상대적 국력이 국가간 협력에 미치는 영향: 경험분석을 통한 전쟁이론의 확장."『국제정치논총』47집 1호, 27-52쪽.

Casario, M. 1996. "North American Free Trade Agreement Bilateral Trade Effects." *Contemporary Economic Policy*, Vol.14, No.1, pp.36-61.

de Vries, Michael. 1990. "Interdependence, Cooperation, and Conflict: An Empirical Analysis." *Journal of Peace Research*, Vol.27, pp.429-444.

Engle, Rober F., and B. Sam Yoo. 1987. "Forecasting and Testing in Co-integrated System." *Journal of Econometrics*, Vol.35, No.1, pp.143-159.

Engle, Robert F., and C. W. J. Granger. 1987. "Co-Integration and Error Correction: Representation, Estimation, and Testing." *Econometria*, Vol.55, I. 2, pp. 251-276.

Freeman, John, J. T. Williams, and T. Lin. 1989. "Vector Autoregression and the Study of Politics." *America Journal of Political Science*, Vol.33, No.4, pp. 842-877.

Gasiorowski, Mark J. 1986. "Economic Interdependence and International Conflict: Some Cross-National Evidence." *International Studies Quarterly,* Vol.30, pp.23-38.

Granger, C. W. J. 1988. "Some Recent Developments in a Concept Causality." *Journal of Econometrics*, Vol.39, pp.199-221.

Gujarati, Damodar N. 1988. *Basic Econometrics.* New York: McGraw-Hill.

Hamilton, J. D. 1994. *Time Series Analysis*. Princeton: Princeton Univ. Press.

King, G. 1989. "Event Count Models for International Relations: Generalization and Applications." *International Studies Quarterly*, Vol.33, pp.123-147.

King, Gary, and Will Lowe. 2003. "10 Million International Dyadic Events." hdl: 1902.1/FYXLAWZRIAUNF:3:dSE0bsQK2o6xXlxeaDEhcg==Murray Research Archive[Distributor].

Lebovic, James H. 1985. "Capabilities in Context: National Attributes and Foreign Policy in the Middle East." *Journal of Peace Research*, Vol.22, No.1, pp.47-67.

_____. 2003. "The Limits of Reciprocity: Tolerance Thresholds in Super Power Conflict." *Journal of Peace Research*, Vol.40, No.2, pp.139-158.

O'Leary, Michael K. 1976. "The Role of Issues." In James N. Rosenau, ed. *In Search of Global Patterns*, pp.318-325.

Polacheck, Solomon W. 1980. "Conflict and Trade." *Journal of Conflict Resolution*, Vol.24, pp.55-78.

Pollins, Brian M. 1989. "Conflict, Cooperation, and Commerce: The Effect of International Political Interactions on Bilateral Trade Flows." *American Journal of Political Science*, Vol.33, pp.737-761.

Reuveny, Rafael, and Heejoon Kang. 1996. "International Trade, Political Conflict/ Cooperation and Granger Causality." *American Journal of Political Science*, Vol.40, pp.943-970.

Sayrs, Lois W. 1989. "Trade and Conflict Revisited: Do Politics Matter?" *International Interactions*, Vol.14, pp.155-175.

Selover, D. D. 1991. "An Empirical Study of Exchange Rate Pass-Through." Ph.D. Dissertation, University of California, San Diego.

Yaffee, Robert. 2000. *Time Series Analysis and Forecasting*. New York: Academic Press, Inc.

제4장

북한의 평화지수 추이 및 대주변국 관계

류길재 | 북한대학원대학교

I. 들어가는 말

북한은 동북아의 '말썽꾸러기(trouble maker)'와 같은 존재이다. 미국의 부시 정부는 '악의 축(axis of evil)'이라는 극단적인 표현을 구사했지만, 실제로도 핵무기 등 대량살상무기를 개발하여 주변국들에 실질적인 위협을 제기했고, 국제 비확산레짐(NPT)에 도전했으며, 미사일 등의 무기를 미국의 전략적 이해관계가 매우 높은 중동 지역에 판매하는 활동을 벌였다. 한국의 입장에서도 핵무기를 개발하는 북한은 안보적으로 직접적인 위협을 가하는 존재로 부상하였다. 김대중, 노무현 두 정부 기간 동안 포용정책을 추진하여 남북 관계를 개선시키면서 북한을 점진적으로 변화시키려는 노력을 기울였지만 북한은 2006년 10월 9일 첫 번째 핵실험을 감행하였다. 일본의 입장에서는 일본인을 납치하는 파렴치한 국가로 인식되고 있으며, 2002년 고이즈미 총리와 김정일 국방위원장 간의 평양선언을 끝으로 양국 관계는 교착상태에 빠져 있다. 중국에게는 순망치한(脣亡齒寒)이라는 표현으로 불리는 긴밀한 동맹관계지만, 북한의 핵개발로 인해 불편한 감정을 갖고 있다. 게다가 북한의 불법적인 자금이 중국계 은행을 통해 송금되고, 마약과 위조지폐 등을 중국에 유포시키는 골치 아픈 존재이다.

이와 같이 북한은 동북아에서 모든 국가들에게 부정적인 인식을 제공하는 국가임에 틀림없다. 그러나 북한의 입장에서는 정권의 생존과 체제의 유지가 표리의 관계에 있고, 1990년대 중반 이후 북한을 강타한 경제위기 이후 극단적인 방식의 생존전략을 구사하고 있다. 그 생존전략의 중심에는 주변국과의 관계가 놓여 있음은 두말할 필요가 없다. 북한에게 외교관계는 다른 나라들과 마찬가지로 외교적인 차원에서 또한 경제적인 측면에서 긴요하다. 그러나 북한이 구사하는 외교 전략은 철저하게 상호주의(tit-for-tat)이다. 그야말로 '이에는 이, 눈에는 눈'의 방식이고 이를 관철하기 위해 흔히 지적되는 '벼랑 끝 전술(brinkmanship)'이 구사된다. 따라서 주변국—한국, 미국, 중국, 일본, 러시아—중에서도 중국이나 러시아 등 전통적인 동맹국과의 외교적 관계와 한·미·일 등 여전히 정상적인 외교관계를 갖고 있지 않은 국가들과의 관계는 다르게 나타나는 것이 당연하다고 인식된다.

탈냉전 시대가 도래했음에도 동북아시아는 전 세계적인 흐름과는 달리 협력보다는 갈등이 더 도드라지는 양상을 띠고 있는데, 그 주요한 원인 중 하나가 바로 북한의 존재에 기인한다. 한·중, 한·러 간에는 외교관계가 수립되어 사실상 북한만이 고립의 상태에 빠져 있으며, 체제 내부적으로도 탈냉전 시기 직후 심각한 경제난을 겪게 된 것 또한 적극적인 외교를 하지 않는/못하는 요인이 되고 있다. 그러나 다른 한편 이 글의 분석 대상 시기 동안 북한과 미국, 북한과 일본의 관계에서 협력의 가능성도 엿보인다. 1차 핵위기가 1994년 제네바 합의(Agreed Framework)를 통해 잠정 해소되면서 북한과 미국 간에는 2000년 10월의 북·미 공동코뮈니케에 이르기까지 활발한 교류가 이뤄졌다. 적대적인 관계에 있는 양국 간의 교류가 제한적일 수밖에 없었지만 그러나 그 이전에는 볼 수 없었던 협력관계도 드러났다. 일본과의 관계 역시 마찬가지다. 2000년 이후부터 2004년까지 북·일

관계는 국교정상화 직전까지 가는 진전을 이뤘다. 따라서 갈등과 협력이 교차하는 북·일 관계를 목격할 수 있게 되었다.

이러한 맥락에서 이 연구는 탈냉전 시기, 즉 1990년부터 2004년까지 북한의 대주변국(한국, 미국, 일본, 중국, 러시아) 외교에서 나타나는 양자관계를 협력과 분쟁의 양태로 구분하여 어떤 양상을 드러내고 있는지를 세계평화지수를 활용하여 분석하고자 한다. 이 시기 동안 북한의 주변국 관계는 기본적으로 북한 체제 및 정권의 안정, 경제난 극복을 위한 북·미 및 북·일 관계정상화 추구, 남북 관계 개선, 기존 동맹세력이었던 중국과 러시아와의 관계 회복 및 공고화 등으로 요약될 수 있지만, 다른 한편으로는 핵무기를 개발하고, 미사일 시험 발사를 하는 등 양면적인 모습을 띠고 있다. 이하에서는 북한과 주변국과의 양자관계에 초점을 맞추어 평화지수 추이를 분석하였으며, 다음으로는 한국과 미국의 각 행정부별로 나누어 분석했고, 마지막으로 남북한 관계와 북한의 대주변국 관계가 어떤 상관관계를 나타내고 있는지를 분석하였다.

II. 북한의 대주변국 양자관계 평화시수 추이

본 절에서는 북한의 대주변국 양자관계에서 나타나는 역동적인 변화, 특히 연도별 평화지수 추이를 분석하고자 한다. 즉, 북한의 대주변국 관계에 있어서 협력관계와 분쟁관계의 패턴은 어떠한가, 무엇이 그러한 패턴을 나타나게 하였는가에 분석의 초점을 두고 있다. 이러한 북한의 대주변국 외교를 통해 나타난 평화지수의 변화 추이를 살펴보기 위해 양자 간의 호혜성(reciprocity), 또는 일방의 이슈나 정책의 변화에 따른 다른 일방의 태도 변화 등의 측면에서 논의하고자 한다.

전체적으로 볼 때, 연도별 북한의 대주변국 양자관계 협력 추이는 중국을 제외하고는 상호 호혜적인 모습을 보이고 있다. 예를 들어, '북한의 대

미국 협력'의 증가가 '미국의 대북한 협력'의 증가로, 그리고 '북한의 대
미국 협력'의 감소가 '미국의 대북한 협력'의 감소로 나타나고 있다는 것
이다. 반면, 연도별 북한의 대주변국 양자관계 분쟁 추이에서는 뚜렷한 패
턴을 보이고 있지는 않다. 다만, 대미 관계에 있어서는 이 또한 상호 호혜
적인 패턴을 나타내고 있다. '북한의 대미국 분쟁'의 증가는 '미국의 대북
한 분쟁'의 증가로, 그리고 '북한의 대미국 분쟁'의 감소는 '미국의 대북
한 분쟁'의 감소로 나타나고 있는 것이다. 이를 볼 때, 중국을 제외한 북한
의 대주변국 관계에서 양자 간의 협력 추이는 호혜성의 패턴을 갖는 반면,
양자 간의 분쟁의 경우는, 핵 및 미사일을 비롯한 대량살상무기(WMD) 문
제로 직접적인 마찰을 빚고 있는 미국을 제외하고는, 특정한 이슈 또는 정
책에 따라서 변화하는 양상을 나타낸다고 볼 수 있다.

〈그림 4-1〉에서도 보이듯이 남북한 간의 협력 추이의 경우, 탈냉전 이후
제1차 핵위기(1991~94년) 시에는 상호 호혜적인 양상을 보이지 않고, 오히

〈그림 4-1〉 남북한 간 협력 및 분쟁 추이

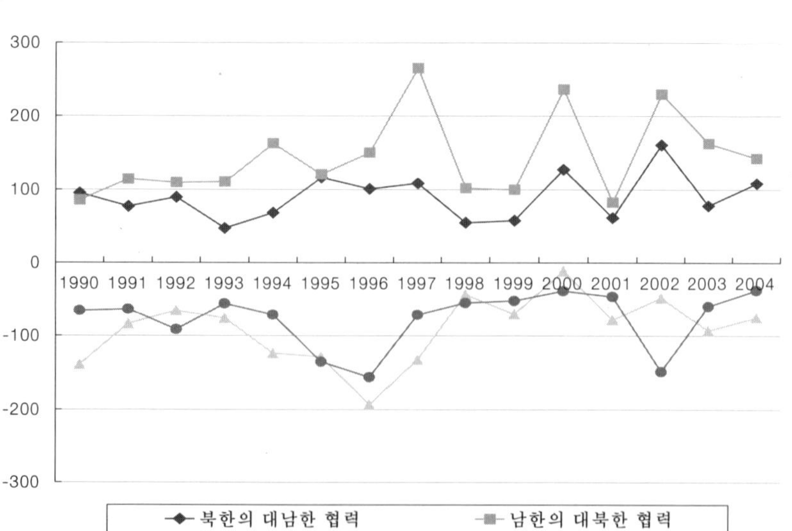

려 역(reversed)의 호혜성 패턴이 나타나고 있다는 것이다. 제1차 핵위기의 발발부터 1994년 제네바합의에 이르기까지 북한이 추진했던 '통미봉남(通美封南)'으로 인해 남북한 간에는 역의 호혜성 패턴이 보이는 것으로 판단된다. 이후 북핵문제의 타결에 따른 동북아시아에서의 화해무드 조성으로 인해 일시적인 협력 분위기가 조성됨에 따라 1995년 이후 남북한 간의 협력 추이는 호혜성의 패턴이 나타나기 시작하였다.

북한의 대남한 및 미국과의 양자관계의 경우 협력 및 분쟁수준의 등락폭이 크게 나타나고 있다. 남북한 간 양자관계의 경우, 남북한 간의 협력 추이가 급증한 경우는1) 1994년(남 → 북), 1997년(남 → 북), 2000년(남 ↔ 북), 2002년(남 ↔ 북) 등이며, 분쟁 추이가 급증한 경우는 1994년(북 → 남), 1995년(남 → 북), 1996년(북 → 남), 2002년(남 → 북) 등으로 나타났다. 남한의 경우 미국의 대동북아정책 틀 내에서의 대북정책, 그리고 북한의 대미정책에 큰 영향을 받을 수밖에 없으며, 따라서 남북한 간의 협력 및 분쟁 추이는 핵과 미사일문제를 둘러싼 북·미 간의 협력 및 갈등과 깊은 관련이 있다. 또한, 북·미 간 양자관계의 경우 〈그림 4-2〉에서 나타나듯이 북·미 간의 협력 추이가 급증한 경우는 1994년(북 ↔ 미), 1997년(미 → 북), 1999년(북 → 미), 2002년(북 → 미), 2003년(북 ↔ 미) 등이며, 분쟁 추이가 급증한 경우는 1993~94년(북 ↔ 미), 1996년(미 → 북), 2002~03년(미 → 북), 2003년(북 → 미) 등이다.

북·미 관계는 냉전구조의 해체 및 탈냉전 이후에도 한반도에 상존하는 남북한 간의 불신과 대결구조라는 환경요인 속에서, 세계 유일의 초강대국 미국의 적극적인 국제질서 재편과정에서 북한의 생존전략이 상호작용하면서 형성된 것이다. 이러한 양국 간의 인식과 전략차이로 인한 갈등상황으로 대표적인 것이 1990년대 초의 제1차 핵위기, 1998년 금창리 지하 핵의

---

1) 평화지수가 급증한 경우, 호혜성의 패턴이나 특정 이슈 또는 정책에 따라 변동되는 것으로 파악될 수 있는 반면, 평화지수가 급감한 경우에는 어떠한 특기할 만한 이슈나 정책에 따라 급감했다기보다는 급증에 따른 반작용 또는 급증하기 이전의 상태로 돌아가려고 하는 회귀(regress)로 보는 것이 타당하다.

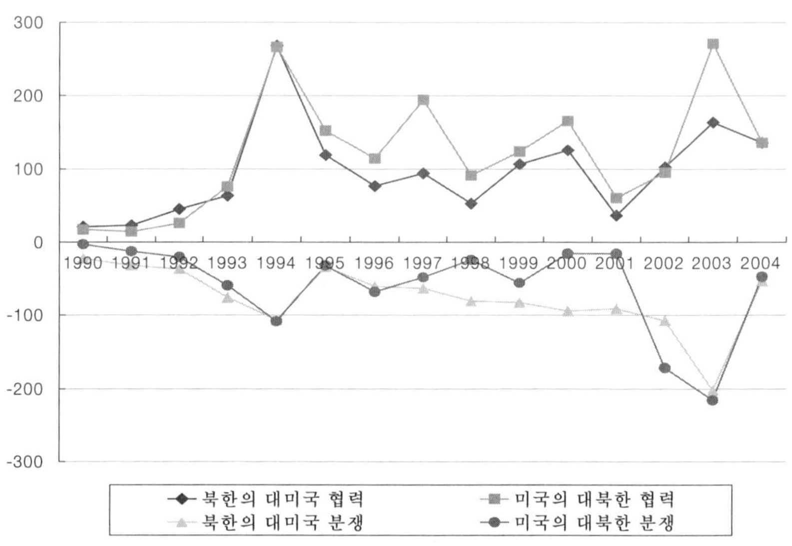

혹시설 문제, 북한의 미사일 문제, 그리고 9·11테러 이후 2002년의 제2차 핵위기로 요약될 수 있다.

북·미 간의 대결구도는 한반도문제에서 벗어나 탈냉전이라는 틀 내에서 양국 간의 국가 이익 확보를 위해 세계적인 차원에서 상호 간에 대결과 협력을 동시에 추구하지 않을 수 없었다. 이러한 북·미 간의 대결과 협력이 동시에 나타나는 대표적인 예로, 1994년 제1차 핵위기 해결을 위한 3단계 북·미 고위급회담과 제네바합의 과정, 1996년 4월부터 시작된 북·미 미사일회담, 1998년 8월 북한의 대포동1호 미사일 시험발사 사건 해결을 위한 1999년 9월 베를린합의와 대북제재 해제, 1999년 5월 윌리엄 페리(William J. Perry) 전 국방장관의 방북과 한반도 평화를 위한 페리 프로세스(The Perry Process), 페리 프로세스의 성과로 나타난 2000년 10월 조명록 특사의 방미 및 북·미 공동코뮈니케 발표와 매들린 올브라이트(Madeleine K. Albright) 국무장관의 방북, 그리고 2002년 10월 제임스 켈리(James A. Kelly) 국무

부 동아태차관보의 방북과 북한의 고농축우라늄(HEU) 프로그램 보유 인정
으로부터 시작된 제2차 핵위기를 해결하기 위해 개최된 2003년 4월의 3자
회담과 2003년 8월부터 개최된 6자회담 등을 들 수 있다. 즉, 북·미 간의
양자관계는 냉전시기 1969년 푸에블로호 사건과 1976년의 판문점 사건 등
으로 대변되는 '불신과 대결' 구도를 벗어나 탈냉전시기에는 '협력과 대
결'이라는 서로 상반되는 가치가 공존하면서, 때로는 대결이, 그리고 때로
는 건설적인 화해와 협력이 요구되었다. 이로 인해 탈냉전시기 북·미 간의
협력과 분쟁 추이는 냉전시기와는 다른 새로운 양상을 보여주고 있다.

〈그림 4-3〉은 북·일 간의 협력 및 분쟁 추이를 나타낸 것이다. 북·일
간 양자관계의 경우, 1992년 11월 제8차 수교본회담을 마지막으로 국교정
상화 교섭이 중단된 이후 1995년 3월 일본 자민당, 사회당, 사키가케 등의
연립여당 3당 대표단의 방북에 이은 조선노동당과의 공동성명서 발표 및
수교회담의 전제조건 없는 재개 합의, 그리고 이후 진행된 2000년 4월 양

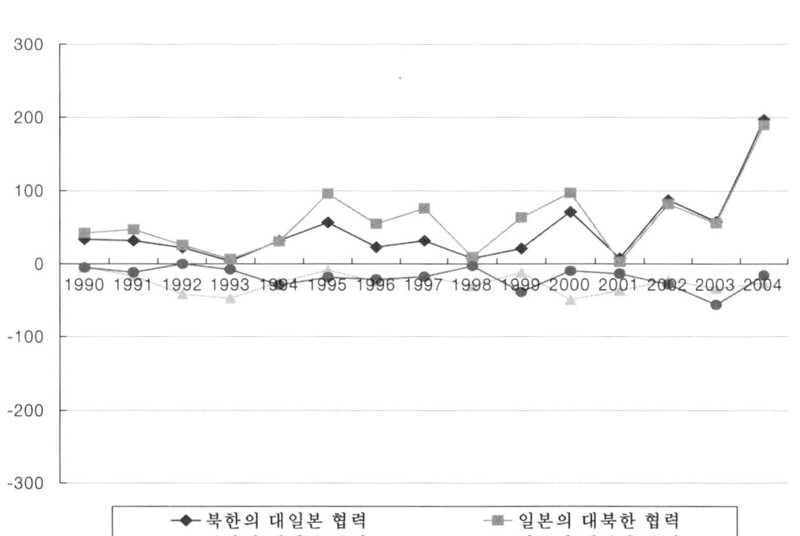

〈그림 4-3〉 북·일 간 협력 및 분쟁 추이

국 간의 제9차 수교본회담과 동년 7월 최초의 북·일 외무장관회담 개최에 이은 8월의 제10차 본회담, 10월의 제11차 본회담은 북·일 간의 협력을 증가시키는 요인으로 작용하였다. 또한, 2002년 9월 고이즈미 준이치로(小泉純一郎) 총리의 방북과 평양선언, 그리고 2004년 5월 고이즈미 준이치로 총리의 2차 방북 시기에도 양자 간의 협력이 증가하였다.

반면, 1991년 7차례의 본회담을 마지막으로 1992년 11월 제8차 본회담이 성사되기까지의 교착상태, 1994년 제네바합의 이후 일본인 납치의혹 문제와 북한의 미사일 시험발사로 인한 일본의 대북억지정책의 추진 등은 북·일 간의 분쟁을 증가시켰다. 또한, 1998년 8월 북한의 광명성1호 발사에 따른 직항 전세기 운항 중단, 비공식적인 북한 접촉 제한, 식량원조 및 KEDO에 대한 협력 일시 동결 등의 일본의 대북제재조치, 2000년 이후 재개된 수교회담에서의 식민지배에 대한 사과·보상 및 일본인 납치의혹 문제 등에 대한 양국 간의 의견대립, 2002년 10월의 북핵문제 대두, 그리고 2003년 1월 북한의 IAEA 탈퇴 성명 발표와 2월과 3월 두 차례에 걸친 동해상에서의 북한의 단거리 미사일 시험발사 시기에는 양국 간의 분쟁이 증가되었다. 이 외에도 1986년부터 추진된 일본의 '조·조합영사업'의 실패로 인한 1990년대 중후반의 지속적인 북·일 간의 교역 감소는 북·일 간의 분쟁을 심화시키는 계기로 작용하였다.

북·중 간 양자관계의 경우, 〈그림 4-4〉에서와 같이 1991년 10월 김일성 주석의 방중과 2000년 5월과 2001년 1월 김정일 국방위원장의 방중, 동년 9월의 장쩌민(江澤民) 주석의 방북, 2004년 4월 김정일의 전격적인 방중과 중국의 북한에 대한 무상원조 결정, 동년 10월 김영남 최고인민회의 상임위원장의 방중 등 북한과 중국의 최고지도자 및 고위급인사의 방문 시기 북한의 대중국 협력이 늘어났음을 알 수 있다. 또한, 2002년 이후의 북한의 대중 무역 비중의 급증과 2003년 10월 우방궈(吳邦國) 전인대 상무위원장의 방북에 이은 중국의 북한 경제건설을 위한 경제적 원조와 무상지원 확대 표명 등 경제적 문제 또한 북한의 대중국 협력 추이를 급증시킨 요인으로 작용하였다. 반면, 1998년 4월 후진타오(胡錦濤) 부주석의 방일과 방한,

<그림 4-4> 북·중 간 협력 및 분쟁 추이

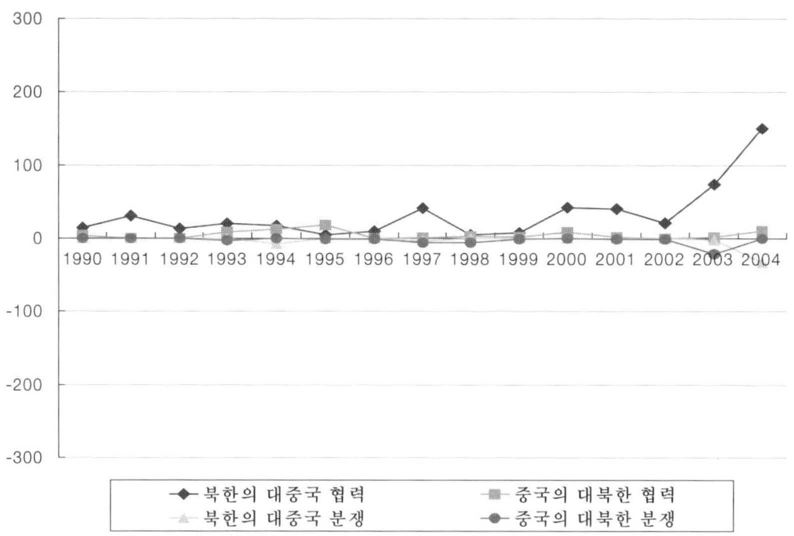

2002년 10월 북핵문제 대두 이후 중국이 북핵문제 해결에 적극적으로 참여하면서 2003년 3월에는 북한의 3자회담 참여를 유도하기 위해 송유관을 통한 대북 원유공급을 중단하는 등 양자 간의 분쟁이 증기하였다.

북·러 간 양자관계의 경우, <그림 4-5>에 나타나듯이 협력과 갈등 모두 큰 변화를 나타내고 있지는 않다. 다만, 2000년 7월 러시아 푸틴(Vladimir Vladimirovich Putin) 대통령의 방북과 공동선언 채택으로 인해 양자 간의 협력이 증가하였으며, 2001년 4월에는 방위산업 및 군사장비 분야 협력 협정 체결, 동년 8월의 김정일 국방위원장의 방러와 모스크바선언 채택 등으로 러시아의 대북한 협력이 늘어났다. 반면, 1990년대 전반적으로 북·러 간의 교역이 감소한 것이나 1993년 3월 북한의 NPT 탈퇴를 둘러싼 국제사회 공조에 러시아가 동참하면서 국제원자력기구(IAEA)의 사찰의무 이행, NPT 탈퇴선언 철회, 핵과학자 소환 및 방북 불허, 연구용 원자로 연료봉 수송 중단, 채무의 조속 상환 등을 주장한 것은 북한의 대러시아 분쟁을

〈그림 4-5〉 북·러 간 협력 및 분쟁 추이

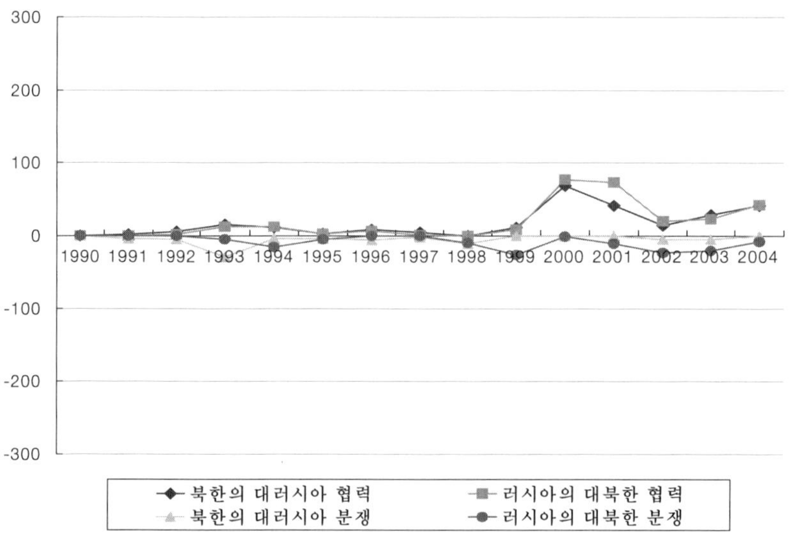

〈그림 4-6〉 북한의 미국, 남한, 일본과의 협력 추이

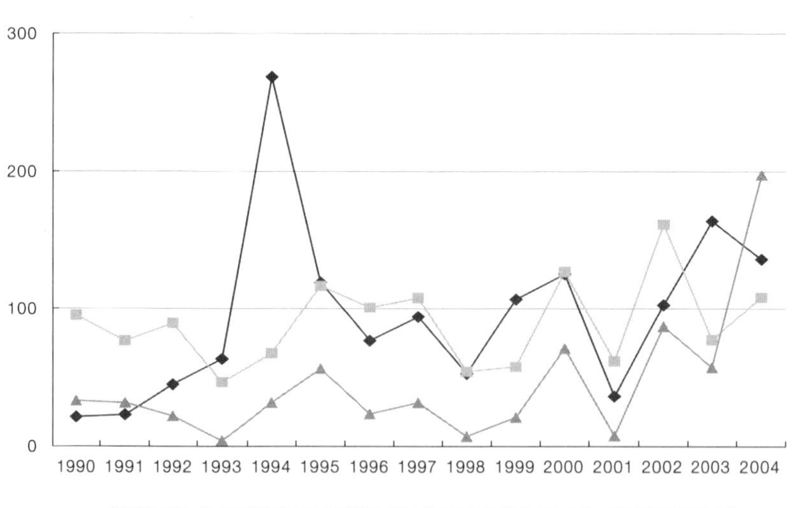

증가시키는 요인으로 작용하였다.

북한의 대주변국 양자관계에서 특기할 만한 사항은, 첫째, 〈그림 4-6〉에서 보는 바와 같이 북한의 대남한 협력과 대일본 협력은 2004년을 제외하고는 거의 유사한 모습을 보이고 있다는 점이다. 북한의 대미국 협력 또한 제1, 2차 핵위기 시기를 제외하고는 비슷한 모습을 나타내고 있다. 이는 북한의 미국 및 남한, 일본과의 협력양상이 호혜성의 원칙에 따라, 또는 특정 이슈나 정책에 따라 변화되는 것이 아니라 체제유지와 정권안정, 경제지원이라는 국가적 차원의 목표 달성을 위해 북한이 세 국가에 대해 유사한 협력 전략을 구사하기 때문인 것으로 분석된다. 이는 거꾸로 한·미·일 3국의 대북 공조가 유지됐던 것을 배경으로 한다고 볼 수 있을 것이다. 이로 미뤄 볼 때 북한에 대해 3국이 어떤 합의와 조율이 이뤄지는가가 중요한 변수가 된다는 것을 의미한다.

둘째, 〈그림 4-7〉에서 보듯이 일본의 대북한 협력의 경우, 1995년과

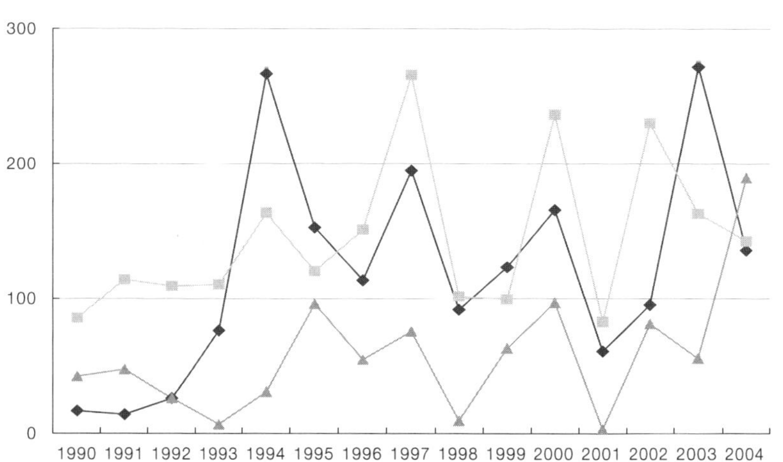

〈그림 4-7〉 미국, 남한, 일본의 북한과의 협력 추이

2004년을 제외하고는 남한의 대북한 협력과 거의 비슷한 패턴을 보인다는 것이다. 이는 남한의 대북포용정책으로 국제환경이 긍정적으로 변화되면서 북·일 간의 관계가 진전된 측면도 있지만, 일본의 대북정책이 남한과 마찬가지로 한·미 동맹, 미·일 동맹의 틀 내에서 북·미 관계에 의해 크게 영향을 받고 있음도 간과할 수 없다. 1995년과 2004년의 예외적인 경우는 북·일 수교회담 재개합의와 고이즈미 준이치로 총리의 방북이라는 양자 간의 직접적인 요인이 작용한 것으로 보인다.

셋째, 북한의 대주변국 분쟁 추이는 양자 간의 특정 이슈 또는 정책에 따라 변화하였지만, 〈그림 4-8〉에서 보는 바와 같이 각 국가들의 대북한 분쟁 추이는 일정 정도 유사한 패턴을 보이고 있다는 점이다. 이는 탈냉전 이후 핵과 미사일을 비롯한 대량살상무기 문제가 국제적인 이슈로 부각된 이후 유엔 안전보장이사회, 4자회담이나 6자회담 등의 국제적 또는 지역적 수준에서의 각종 협의기구를 통해 각 국가들의 공조체제가 어느 정도 이루

〈그림 4-8〉 한반도 주변국들의 대북한 분쟁 추이

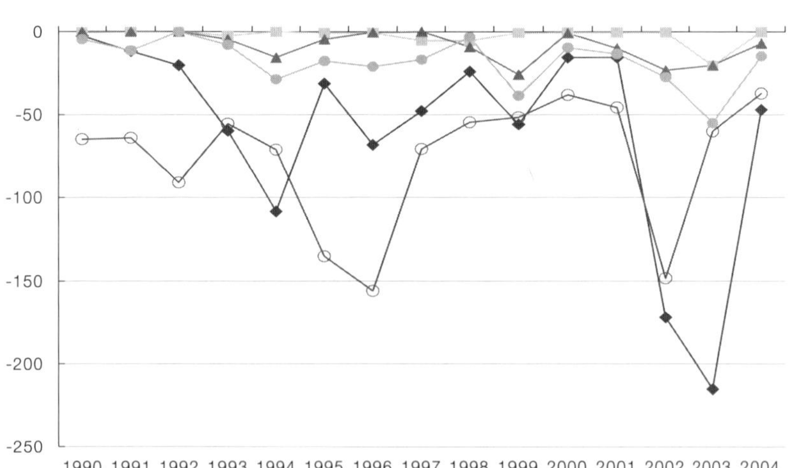

어졌기 때문으로 판단된다.

III. 남한 및 미국의 행정부별 북한의 평화지수 추이

본 절에서는 각각 남한 및 미국의 행정부별[2] 북한과의 양자관계가 어떠했는지, 북한의 평화지수 추이에 어떠한 차이가 있는지 간략히 살펴보고자 한다.

〈그림 4-8〉은 남한 행정부별 남북한 간의 평화지수 추이를 나타낸 것이다. 남북한 간 협력의 경우, 북한의 대남한 협력에 있어서는 행정부별로 큰 차이가 나타나지는 않는다. 그러나 남한의 대북한 협력에 있어서는 김영삼, 김대중, 노무현 행정부의 순으로 협력관계가 활발하게 전개되었으며, 노태우 정부가 상대적으로 저조하게 나타났다. 그러나 호혜성의 측면에서는 노태우 정부가 북한과 상호 호혜적인 양상을 보이는 반면, 김영삼, 김대중, 노무현 행정부는 대북한 협력에 있어 비대칭적인 협력관계로 분석되었다. 즉 〈표 4-1〉에서 보는 바와 같이 양자 간의 협력수준 비율을 100% 기준으로 했을 경우, 노태우 행정부는 19.9%, 그리고 김영삼, 김대중, 노무현 정부는 각각 84.4%, 64.8%, 59.3% 북한에게 너 많은 협력을 제공한

---

2) 남한의 대통령은 2월 25일 취임하므로 임기기간은 취임한 다음 달인 3월부터 임기가 끝나는 2월까지를 포함한다. 따라서 본 연구에서는 김영삼 행정부(1993년 3월~1998년 2월)와 김대중 행정부(1998년 3월~2003년 2월)의 경우 60개월 전체 임기가 분석의 대상인 반면, 노태우 행정부(1990년 1월~1993년 2월)는 임기 처음 22개월을 제외한 38개월, 노무현 행정부(2003년 3월~2004년 12월)의 경우 임기 처음 22개월이 분석대상이 된다. 반면, 미국의 대통령은 1월 20일 취임하므로 임기기간은 취임한 다음 달인 2월부터 임기가 끝나는 1월까지를 포함한다. 따라서 본 연구에서는 빌 클린턴(Bill Clinton) 행정부의 경우 1기(1993년 3월~1997년 1월)와 2기(1997년 2월~2001년 1월)를 합쳐 96개월 전체 임기가 분석의 대상인 반면, 조지 H. 부시(George H. Bush) 행정부(1990년 1월~1993년 1월)는 임기 처음 11개월을 제외한 37개월, 조지 W. 부시(George W. Bush) 행정부 1기(2001년 2월~2004년 12월) 중 임기 마지막 1개월을 제외한 47개월이 분석대상이 된다.

〈그림 4-9〉 남한의 행정부별 남북한 간 협력 및 분쟁 추이

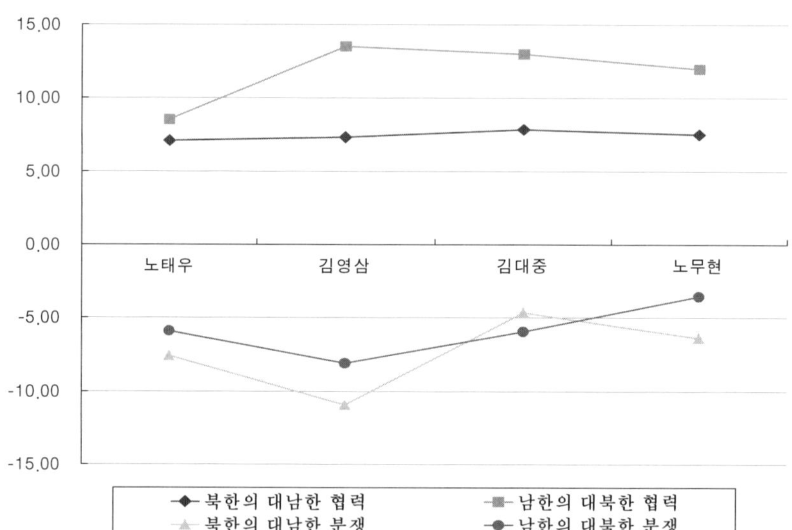

〈표 4-1〉 남한의 행정부별 남북한 간의 협력 및 분쟁

	노태우 행정부	김영삼 행정부	김대중 행정부	노무현 행정부
	38개월	60개월	60개월	22개월
북한의 대남한 협력	7.11	7.32	7.87	7.52
남한의 대북한 협력	8.53	13.50	12.97	11.97
협력비율(%)	119.90(0.199)	184.41(0.844)	164.78(0.648)	159.25(0.593)
북한의 대남한 분쟁	-7.56	-10.91	-4.63	-6.36
남한의 대북한 분쟁	-5.90	-8.08	-5.96	-3.52
분쟁비율(%)	78.04(-0.220)	74.09(-0.259)	128.75(0.288)	55.36(-0.446)

것으로 나타났다.

한편, 남북한 간 분쟁의 경우, 북한의 대남한 분쟁에 있어 김영삼 정부 시기에 가장 높았으며, 노태우, 노무현, 김대중 정부의 순으로 나타났다. 남한의 대북한 분쟁에 있어서는 김영삼, 김대중, 노태우 행정부의 순으로 분쟁수준이 높았으며, 노무현 행정부가 상대적으로 낮게 나타났다. 양자 간의 분쟁수준 비율을 100% 기준으로 했을 경우, 노태우 정부 시기에는 22.0%, 그리고 김영삼, 노무현 정부는 각각 25.9%, 44.6% 북한의 대남한 분쟁이 많았으나, 김대중 정부 시기에는 28.8% 남한의 대북한 분쟁이 많았다. 다른 행정부와는 달리 김대중 행정부 시기 대북한 분쟁수준이 북한의 대남한 분쟁수준보다 높게 나타났다는 것은 남한이 북한에 대해 불만이 높다는 것을 의미하는 것이다.

〈그림 4-9〉는 미국 행정부별 북·미 간의 협력 및 추이를 나타낸 것이다. 북·미 간의 협력의 경우, 북한은 대미국 협력에 있어 빌 클린턴(Bill

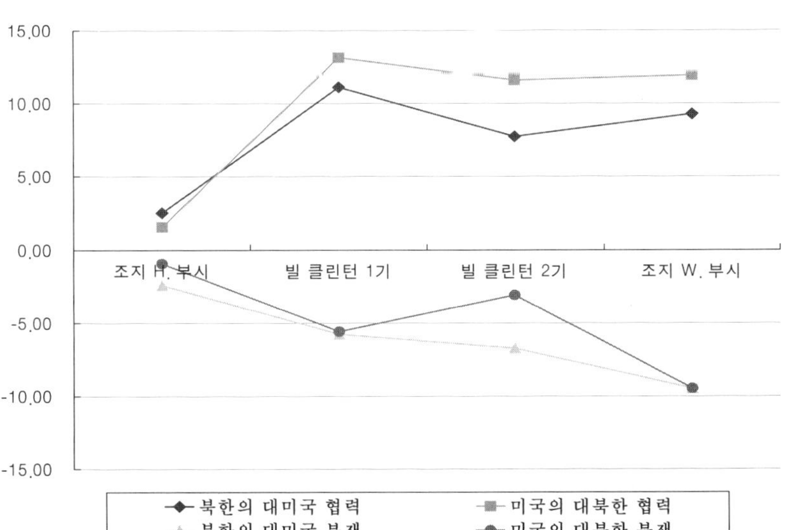

〈그림 4-10〉 미국의 행정부별 북·미 간 협력 및 분쟁 추이

Clinton) 행정부 1기에 가장 높게 나타났으며, 조지 W. 부시(George W. Bush) 행정부 1기, 빌 클린턴 행정부 2기, 조지 H. 부시(George H. Bush) 행정부 순으로 나타났다. 미국의 대북한 협력에 있어서도 빌 클린턴 행정부 1기, 조지 W. 부시 행정부 1기, 빌 클린턴 행정부 2기 순으로 협력관계가 활발하게 전개되었으며, 조지 H. 부시 행정부는 절대적으로 저조한 것으로 나타났다.[3] 호혜성의 측면에서도 빌 클린턴 행정부 1기가 가장 상호 호혜적인 양상을 보이고 있으며, 조지 H. 부시 행정부와 빌 클린턴 행정부 2기는 서로 역전된 현상을 보이고 있다. 즉 양자 간의 협력수준 비율을 100% 기준으로 했을 경우, 〈표 4-2〉에 나타낸 것처럼 빌 클린턴 행정부 1기는 18.0%, 조지 W. 부시 행정부 1기는 28.9%, 그리고 빌 클린턴 행정부 2기는 49.9% 북한에게 더 많은 협력을 제공한 반면, 조지 H. 부시 행정부의 경우

〈표 4-2〉 미국의 행정부별 북·미 간의 협력 및 분쟁

	조지 H. 부시 (George Bush)	빌 클린턴 (Bill Clinton)		조지 W. 부시 (George W. Bush)
	37개월	1기(48개월)	2기(48개월)	47개월
북한의 대미국 협력	2.50	11.11	7.74	9.27
미국의 대북한 협력	1.55	13.12	11.60	11.94
협력비율(%)	61.84(-0.382)	118.01(0.180)	149.87(0.499)	128.88(0.289)
북한의 대미국 분쟁	-2.41	-5.80	-6.75	-9.50
미국의 대북한 분쟁	-0.96	-5.57	-3.09	-9.47
분쟁비율(%)	39.64(-0.603)	96.08(-0.039)	45.71(-0.543)	99.69(-0.003)

---

3) 조지 H. 부시 행정부 시기 북·미 양자 간의 협력수준뿐만 아니라 분쟁수준 또한 가장 낮게 나타나고 있는데, 이는 당시 북·미 간의 외교관계가 활발하지 않았을 뿐만 아니라 북한의 핵문제가 국제사회에서 이슈화되기 이전이기 때문으로 판단된다.

북한이 38.2% 더 많은 협력을 제공하였다.

한편, 북·미 간의 분쟁의 경우, 북한은 대미국 분쟁에 있어 조지 W. 부시 행정부 1기에 가장 높았으며, 빌 클린턴 2기, 1기, 그리고 조지 H. 부시 행정부 순으로 나타났다. 미국의 대북한 분쟁에 있어서는 조지 W. 부시 행정부 1기, 빌 클린턴 1기, 2기 순으로 분쟁수준이 높았으며, 조지 H. 부시 행정부가 절대적으로 낮게 나타났다. 양자 간의 분쟁수준 비율을 100% 기준으로 했을 경우, 조지 H. 부시 행정부 시기 60.3%, 빌 클린턴 행정부 2기 54.3% 북한의 대미국 분쟁이 많았으나, 빌 클린턴 행정부 1기와 조지 W. 부시 행정부 1기에는 각각 3.9%, 0.3%로 나타나 다른 시기에 비해 북한에 대한 불만이 높아졌다는 것을 알 수 있다.

IV. 남북 관계에 영향을 미치는 대주변국 요인 분석

앞의 분석에서는 1990년부터 2004년까지 북한의 평화지수 추이를 연도별로 살펴보았다. 그러나 이러한 연도별 분석은 대략적인 패턴을 파악할 수는 있지만 북한의 대주변국 양자관계들 간의 보나 적실성 있는 상관관계, 예를 들어 "남북한 간의 협력추이와 깊이 연관되어 있는 북한의 양자관계는 무엇인가" 에 대한 물음에 답하기는 어렵다. 따라서 본 절에서는 북한의 월별 대주변국 협력 및 분쟁 추이 분석을 통해 남북한 관계, 즉 남북한 간의 협력과 분쟁 추이에 상관성(correlation)을 가진 대주변국 요인에 대해 분석하고자 한다.[4]

---

[4] 상관관계 분석과 회귀분석은 커다란 차이를 지니고 있다. 상관관계 분석은 독립변수 (independent variable)와 종속변수(dependent variable)의 구분이 명확하지 않아 단지 두 변수 간의 상호관련성, 즉 상관성의 정도만을 측정하는 것인 반면, 회귀분석은 독립변수와 종속변수가 존재하여 영향을 주고받는 관계가 확실한 경우, 즉 인과성 (causality)을 파악하는 것이다.

　연도별 북한의 평화지수 추이를 분석한 결과, 첫째, 북한의 대주변국 양자관계에서 협력 추이의 경우, 중국을 제외하고는 상호 호혜적인 협력이 관측되었다. 반면, 분쟁 추이의 경우에는 북한의 대미국 분쟁 추이만이 미국의 대북한 분쟁 추이와 상호 호혜적인 것으로 나타났다. 둘째, 미국의 대북한 분쟁 추이는 주변국들의 대북한 분쟁 추이와 일정 정도 연관이 있는 것으로 나타났다. 셋째, 남한의 대북한 협력의 경우, 미국과 일본의 대북한 협력과 일정 정도 상관이 있는 것으로 나타났으며, 대북한 분쟁의 경우에도 주변국들과 유사한 패턴을 보이고 있는 것으로 나타났다. 여기서는 연도별 북한의 평화지수 분석 결과 도출된 위의 몇 가지 사항들을 월별 자료 분석을 통해 확인하고자 한다. 따라서 위의 연도별 분석 결과를 종합하면, 세 가지 측면, 호혜성, 북·미 간의 관계, 남북한 간의 관계에 대한 분석이 요구된다. 따라서 이러한 관계를 검토하기 위해 다음과 같은 가설이 설정될 수 있다.

〈가설 1〉 북한의 대주변국 관계에서 협력 추이는 중국을 제외하고 상호 호혜적, 즉 정(+)의 상관이 있다.

〈가설 2-1〉 미국의 북한에 대한 협력 추이는 주변국들의 대북한 협력 추이와 정(+)의 상관이 있다.

〈가설 2-2〉 미국의 북한에 대한 분쟁 추이는 주변국들의 대북한 분쟁 추이와 정(+)의 상관이 있다.

〈가설 3-1〉 남한의 북한에 대한 협력 추이는 미국과 일본의 대북한 협력 추이와 정(+)의 상관이 있다.

〈가설 3-2〉 남한의 북한에 대한 분쟁 추이는 미국과 일본의 대북한 분쟁 추이와 정(+)의 상관이 있다.

첫째, 북한의 대주변국 양자관계의 상호 호혜성에 관한 분석이다. 월별 자료를 분석한 결과를 보면 〈표 4-3〉에서 보는 바와 같이 중국을 제외한 북한의 대주변국 양자관계에서 협력 추이는 상호 호혜적인 것으로 나타났다(〈가설 1〉 채택). 특히, 미국의 경우에는 대북한 분쟁 추이 또한 상호 호혜적인 것으로 나타났다. 미국의 대북한 협력 추이의 경우 북한의 대미국 협력 추이와 높은 정(positive)의 상관(ρ=0.750, p〈0.01)이 있으며, 대북한 분쟁 추이의 경우에도 북한의 대미국 분쟁 추이와 정의 상관(ρ=0.391, p〈0.01)이 있는 것으로 나타났다.[5)]

특기할만한 사항은 남북한 간의 분쟁 추이가 상호 호혜적인 것으로 나타났다는 것이다. 즉 북한의 대남한 분쟁과 남한의 대북한 분쟁이 서로 정의 상관(ρ=0.226, p〈0.01)이 있는 것으로 분석되었다. 그러나 이는 1990년부터 2004년까지의 모든 자료를 분석한 결과이며, 이를 다시 행정부별로 나누어 분석한 결과 노태우, 김대중, 노무현 행정부에서는 호혜적인 양상이 나타나지 않고 있으며, 다만 김영삼 행정부 시기에서만 상호 호혜적인 측면(ρ=0.276, p〈0.01)이 나타나고 있다. 이는 앞서 행정부별 분석을 통해 살펴본 것처럼 김영삼 행정부 시기 남북한 간의 분쟁수준이 가장 높았음에도 불구하고 대응과정에서의 방법이나 속도가 다른 행정부에 비해 즉각적이었음을 보여주는 것으로 판단된다. 김영삼 행정부의 경우, 북한의 변화에 대해 비교적 회의적이었으며 북한의 조기붕괴에 기초한 연착륙(soft landing)정책을 추진하는 데 관심을 갖고 있었다. 따라서 남한의 포용정책 추진에도 불

---

5) 이와 더불어 북·미 간에는 협력과 분쟁이 서로 상쇄(offsetting)되어 협력과 분쟁 추이가 서로 부(negative)의 상관이 있는 것으로 나타났다. 즉 북한의 대미국 협력의 증가는 북한의 대미국 분쟁 및 미국의 대북한 분쟁의 감소로, 북한의 대미국 분쟁의 증가는 북한의 대미국 협력 및 미국의 대북한 협력의 감소로 나타났다.

	북한의 대미국 협력	미국의 대북한 협력
북한의 대미국 분쟁	-0.227**	-0.285**
미국의 대북한 분쟁	-0.344**	-0.257**

** 0.01 수준에서의 통계적 유의성

<표 4-3> 북한의 대주변국 양자관계에 있어서의 상호 호혜성

양자관계에서의 협력 추이		상관계수 (Pearson's correlation, ρ)
미국의 대북한 협력	북한의 대미국 협력	0.750**
남한의 대북한 협력6)	북한의 대남한 협력	0.611**
일본의 대북한 협력	북한의 대일본 협력	0.736**
중국의 대북한 협력	북한의 대중국 협력	0.001
러시아의 대북한 협력	북한의 대러시아 협력	0.846**
양자관계에서의 분쟁 추이		상관계수 (Pearson's correlation, ρ)
미국의 대북한 분쟁	북한의 대미국 분쟁	0.391**
남한의 대북한 분쟁	북한의 대남한 분쟁	0.226**
일본의 대북한 분쟁	북한의 대일본 분쟁	0.065
중국의 대북한 분쟁	북한의 대중국 분쟁	0.026
러시아의 대북한 분쟁	북한의 대러시아 분쟁	-0.002

** 0.01 수준에서의 통계적 유의성

구하고 북한이 상응하는 조치를 취하지 않거나 대남 적대행위를 취하는 경우에는 이에 대응하여 포용정책을 즉각 중단하는 정책을 추진한 것이다.

둘째, 북·미 간의 관계에 대한 분석이다. 먼저 주변국들의 대북한 협력 추이를 상관분석한 <표 4-4>를 보면, 미국의 대북한 협력과 주변국들의 대

---

6) 남한의 대북한 협력과 북한의 대남한 협력의 상관관계는 행정부별로 차이가 나타난다. 노무현 행정부의 경우는 상호 관련이 없는 것으로 나타났으며(ρ=-0.048, p<0.01), 김대중 행정부(ρ=0.838, p<0.01), 노태우 행정부(ρ=0.702, p<0.01), 김영삼 행정부(ρ=0.512, p<0.01) 순으로 상호 관련이 높은 것으로 나타났다.

〈표 4-4〉 미국의 대북한 협력과 주변국의 대북한 협력 사이의 상관관계

	주변국의 대북한 협력 추이			
	남한	일본	중국	러시아
미국의 대북한 협력	0.305**	0.160*	0.158*	0.154*

* 0.05 수준에서의 통계적 유의성
** 0.01 수준에서의 통계적 유의성

북한 협력 사이에는 어느 정도 상관관계가 있는 것으로 나타났다(〈가설 2-1〉 채택). 특히, 미국의 대북한 협력 추이는 일본, 중국이나 러시아보다는 남한의 대북한 협력과 상관성이 가장 높은 것으로 나타났다(ρ=0.305, p〈0.01).

또한, 주변국들의 대북한 분쟁 추이에 대한 월별 자료를 분석한 〈표 4-5〉을 보면, 미국의 대북한 분쟁 추이가 주변국들의 대북한 분쟁 추이와 정의 상관이 있는 것으로 나타났다(〈가설 2-2〉 채택). 미국의 대북한 협력과 분쟁 추이를 종합적으로 비교해 보면, 협력보다는 갈등에서 주변국들의 대북한 관계가 더욱 관련이 높은 것으로 나타났다. 이는 앞서 살펴보았듯이 핵 및 미사일문제 등 북한의 제반문제가 한반도를 벗어나 국제적 수준에서 이슈화되면서 이를 해결하기 위한 동북아시아에서의 주변국들의 공조체제가 일정 정도 이루어졌기 때문으로 사료된다.

〈표 4-5〉 미국의 대북한 분쟁과 주변국의 대북한 분쟁 사이의 상관관계

	주변국의 대북한 분쟁 추이			
	남한	일본	중국	러시아
미국의 대북한 분쟁	0.338**	0.323**	0.194**	0.451**

** 0.01 수준에서의 통계적 유의성

셋째, 남북한 관계에 대한 분석이다. 탈냉전 이후에도 한반도에 남아 있는 냉전구조로 인해 한반도문제는 동북아시아 지역의 평화와 안정에 중요한 요인으로 작용하게 되었으며, 더욱이 북한의 핵문제는 한반도문제가 국제화되는 계기로 작용하였다. 따라서 남한의 대북한 협력 및 분쟁 추이는 일정 정도 주변국의 영향을 받을 수밖에 없다. 남북한 간의 협력 및 분쟁 추이에 관한 연도별 분석에 따르면, 남한의 대북한 협력과 분쟁은 일정 정도 주변국들의 대북한 협력과 분쟁과 유사한 패턴을 보이고 있다. 즉, 남한의 대북한 협력 및 분쟁 추이는 직접적으로 북한의 협력 및 분쟁 추이에 영향을 받겠지만 여타 주변국들, 특히 우방국인 미국과 일본의 대북한 협력 및 분쟁 추이와 정의 상관관계가 있을 것으로 추측된다. 그러나 앞서 남한의 행정부별 남북한 간의 협력 및 분쟁 추이에 차이가 있는 것을 감안하여 1990년부터 2004년까지의 전체적인 차이는 물론 행정부별 차이에 대한 검증 작업이 보완되어야 한다.[7]

〈표 4-6〉에서 보면, 남한의 대북한 협력과 주변국들의 대북한 협력 사이에는 큰 상관을 보이고 있지는 않지만, 미국과 일본의 경우 각각 $\rho=0.305$ $(p\langle 0.01)$와 $\rho=0.222(p\langle 0.01)$로 일정 정도 상관관계가 있는 것으로 분석되었다(〈가설 3-1〉 채택). 그러나 행정부별로 나누어 살펴보면 행정부 간의 차이가 나타나고 있다. 노태우와 노무현 행정부의 대북한 협력은 미국과 일본의 대북한 협력 추이와 유의미한 상관관계가 나타나고 있지 않으며, 김영삼 행정부의 경우에도 미국만이 유의미하게 나타나고 있다($\rho=0.330$, $p\langle 0.01)$. 포용정책을 지속적으로 추진했던 김대중 행정부에서도 상관관계는 미국과 일본이 각각 $\rho=0.291(p\langle 0.01)$과 $\rho=0.290(p\langle 0.01)$으로 나타났다. 즉, 1990년부터 2004년 사이 남한의 대북한 협력은 미국과 일본의 대북한 협력과 상관성을 갖고 진행되었으며, 이는 김대중 행정부 시기 가장 뚜렷하게 나타난 것으로 풀이된다.

---

7) 이는 남북 관계가 여타 국가와의 관계, 즉 남한의 대외관계나, 북한의 대외관계 등을 외연으로 한다는 것을 의미한다. 남북 관계는 국제관계로부터 상대적 자율성을 갖기 어려운 측면을 갖는다.

〈표 4-6〉 남한의 대북한 협력과 주변국의 대북한 협력 사이의 상관관계

		주변국의 대북한 협력 추이			
		미국	일본	중국	러시아
남한의 대북한 협력	1990년~2004년	0.305**	0.222**	-0.057	0.137
	노태우 행정부	0.207	0.016	-0.199	0.138
	김영삼 행정부	0.330**	0.118	-0.034	-0.065
	김대중 행정부	0.291*	0.290*	-0.058	0.223
	노무현 행정부	0.183	0.350	-0.236	-0.139

* 0.05 수준에서의 통계적 유의성
** 0.01 수준에서의 통계적 유의성

남한의 대북한 분쟁과 주변국의 대북한 분쟁 사이의 상관관계를 분석한 〈표 4-7〉에 따르면, 남한의 대북한 분쟁은 미국과 일본의 경우 각각 $\rho=0.338(p\langle0.01)$과 $\rho=0.171(p\langle0.05)$로 어느 정도 관련이 있는 것으로 나타났다(〈가설 3-2〉 채택). 그러나 이 또한 협력 추이와 마찬가지로 행정부별로 차이가 나타나는 것으로 분석되었다. 노태우 행정부의 대북한 분쟁은 미국 및 일본의 대북한 분쟁 추이와 유의미한 상관을 나타내지 않고 있으며, 김영삼 행정부는 미국만이($\rho=0.311$, $p\langle0.05)$, 노무현 행정부는 일본만이($\rho=0.442$, $p\langle0.05)$ 상관관계가 있는 것으로 나타났다. 김대중 행정부의 대북한 분쟁의 경우에는 미국과 강한 상관관계($\rho=0.660$, $p\langle0.01)$가 나타나고 있으며, 일본의 경우에도 어느 정도 상관성($\rho=0.282$, $p\langle0.05)$이 있는 것으로 분석되었다.

전체적으로 볼 때, 남북한 관계는 미국과 일본의 대북 관계와 일정 정도 관련되어 있는 것으로 나타났다. 특히, 김대중 행정부 시기 대북한 관계는 다른 행정부와는 달리 미국과 일본의 대북한 관계와 연관이 유의미하게 나

〈표 4-7〉 남한의 대북한 분쟁과 주변국의 대북한 분쟁 사이의 상관관계

		주변국의 대북한 분쟁 추이			
		미국	일본	중국	러시아
남한의 대북한 분쟁	1990년~2004년	0.338**	0.171*	0.004	0.225**
	노태우 행정부	0.251	-0.103	-0.006	0.047
	김영삼 행정부	0.311*	0.123	-0.092	0.025
	김대중 행정부	0.660**	0.282*	-0.074	0.529**
	노무현 행정부	0.215	0.442*	0.488*	0.083

* 0.05 수준에서의 통계적 유의성
** 0.01 수준에서의 통계적 유의성

타나고 있으며, 이는 대북한 협력보다는 분쟁에 있어 미국과의 공조가 더 두드러지는 것으로 분석되었다.

V. 맺는 말

이 글은 세계평화지수를 통해서 북한의 주변국과의 관계 추이를 협력과 분쟁의 양태로 1990년부터 2004년까지를 분석하였다. 현상의 계량화와 관련된 평화지수의 한계에도 불구하고, 이 연구는 북한의 주변국 관계에 관한 다음과 같은 결과를 얻을 수 있었다. 첫째, 중국과의 관계를 제외하면 북한의 대주변국 양자관계 협력 추이는 상호 호혜적인 양상을 띠는 데 반해, 분쟁 추이는 미국과의 관계를 제외하면 뚜렷한 패턴을 보이지 않고 있다. 둘째, 미국의 대북한 분쟁 추이는 주변국들의 대북한 분쟁 추이와 일정 정

도 연관이 있는 것으로 드러났다. 셋째, 한·미·일 3국의 대북한 협력 추이는 유사한 패턴을 띠고 나타나고 있다는 것이다. 이는 분쟁 추이에서도 비슷하게 나타난다.

이를 통해 우리가 파악할 수 있는 북한의 대주변국 관계는 북한이 적대적 또는 경쟁적 관계를 설정하고 있는 나라들이 다수가 존재하는 상황에서 관계 개선의 모색이 이뤄지고 있음을 의미한다고 하겠다. 협력에는 협력으로 대응이 이뤄지는 양상이 뚜렷하다는 것은 북한으로서는 대외관계에서 수세적이라는 점을 보여주고 있다. 둘째로는, 미국과 북한의 관계, 특히 핵문제를 통해 부딪치고 있는 양국관계가 기본적으로 이해관계의 비대칭성임을 보여주고 있다. 미국의 경우 북한 핵문제나 북한과의 수교가 자신의 국가전략에서 우선순위를 차지하고 있지 않기 때문에 동북아의 역내 국가들과 북한의 관계에 따라 연동되는 측면을 보여주고 있다. 세계 초강대국이면서 동북아 정세에 지대한 전략적 이해관계를 갖고 있는 미국으로서는 어쩌면 당연히 드러낼 수 있는 결과일 것이다. 셋째, 북한이 외교관계를 맺고 있지 않은 한·미·일 3국의 대북한 공조가 암묵적으로 작용하는 구조가 확립돼 있는 것이다. 2004년 북한에 의한 일본인 납치 문제가 불거지기 전까지는 적어도 3국 공조는 반드시 의식적인 행동에 의해서가 아니라도 이뤄질 수 있는 구조라는 것이다.

특기할 사항은 남북한 간의 협력 추이에서 노태우 정부 시기에 가장 상호 호혜성이 뚜렷한 것으로 나타났다는 점이다. 즉 노태우 정부부터 노무현 정부까지의 기간 동안 노태우 정부하의 남북 관계가 균형을 이뤘다고 볼 수 있다는 것이다. 이는 여전히 적대적 긴장관계 속에서의 대화가 이뤄지는 가운데 관계 개선이 모색됐던 시점이므로 상호성의 등장은 당연한 것이라고도 할 수 있지만, 남북 관계가 상호 이익의 인정 위에서 전개돼야 협력의 상호 호혜성이 드러날 수 있다는 점을 시사한다고도 할 수 있다. 무조건적인 일방의 협력 우위나 분쟁 우위 모두 다 관계 개선의 모색기에는 신중하게 추진되는 것이 바람직하다는 사실을 의미한다고 하겠다. 이 연구가 갖는 한계는 분명히 존재하지만 이 연구는 계량적 통계로 하여금 역사적 상황을 설명하려 한 것이 아니기 때문에 그러한 한계로 인한 비판은 적확한 것은 아니다. 역사의 국면에서 무더기로 존재하는 사실(facts)의 무미건조한 데이터가 나름대로 역사의 흐름을 얘기하는 힘을 어느 정도 갖고 있음을 보여준다는 점에서 이 연구의 의의를 찾을 수 있다.

제5장

세계평화지수를 통해 본
미국 외교의 패러다임과 대외관계

이상현 | 세종연구소

I. 들어가는 말

미국 외교의 패러다임은 시대와 행정부에 따라 변해왔다. 미국 안보의 핵심 목표는 크게 보면 미국식 가치체계의 전파와 확대라는 대전제를 깔고 있지만 그 목표를 달성하는 구체적 방법은 다양한 정책으로 나타난다. 패권의 유지를 위해서는 패권에 도전하는 세력들을 통제해야 하며, 그것은 곧 패권에 대한 위협 요소들을 어떻게 대처할 것인가 하는 문제로 귀착된다. 그 방식은 미국이 처한 시대의 상황과 행정부가 지닌 철학과 세계관에 의해 좌우된다.

안보를 국가 핵심가치에 대한 위협이 없는 상태로 정의할 때 미국의 안보전략은 예상되는 위협에 대처하여 핵심적 이익을 어떻게 수호할 것인가 하는 문제로 귀착된다. 냉전기 미국의 안보전략은 소련에 대항해서 미국의 영향권에 속한 우방들을 공산주의권의 팽창으로부터 보호하는 봉쇄와 억지로 특징지어진다. 냉전적 국제주의, 혹은 반공적 국제주의는 1960년대 후반부터 1970년대 초에 걸친 일련의 군비통제협상 진전으로 서서히 약화되기 시작하였다. 그러다가 냉전의 종식과 더불어 미국 안보전략의 기본 관점에 대한 논쟁이 전개되었는데, 논의의 초점은 소련이라는 최대의 위협이 사라진 국제질서에서 미국의 국제적 역할이 어떠해야 하는가 하는 문제였다. 한쪽에서는 미국의 국가 이익 자체를 국제적인 범위로 확대시킬 것이 아니라 국내 문제에 더 중점을 두어야 한다고 주장하였다. 즉 소련의 붕괴로 더 이상 주적이 없기 때문에 국가적 관심과 자원을 미국 내의 복리증진에 집중시켜야 한다는 논리이다. 신고립주의로 지칭된 이러한 논리는 미국이 세계경찰로서의 부담을 져야 했던 시대는 지나갔고 이제 정상적인 시대가 도래했으므로 미국도 정상적인 국가가 되어야 한다고 주장한다. 더 나아가 극단적인 고립주의자들은 냉전이 종식되었기 때문에 유럽, 한국, 일본 등지에서 미군을 철수하여 이 지역에 대한 안보공약을 끝내야 한다고 주장하기도 하였다.

이와 반대시각을 지닌 국제주의자들은 냉전의 종식은 오히려 미국의 국제적 역할을 더 요구하고 있다고 주장했다. 즉 냉전의 종식을 맞아 미국은 국제정치에의 개입을 줄이는 차원이 아니라 국제정치를 적극적으로 재편하기 위한 새로운 기회를 맞고 있으며 주요국가들과 새로운 협력관계를 설정해야 한다고 주장한다. 신고립주의와 국제주의 간의 논쟁은 결국 1990년대에 들어 국제주의로 귀착되었다. 미국은 냉전의 종식으로 역사상 유례없는 유일 초강대국으로 남게 되었으며, 바로 이러한 독특한 지위로 인해 미국의 국제적 역할은 선택의 문제가 아니라 피할 수 없는 의무로서 미국에게 주어졌다고 보는 것이다.[1]

---

1) 1990년대 미국 보수진영의 기본 시각을 반영하는 연구들로는 다음 여러 가지를 참조할 수 있다. Robert Kagan and William Kristol (eds.), *Present Dangers: Crisis and Opportunity in American Foreign Policy and Defense Policy* (San Francisco: Encounter Books, 2000); Joseph S. Nye, Jr., "Redefining the National Interest," *Foreign Affairs,* 78, 4(July/August 1999) 및 "The American national interest and global public goods," *International Affairs,* 78, 2(2002); James Kurth, "The Adolescent Empire: America and the Imperial Idea," *The National Interest* (Summer 1997);

이 글은 미국 대외정책의 패러다임이 대외적인 전쟁과 평화의 행동패턴과 어떤 연관을 가지는지 분석하기 위한 시론이다. 물론 한 국가의 대외정책을 단순히 천명된 대외정책의 패러다임이나 독트린만으로 특징짓는 것은 지나친 단순화의 위험을 내포하고 있다. 이 글은 특히 '10 Million Event Count Data'를 활용해 미국 대외정책에서 드러난 평화와 갈등의 패턴을 분석하고자 한다. '10 Million Event Count Data'는 이벤트 데이터 중 기계코딩 기법에 의해 작성된 최신 데이터로 기계적인 판단의 정확성, 적절성, 완전성을 제고한 데이터셋으로 평가된다. 이 자료는 기본적으로 '언제(eventdate) 어디서(place) 누가(src) 누구에게(tgt) 무엇을(eventfor) 했는가' 라는 구조로 사건의 발생을 이해하여 일일 단위로 조사한 후 월별, 분기별, 연도별로 누적해 사용할 수 있도록 되어 있다. 동 데이터는 1990년부터 2004년까지의 자료를 담고 있다. 데이터 코딩의 기법이나 신뢰성이 향상되면서 데이터의 객관성이 과학적 추세분석에 응용되는 것이 최근의 연구추세인 만큼 객관적 데이터를 활용한 대외정책 패턴의 연구도 나름대로 의미 있는 작업이 되고 있다.

II. 기존연구의 검토: 평화와 갈등의 계량화 사례

평화의 수준을 계량화된 지수로 측정하는 것은 가능한가? 평화에 관한 연구는 냉전체제 당시에는 주로 전쟁의 반대 개념으로 생각하여 전쟁 억제, 국제분쟁 해결, 군비 축소 등 폭력적인 형태의 갈등 해결의 관점에서 접근하였으나, 냉전체제 붕괴 이후에는 전쟁이나 국가안보를 포함하면서 정치, 군사, 사회, 경제 등 그 범위가 확대되고 있다.

Samuel P. Huntington, "The Lonely Superpower," *Foreign Affairs,* 78, 2(March/April 1999).

평화는 간단히 정의하기는 어려우나 크게 소극적 평화와 적극적 평화로 구분하여 볼 수 있다. 소극적인 평화란 국가 간 폭력적인 충돌이나 내전이 없는 상태가 유지되는 폭력의 부재를 의미한다.[2] 반면, 적극적인 평화란 자유, 평등, 정의, 환경보호, 번영과 같은 사회의 제반 가치를 통해 삶의 질이 보장되는 상태를 말한다. 개별 국가나 사회에 존재하는 각종 구조적, 제도적 불합리함을 해소한다는 측면에서 '적극적' 이라는 수식어가 붙는 것이다.

전쟁과 평화의 수준을 객관적 수치로 측정하고자 하는 시도는 국제정치 연구에서 오래된 전통이다. 전쟁론 연구의 고전에 속하는 퀸시 라이트(Quincy Wright)나 루이 리차드슨(Lewis Richardson)같은 선구적 연구가 있고, 1980년대 들어 국제정치 연구에 등장한 COPDAB(Conflict and Peace Data Bank)과 WEIS(World Event Interaction Survey) 등이 널리 인용되는 대표적 데이터에 속한다.

COPDAB은 135개 국가와 국제기구 그리고 비정부기관이 상대기관에 대하여 실행한 정책행위 중 언론에 보도된 기사를 추적하여 자료를 작성하였다.[3] COPDAB은 70여 개에 달하는 다양한 소스에 의거해 작성되었다는 점에서 포괄적이고 편향성이 적은 장점이 있으나, 동시에 동일한 사건에 대한 중복된 조사의 가능성 및 일관성 결여라는 문제가 흔히 제기된다. COPDAB은 갈등과 협력의 수준을 7가지의 협력행위와 8가지 갈등행위로 분류하고, 각각의 사건유형에 대해 가중치를 적용하여 서열화하는 방법을 취했다. COPDAB은 가장 높은 수준의 협력을 의미하는 자발적 통합에서 최고 수준의 갈등을 나타내는 전면전에 이르기까지 나눠지는데, 협력과 갈등의 사건유형에 따른 가중치가 전문가 코딩에 의한 주관적 판단을 반영하기 때문에 일률적이지 않고 객관성이 부족하다는 한계가 있다.

---

2) Johan Galtung, "Peace by peaceful means: Peace and conflict, development and civilization," Oslo, International Peace Research Institute, 1996.

3) Edward Azar, "Conflict and Peace Data Bank 1948-1978," International and Domestic Files (ICPSR7767), Second ICPSR edition, 1982.

이에 비해 WEIS는 연구의 범위와 방법에 있어 보다 발전된 형태를 취하고 있는데, 1966년부터 1978에 이르기까지 243개의 국가 행위자, 국제기구, 그리고 비정부기구(nongovernmental) 행위자 등 다양한 국제관계의 행위주체를 포괄하는 자료를 조사하였다.[4] WEIS가 개발한 연구의 방법은 KEDS(Kansas Event Data System)에 승계되어 1966년부터 현재에 이르기까지 자료가 지속적으로 조사되고 있다.

전쟁과 갈등연구 분야에서는 COW(Correlates of War) 데이터가 대표적 업적이다. COW 데이터는 1963년 미시간대학교의 싱어(J. David Singer)를 중심으로 한 일군의 학자들에 의해 전쟁사 연구로 출발했다. 오늘날 COW는 전쟁관련 변수와 지표를 수집한 대표적 데이터로 성장했고 무력분쟁(Militarized Dispute Data), 국제무역, 영토변경, 국력지수, 동맹, 국제체제 구성원 등에 관한 방대한 자료를 축적하고 있다.

한국에서는 세계평화포럼이 작성하는 세계평화지수(World Peace Index, 이하 WPI)가 이 분야에서는 최근 수년간 지속적인 작업을 진행 중이고,[5] 비슷한 성격의 작업으로 영국의 경제평화연구소[6]와 EIU(Economist Intelligence Unit)[7]에서 발표하는 글로벌평화지수(Global Peace Index, 이하 GPI)[8] 등을 중요한 연구성과로 꼽을 수 있다. 이들 두 지수는 기본적으로

---

4) Charles A. McClelland, "International Interaction Analysis: Basic Research and Practical Applications," Technical Report #2, World Event/Interaction Survey, in support of ARPA/ONR Contract #N00014-67-A-0269-0004, Los Angeles, CA: University of Southern California, School of International Relations, 1968, Mimeograph.

5) 세계평화지수는 우리나라의 세계평화포럼(비영리기관)에서 2000년부터 독자적으로 개발하여 매년 발표하고 있는 지수로, 여기서는 2008년 세계평화포럼에서 발간한 『세계평화지수 2008』 보고서 내용을 참조하였다.

6) 경제평화연구소(Institute for Economics and Peace)는 비즈니스, 평화, 경제 개발에 있어 상호관계를 연구하는 비영리독립연구기관이다.

7) 영국의 시사 경제 주간지 이코노미스트의 계열사인 EIU(Economist Intelligence Unit)는 1946년에 설립된 이후, 200여 국가의 거시 경제 지표, 산업 지표 등을 중심으로 경제·정치 전반에 대한 분석과 중장기 예측을 하고 있다.

8) 경제평화연구소의 논문 "Global Peace Index: 2009 Methodology, Results and Findings", "Global Peace Index - 2007 Discussion Paper: Peace and Sustainability:

현대 사회가 정치와 경제, 군사와 안보, 외교 등 모든 영역이 복합적인 글로 벌 네트워크로 연결되어 있기 때문에, 평화로운 국제 사회는 어느 한 가지 해법이나 특정 국가의 힘만으로 되는 것이 아니라 전 세계 모든 국가의 협 조와 이해하에 가능하다는 문제의식을 깔고 있다. 세계평화포럼(WPF)에서 작성하는 WPI는 적극적 평화 개념을 지향하고 있다. 이는 국제적으로 국가 간 충돌이나 갈등관계에 있지 않으면서 국내적으로도 정치적 억압이 없는 상태로, 집단 간 사회 갈등이 비폭력적인 수단으로 해결되고 개개인이 인간 다운 삶을 누리면서 삶의 기회를 추구하는 데 있어 제약을 받지 않는 상태 를 의미한다. GPI도 적극적 평화 개념을 지향하고 있다. 아직은 폭력의 부 재 상태로서의 평화를 측정하고 있으나, 어떤 문화적 특성과 제도가 평화의 상태와 관련 있는지를 규명하고자 한다.

세계평화포럼에서는 세계 평화의 경보체계를 제공하고자 2000년부터 WPI를 개발하기 시작하였다. 우리나라를 시발점으로 하여 전 세계 모든 국가의 평화 수준을 계량화하여 제시함으로써, 지구촌 전체 구성원들이 자 국 및 세계 각지의 평화 수준을 높이는 데 이바지할 수 있도록 자극하는 데 그 목적을 두고 있다.

한편 영국의 경제평화연구소에서는 국가 간 상대적 평화 정도를 측정하 여 한눈에 비교할 수 있도록 2007년부터 GPI 연례 보고서를 발간하고 있 다. GPI는 평화의 잠재적 결정요인이나 잠재적 동인을 발현시켜 평화로운 사회를 창출하고 증진하는 데 그 목적을 두고, 평화로운 사회 분위기 조성 을 위한 다양한 결정요인에 대한 이해도를 향상시키는 데 주력하고 있다. 두 작업의 유사점과 차이점을 간략히 비교하면 다음과 같다.

국제정치에서 분석 가능한 정도로 데이터의 양과 수준이 축적되면서 이 들 데이터를 활용한 연구는 이미 상당한 업적을 생산하고 있다. 미국 국제 정치학회(ISA)는 국제관계의 과학적 연구(Scientific Study of International

---

Cornerstones to survival in the 21st century" 와 Global Peace Index 홈페이지(http:// www.visionofhumanity.org)에 게재된 내용을 참조하였다.

<표 5-1> WPI와 GPI 비교

구분	World Peace Index(WPI)	Global Peace Index(GPI)
목적	평화의 조건에 대한 사람들의 인식 제고를 통하여 세계평화 향상에 기여한다.	세계의 상대적 평화 정도를 측정하여 평화 창출 및 유지를 도모한다.
측정분야	3개 분야 (정치, 군사외교, 사회경제)	3개 분야(국내외 분쟁, 군사화, 사회 안전 및 안보)
자료 및 지표 선정	• 미시간대학교의 Correlates of War Project • World Development Indicators 2007 • Human Development Report 2007/2008 등	국제전문가(학계, 평화관련 연구소장 등) 패널 활용
조사대상	76개국[9]	144개국
최초작성년도	2000년	2007년
작성기관	한국 세계평화포럼	영국 경제평화연구소 및 EIU

Process: SSIP)라는 분과를 따로 두어 데이터를 활용한 경험적 연구를 적극 후원한다. 이러한 연구의 선도적 역할을 하는 대표적인 예는 미국 미시간 대학교의 ICPSR(Inter-University Consortium for Political and Social Research, http://webapp.icpsr.umich.edu/)에 축적된 방대한 정치·사회 관련 자료와 이를 활용한 경험적 연구들을 들 수 있는데, 전쟁변인 (Correlates of War) 데이터와 분석은 국제분쟁과 전쟁연구의 필수적인 자료 중 하나가 된 지 이미 오래다.

---

9) 세계평화포럼은 1차적으로 평화 관련 양질의 자료를 제공하는 140개 국가를 대상으로 하여 분석하고, 2차적으로 정치, 군사외교, 사회경제 세 분야에서 결측값이 많은 국가를 제외한 76개국을 추려내어 이를 위주로 분석하였다. 빈곤국의 경우 특히 사회경제 분야의 통계가 미흡한 경우가 많았다.

III. 미국 대외정책의 패러다임과 대외관계

1. 조지 H. 부시 행정부의 외교안보

조지 H. 부시(George H. Bush) 행정부 집권기는 냉전이 본격적으로 종식되기 시작한 시기와 대체로 일치한다. 1989년 베를린 장벽이 무너지고 탈냉전시대가 시작되면서 미국 안보정책의 수정도 불가피해졌다. 과거 미국의 주적으로 간주되었던 소련의 해체, 그리고 동유럽 사회주의국가들의 정권 붕괴는 미국을 세계 유일의 초강대국으로 남게 만들었다. 미국은 군사적·경제적으로 대적할 상대가 없는 상황에서 국제사회를 이끌기 위한 새로운 대외전략을 요구받게 되었다.

이 시기 미국이 발표한 안보정책은 포괄적인 외교정책이라기보다는 주로 아시아에서 미국의 역할 증대에 관한 것이었다. 소련의 해체와 동유럽의 붕괴로 인해 유럽의 안보가 어느 정도 확보되었기 때문에 미국의 관심은 아시아에 주어졌다. 그러한 중점의 변화는 이른바 동아시아 전략구상인 EASI(East Asia Strategic Initiative) I, II 및 EASR(East Asian Strategy Report)에 정리되어 있다. 미국은 세계 최대의 해양국으로서 서반구에 위치하고 있지만 광대한 태평양에서 영향력을 유지하기 위해서는 동아시아 연안지역에 우호적이고 유용한 기지를 필요로 한다. 미국은 2차대전 이후 공산세력의 극동 팽창을 저지하기 위해 한국전에 개입한 이래 동아시아 지역에 상당히 중요한 의미를 부여해왔다. 미국의 아시아에 대한 일반적 전략개념을 담고 있는 것이 바로 미 국방부가 발간하는 EASI와 EASR 보고서이다. EASI는 1990년, 1992년, EASR은 1995년에 이어 1998년에 발간되었다. 동아시아 전략보고를 통해 본 미국의 대아시아 전략은 1990년 및 1992년 보고서와 1995년 이후 보고서에서 上뚤한 차이가 있다.

1990년과 1992년에 각각 발표된 EASI I과 II는 1980년대 이래 아시아와의 경제관계가 급성장했음을 지적하고, 미군의 전진배치태세를 새롭게 평

〈표 5-2〉 미 국방부 동아태 전략보고(EASI, EASR) 주요 내용[10]

	EASI I('90)	EASI II('92)	EASR('95)	EASR('98)
대외정책 기조	미국의 리더십과 다자 협력(봉쇄전략종식)	지역별 선택적 개입(서유럽 → 아태지역)	개입과 확대	포괄적 개입
동맹 정책	재조정(병력축소)	동맹의 유지확대	미·일 동맹, 한·미 동맹 유지	'97 미·일방위 협력지침 개정으로 동맹강화 초석
대중국 정책	안정적 미·중 관계 유지	중국의 핵, 미사일 확산 관련정책 우려	중국의 군사현대화는 초기 단계/ 장기목표 불분명 (우려 표현 삭제)	대중국포괄적 관여(미·중 군사교류 확대)
지역주둔 및 협력	'90~'92 15,200명 감축	'92년 11월까지 필리핀에서 철수 완료	당분간 10만 명 유지, 전진배치 전략, ARF 등 동북아다자안보 협의체	10만 병력 주둔 재확인, 지역협력을 통한 포괄안보 위협 대처
한반도 정책	'90~'92 주한 미군 7천 명 철수	북핵문제로 6천 5백 명 추가 감축 연기	한반도 억지/북한의 위협 잔존	통일 이후에도 한국주둔 희망
기타	부시 대통령 '90년 8월 2일 연설(범세계 봉쇄전략에서 지역별 접근으로 전환)	'93년 3월 제1차 북핵위기 시작	'97년 2월 백악관 NSS 발표	'97년 2월 중국 방위백서 발간

가해야 함을 주장했다. 냉전종식은 아시아 주둔 미군을 재편하는 계기가 되었고, 실제로 EASI I에 따라 주한미군 7,000명이 철수했고 EASI II는 곧 필리핀에서의 미군 철수로 이어졌다.

---

10) 출처: U.S. Department of Defense, *A Strategic Framework for the Asian Pacific Rim: Looking Toward the 21st Century,* 1990 및 1992 (http://russia.shaps.

하지만 이런 변화가 아시아에서 미군의 완전 철수를 의미하는 것은 아니었다. 1990년 및 1992년 보고서에서는 아시아 지역에 전진 배치된 미군의 감축이 전망되었었으나 1995년 보고서에서는 동 지역에 10만 명의 미군을 계속 주둔시키고 아시아 지역 우방과 안보책임을 분담할 것을 천명하였다. 1998년 EASR의 기조는 1997년에 발간된 『4년 주기 국방태세점검(Quadrennial Defense Review)』에서 언급된 "Shape, Respond, and Prepare" 즉, 전 세계적 관여를 통해 우호적 안보환경을 조성하고, 모든 형태의 위기상황에 즉각 대응하며, 불확실한 미래에 미리 대비한다는 기본 방향을 반영하였다. 동 보고서에 나타난 미국의 대아시아 전략 기조는 단순히 미군을 주둔시키는 것 이상(Presence Plus)의 "포괄적 관여(comprehensive engagement)"라 할 수 있다.[11] EASR은 아시아 지역에 대한 미군의 일차적 임무가 지역 차원의 위협에 대한 억지력으로 기능하는 것이라고 규정하고, 미군의 가시적 주둔이 미국의 방위공약과 이익에 대한 확고한 표시라고 지적하였다. 미국의 대 아시아 전략은 이처럼 억지력으로서의 기능과 미군의 주둔을 통해 미국에 우호적인 안보환경을 조성하는 데 역점을 두었다.

대체로 전임 부시 행정부 기간은 냉전종식이 가시화되면서 양극구조가 근본적으로 변하기 시작한 시기에 해당한다. 냉전종식이라는 새로운 국제질서의 특징이 분명하게 드러나기 시작한 것은 1991년의 걸프전쟁부터였다. 1991년 2월 걸프전쟁은 미국만이 세계에 남은 유일한 초강대국임을 확인해준 사건이었다. 걸프전쟁을 전후해서 미국의 대외정책 기조는 의미 있는 변화의 조짐을 보이기 시작하였다. 1989년 출범한 부시 행정부는 처음에는 다소 조심스런 입장으로 시작했으나 1990년 가을에 이르면 부시 대통

---

hawaii.edu/security/report-92.html, 검색일: 2002.5.5); *The United States Security Strategy for the East Asia-Pacific Region,* 1998; 김성한, "미국의 동아태 전략: 변화와 지속성," 하영선 편, 『21세기 한국외교 대전략: 그물망국가 건설』(서울: 동아시아연구원, 2006) 등을 참고하여 작성.

11) U.S. Department of Defense, *The United States Security Strategy for the East Asia-Pacific Region,* 1998 (http://www.defenselink.mil/pubs/easr98/easr98.pdf, 검색일: 2007.11.20).

령은 새로운 국제질서의 개념을 언급하기 시작하고, 이라크의 쿠웨이트침공에 단호히 대처해야 한다고 역설하기에 이르렀다. 결국 걸프전쟁은 미국이 세계유일의 초강대국으로서 세계질서를 유지하는 책임을 인식하게 만드는 계기가 된 것으로 평가된다.

전임 부시 행정부의 대외정책은 크게 보아 세 시기를 거쳤다. 첫째 단계는, 취임 이후부터 1989년 말까지의 기간으로서 구소련에서 고르바초프의 내부개혁과 국제적으로 변화한 소련의 행동을 시험하기 위해 냉전시대의 견해에 집착했던 시기이다. 둘째 단계는, 1990년부터 1991년까지의 시기로, 냉전종식 이후 새로운 전략개념은 정립하지 못한 채 과도기적 조정기를 거친 시기였다. 마지막으로 셋째 단계는, 걸프전쟁을 전후한 시기로서 냉전종식 이후 새로운 세계질서 개념을 내세우면서 야심차게 세계적 리더십을 추구하던 시기였다.

이러한 세 단계를 거치면서 부시 행정부 외교정책의 기본원칙들이 점차로 드러나기 시작했다. 부시 행정부는 정당하고 안정된 국제질서를 창출할 수 있는 능력과 도덕적 책임을 가진 국가는 미국뿐이라는 인식을 갖게 되었다. 세계질서의 상호의존적 성격으로 인해 미국의 안보이익은 필연적으로 세계적일 수밖에 없으며, 미국은 안정되고 개방적인 세계경제를 위해 리더십을 발휘해야 한다는 것이다.[12] 부시 행정부의 이러한 내외정책 기조는 부시 대통령이 재선에 실패하면서 계속적으로 추진되지 못하게 되었다.

2. 클린턴 행정부의 국가안보 전략

클린턴 행정부는 애당초 국내 경제문제 해결에 가장 큰 중점을 두었다. 클린턴 행정부 초기는 탈냉전 이후 미국의 세계적 역할과 관련해 무엇을

---

12) Richard A. Melanson, *American Foreign Policy since the Vietnam War: The Search for Consensus from Nixon to Clinton,* 2nd ed. (New York: M.E. Sharpe, 1996), pp.232-238.

어떻게 해야 할지에 대한 미국 정치권의 인식이 개념적으로나 현실적으로 혼란스런 시기였다. 클린턴 행정부의 대외전략은 1994년 '개입과 확장의 국가안보전략'이 발간되면서 비로소 구체화되었다.[13] 개입과 확대의 국가안보전략은 냉전종식 이후의 변화하는 국제안보환경에 대처하고자 전 세계적인 자유민주주의 질서의 확립을 목표로 하는 국제주의적 노선을 천명한 것이었다. 이 전략의 주목할 만한 특징은 외교정책에서 국제주의를 고수하되, 그 어느 때보다도 안보이익과 경제이익을 일치시키는 경향이 강하다는 것이다.[14] 즉 클린턴 행정부의 대외전략은 냉전종식 이후에 국내적으로 대두되기 시작한 신고립주의적 세력에 반대하여 미국의 국가안보이익은 여전히 국제주의적 외교이념적 틀에 근거하고 있다는 것을 분명히 하는 동시에, 대외정책의 수행은 미국의 국내경제적 이익의 추구라는 목적과 밀접한 관련이 있음을 분명히 한 것이었다. 클린턴 정부는 미국의 핵심적이고 장기적인 국익은 시장경제체제와 자유민주주의를 전 세계적으로 확산시켜 나감으로써 가장 잘 확보될 수 있다는 신념을 대내외적으로 천명한 것이었다.

클린턴 행정부는 냉전종식 이후의 변화를 미국의 이익에 도움이 되고, 미국의 가치를 확산시킬 수 있는 좋은 기회라고 보았다. 더 많은 자유와 개방성, 그리고 관용을 반영한 세계질서의 재편은 미국의 적극적 개입과 리더십을 필요로 한다고 보았다.[15] 이런 인식이 클린턴 행정부 대외전략의 밑바탕에 깔린 인식이었다.

1999년에 발간된 클린턴 행정부의 안보전략 보고서는 미국의 전략목표를

---

13) *Ibid.*, pp.3-4; '관여'는 '개입'으로 번역되기도 한다. 관여와 확대에 관한 보다 자세한 내용은 클린턴 행정부 초기의 안보전략 보고서에서 찾아볼 수 있다. The White House, *A National Security Strategy of Engagement and Enlargement* (The White House, February 1995) (http://www.au.af.mil/au/awc/awcgate/nss/nss-95.pdf, 검색일: 2009.9.14) 참조.

14) Melanson, *ibid.*, pp.271-272.

15) Warren Christopher, "America's Leadership, America's Opportunity," *Foreign Policy,* No.98(1995); 같은 저자의 "Leadership for the Next American Century," *U.S. Department of State Dispatch,* Vol.7, No.4(January 22, 1996).

첫째, 미국의 안보를 증진시키고, 둘째, 미국의 경제번영을 강화하고, 셋째, 세계적인 민주주의와 인권의 향상이라고 규정하고 있다.[16] 이 세 가지 카테고리는 각각 미국의 핵심 이익(vital interests), 중요 국가 이익(important national interests), 그리고 인권 및 기타 이익(humanitarian and other interests)에 해당한다.

첫째 범주인 국가안보는 미국의 생존과 안전 및 활력을 보장하는 최상위의 목표로서 여기에는 미국과 동맹국들의 영토 등 물리적 안전과 미 국민의 보호, 미국사회의 경제적 번영, 그리고 주요 하부구조(critical infrastructure)에 대한 방어 등이 포함된다. 둘째, 중요 국가 이익은 국가의 존망을 결정짓지는 않지만 국가적 복지와 세계환경에 관련된 것으로서 미국의 경제이익이 걸린 지역 혹은 동맹국들의 관리, 지구환경의 보호, 난민을 양산하는 지역분쟁 등을 통제하는 것이다. 셋째, 인권은 인적·자연적 재해의 방지, 민주주의의 고양, 법치의 실현과 군의 민간 통제 확립, 지속가능한 발전 등을 포함한다.

미국의 안전, 미국의 경제적 번영, 그리고 민주주의의 확산이라는 3대 전략목표는 여하한 도전도 불용하는 미국의 군사력과 세계 최강의 경제역량을 통한 관여(engagement)와 확대(enlargement)를 통해 이루어진다. 여기서 '관여'란 아직 관계를 맺지 않고 있는 국가들과의 관계를 설정하여 미국과 우호적인 관계를 창출하는 조건을 만든다는 의미이며, '확대'는 이러한 바탕 위에서 이미 설정된 관계를 미국이 주도하는 세계질서의 구성원이 되도록 이끄는 것, 즉 시장-민주주의 공동체의 확대를 말한다. 관여전략은 국제무대에서 미국이 강력한 리더십을 계속 발휘할 것을 요구한다. 이를 위해 미국은 일방적으로 행동할 역량을 갖추어야 하지만 그와 동시에 세계적 연대의 형성이 무엇보다도 중요하다. 즉 미국의 국익을 보호할 뿐만 아니라 향후의 안보 위협에 대처하기 위해서는 우방과의 협력과 다국적

---

16) The Whitehouse, *A National Security Strategy for a New Century*, December 1999 (http://www.dtic.mil/jel/other_pubs/nssr99.pdf, 검색일: 2001.4.24).

접근이 필수적이다.

군사적 측면에서 클린턴 행정부의 안보전략은 세계안보환경을 미국에 유리하도록 적극적으로 조성하고, 모든 종류의 위협에 적극 대처하며, 다가올 미래의 불확실한 위협에 미리 대비한다(shape, respond, and prepare)는 것으로 요약된다.[17] 이를 위해 미국은 군사력의 압도적 우위를 유지해야 하며 필요할 경우 선별적으로 무력의 사용도 불사한다. 특히 본토 방어, 적대적 지역 패권국가 등장 저지, 해상 및 국제 통항로의 자유 확보, 공격 억지 및 패퇴 등이 미 군사력의 주요 목표가 된다. 군사력 태세의 기준은 두 개의 주요 전쟁(Major Theater War: MTW)을 동시에 수행해서 승리할 정도로 유지되어야 하며, 군사혁신의 혜택을 십분 활용하여 미래의 전장 수요에 부응하는 군 변혁(transformation)도 지속적으로 추진하는 것이 중요하다.

요약하자면, 개입과 확대의 국가안보전략은 탈냉전기 미국의 국익을 위협하는 요인들을 제거하려는 전략으로서 군사·안보환경은 현 상태를 유지하면서 자신의 정치·경제적 영향권을 확장하려는 적극적 성격을 갖고 있다. 이러한 전략은 크게 세 가지 목표로 구성되어 있다. 그 세 가지는 미국의 안보를 신뢰성 있게 유지하기 위한 군사태세를 유지하고, 미국의 경제적 재활성화를 추구하며, 해외에서 민주주의를 촉진시킴으로써 미국 안보에 유리한 환경을 조성하는 것이다. 이러한 전략목표들을 추구함에 있어서 클린턴 행정부는 자유주의적 국제주의(liberal internationalism)에 입각해 우방국들과의 협조, 국제제도의 활용, 미국적 가치의 확산을 통한 안보환경의 본원적 개선에 중점을 두었다.

---

17) William S. Cohen, *Report of the Quadrennial Defense Review,* U.S. Department of Defense, May 1997(http://www.defenselink.mil/qdr/archive/index.html, 검색일: 20091.9.14).

3. 조지 W. 부시 행정부의 외교안보전략

부시 행정부의 국가안보전략은 집권 이래 일련의 보고서들이 제기해온 철학과 관점의 집대성이다. 새 국가안보전략의 주요 부분은 미 행정부 내 매파와 신보수주의자들이 1990년대 초부터 다듬어온 안보관을 바탕으로 하고 있다. 그런 의미에서 부시 행정부 국가안보전략의 골간은 이미 예고된 것이라 할 수 있다.[18] 새로운 국가안보전략은 미국의 압도적 군사력을 바탕으로 억지, 봉쇄, 집단안보에 의존하던 과거의 안보전략을 포기하는 대신 공세적 군사개입, 선제공격, 불량국가 및 기타 적대세력에 대한 전향적 반확산 정책을 강조하고 있다. 간단히 말해 부시 행정부의 국가안보전략은 더이상 방어와 반격이 아니라 공격을 우선시하는 관점의 전환을 반영한다. 그리고 그 배경에 깔린 안보에 대한 기본철학은 힘에 의한 평화(peace through strength)라 할 수 있다.

이러한 부시 행정부의 안보전략 형성에는 미국 내 신보수주의자들로 분류되는 명망가들과 단체들이 큰 기여를 하였다. 일례로 1997년에 결성된 "새 미국 세기를 위한 프로젝트(Project for a New American Century: PNAC)"는 창립선언문에서 미국의 보수주의가 미국의 세계적 역할에 대한 전략적 비전을 고양시키지 못하고 미국 외교정책의 원칙을 지도하는데 실패했음을 반성하고 미국의 세계적 리더십 확립에 공헌할 것임을 천명하고 있다.[19] PNAC의 이론가들은 미국 외교의 성공을 위한 첫걸음이 레이건

---

18) Tom Barry, "A Strategy Foretold," *Foreign Policy in Focus,* October 14, 2002 (http://www.fpif.org).

19) PNAC 웹사이트 참조(http://www.newamericancentury.org). 주요 참여인사들로는 현 부통령인 딕 체니(Richard B. Cheney), 군사전략가 엘리엇 코헨(Eliot A. Cohen), 포브스지 사장 스티브 포브스(Steve Forbes), 프란시스 후쿠야마(Francis Fukuyama), 안보정책센터(Center for Security Policy) 소장 프랭크 가프니(Frank Gaffney), NSC 보좌관 잘메이 칼릴자드(Zalmay Khalilzad), 전 부통령 댄 쾨일(Dan Quayle), 현 국방장관 도널드 럼스펠드(Donald Rumsfeld), 현 국방부 부장관 울포위츠(Paul Wolfowitz), 위클리 스탠더드 편집인 로버트 케이건(Robert Kagan), 전 유엔대사 진 커크패트릭(Jeane Kirkpatrick), 위클리 스탠더드 발행인 윌리엄 크리스톨

행정부 성공의 핵심 요소가 강력한 군사력이었음을 상기하는 것이라고 지적하고 미국의 외교는 미국적 원칙을 전 세계에 소신있게 펼쳐야 한다고 주장하였다. PNAC의 강령은 이데올로기인 동시에 곧 미국을 위한 비전이다.

그리고 그 핵심 원리는 미국의 우위(supremacy), 즉 정치·경제·외교·군사·문화 등 모든 방면에서의 지도적 우위이다. PNAC의 비전은 팍스 아메리카나(Pax Americana)와 상통하며 회원의 상당수가 현 부시 행정부의 고위직을 맡음으로써 실현되고 있다.[20] 국내정치에 있어서도 부시 행정부의 기본 입장은 신앙에 바탕을 둔 사회봉사, 사적 사회보장, 역누진 감세 등 우익의 이데올로기에 기반하고 있다. 미국기업연구소(AEI), 임파워 연구소(Empower Inc.)[21] 등 단체로부터 월스트리트저널(*Wall Street Journal*)과 위클리 스탠더드(*Weekly Standard*)같은 영향력 있는 보수 저널들이 부시 행정부 외교정책 이데올로기의 선행지표 구실을 하고 있다.

1999년 클린턴 행정부의 국가안보전략 보고서가 발간된 이래 몇 가지 중요한 문건들이 부시 행정부 국가안보전략 보고서로 취합되었다. 9·11 직후 국방태세를 근본적으로 재점검한 『4년 주기 국방태세점검(*Quadrennial Defense Review*)』, 본토보안부(Department of Homeland Security) 신설, 본토방어를 전담할 북부사령부 신설, 『핵태세검토 보고서(*Nuclear Posture Review*)』, 2002년 국방부 연례보고서 등이 그것이다. 그러나 부시 행정부 안보전략 탄생에 무엇보다 큰 영향을 미친 사건은 9·11테러였음에 의문의 여지가 없다.

클린턴 행정부의 세계전략이 포용 및 확대에 기반했다면 부시 행정부의 대전략은 미국의 압도적 힘에 근거한 미국 우선주의와 일방주의적 외교태

(William Kristol), 전 CIA 국장 제임스 울시(R. James Woolsey) 등이 있다.

20) Tom Barry and Jim Lobe, "U.S. Foreign Policy—Attention, Right Face, Forward March," *Foreign Policy in Focus,* April 2002, pp.2-7.

21) 임파워 연구소는 1999년 경제발전과 개인의 책임, 자유경제체제와 번영을 위한 공공정책 연구를 위한 비영리 단체로 설립되었다. 현재는 윌리엄 베넷(William J. Bennett)과 잭 켐프(Jack F. Kemp)가 공동의장을 맡고 있다. 자세한 연구소 소개는 http://www.empower.org에서 찾아볼 수 있다.

세로 특징지어진다. 또한 현재의 국제안보 환경에 대한 인식 자체가 다르다. 부시 행정부 보고서가 평화를 수호하고 보존하며 확대한다(defend, preserve, and extend peace)는 강조점을 가지는 반면 클린턴 행정부 보고서는 평화를 단순히 주어진 것으로 전제하고 있다. 부시가 기타 강대국들과의 협력을 강조했다면 클린턴 보고서에서는 이에 대한 언급이 없다. 클린턴 행정부를 위협했던 세력이 대규모 군대와 막대한 산업기반을 가진 국가였다면 부시 행정부를 위협하는 세력은 탱크 한 대 값도 못되는 비용으로 엄청난 희생과 혼란을 가져올 수 있는 그림자같은 개인들의 네트워크이다. 이러한 변화 때문에 미국이 냉전에서 승리를 거두었던 전략―봉쇄와 억지―은 적이 누구인지조차 판단할 수 없는 상황에서는 무용지물이다.[22]

부시 1기의 대외정책이 '일방주의'로 특징지어진다면 부시 2기는 '자유의 확산'이 중심에 있다. 부시 2기 행정부의 외교안보전략은 2005년 3월에 새 국방전략 보고서가 발표되고 2006년 2월에 4년 주기 국방태세점검 보고서(Quadrennial Defense Review Report)가 발표되면서 그 윤곽이 더욱 뚜렷해졌다. 추세의 핵심은 군사외교의 전반적 변환(transformation)을 통해 21세기의 새로운 위협인 테러에 대비하여 전면적인 반테러전 체제를 갖추겠다는 것으로 요약된다. 미국은 9·11테러 이후 본격적인 군사변환과 변환외교를 추진 중에 있으며, 그 일환으로 전 세계 미군의 해외주둔을 조정하는 GPR(Global Defense Posture Review) 계획을 실행에 옮기고 있고, 그 연장선상에서 주한미군 및 주일미군의 재편을 추진 중이다.

부시 1기의 대외정책이 군사적 수단에 방점이 주어졌다면, 부시 2기는 외교와 군사의 균형, 군사변환과 함께 '변환외교'를 강조하는 데 있다. 자유의 확산 전략은 정치적·외교적 선제공격의 성격을 띠며, 외교적 수단을 주로 사용한다는 점에서 군사적 선제공격을 통한 1기의 제국건설 전략과 대비된다. 요컨대 부시 행정부는 1기에서 추구해 온 반테러 핵비확산 전략

---

22) John Lewis Gaddis, "A Grand Strategy," *Foreign Policy*, November/December 2002(웹버전).

을 지속적으로 추진하면서, 그 가운데 발생한 문제점을 개선하는 부분적 수정의 연장선상에서 2기 행정부의 외교전략을 추진하고 있는 것이다.[23]

부시 행정부의 안보전략은 기존의 안보전략 보고서에 비추어 볼 때 가장 포괄적이고 근본적인 변화를 반영하고 있다. 동 보고서가 발표된 직후 세계의 언론은 선제공격 가능성에 큰 우려를 표명하였지만 실상 선제공격은 부시 안보전략의 강조점이 아니다. 부시 안보전략은 선제공격보다는 부시 행정부의 세계관과 미국의 역할에 관한 훨씬 더 포괄적인 선언을 담고 있다. 즉 부시 안보전략의 핵심은 미국이 현 세계질서에서 필적할 세력이 없는 압도적 우위를 지님을 확인하고, 이를 바탕으로 세 가지 목표, 즉 평화를 수호하고 유지하며 확대하는 데 사용해야 한다는 선언이다. 평화를 수호하기 위해서는 테러리스트와 독재국가, 그리고 대량살상무기를 물리쳐야 한다. 평화를 유지하기 위해서는 국제사회, 특히 러시아와 중국같은 타 강대국들과의 공조가 필수적이다. 마지막으로 평화를 확대하기 위해서는 실패한 국가들이 테러의 온상이 되지 못하도록 적절한 지원을 제공해주어야 한다.[24]

조지 W. 부시 행정부의 대외전략을 구성하게 만든 가장 중요한 요인은 9·11테러 이후 미국이 처한 안보위협의 현실이었다. 부시 행정부는 테러와의 전쟁을 위해 국제사회의 동참을 호소했지만 유엔안보리결의안 불발, NATO 동맹국들의 미온적 지지로 인해 혼자서—즉, 일방주의로—대테러 전쟁에 나갈 수밖에 없는 상황이었다. 부시 외교정책에서 다자주의 약화를 상징하는 사건들, 예를 들면 국제형사재판소(ICC)나 교토의정서 등에 대한 미온적 태도, 포괄적 핵실험금지조약(CTBT) 비준을 거부한 것 등은 9·11 이후 미국이 처한 환경에 대한 공화당식 반응이었다.

이상에서 논의한 각 행정부별 대외전략의 변화를 다음 〈표 5-3〉이 제시하는 대전략 분류 관점에서 살펴본다면, 조지 H. 부시 행정부는 미국 우선

---

23) 전재성, "21세기 미국의 변환외교," 하영선·김상배 엮음, 『네트워크 지식국가: 21세기 국제정치의 변환』(서울: 을유문화사, 2006), 217-219쪽.

24) "Brookings Scholars Evaluate and Analyze President's National Security Strategy Paper," A transcript of Brookings Forum, October 4, 2002.

〈표 5-3〉 탈냉전 이후 미국 대전략 분류[25]

	신고립주의 (Neo-isolationism)	선별적 개입주의 (Selective Engagement)	협력안보 (Cooperative Security)	미국 우선주의 (Primacy)
주요 특징	최소, 방어적 현실주의	전통적 세력균형 현실주의	자유주의	극도의 현실주의, 일방주의
국제정치의 핵심 문제	국제문제 연루 회피	강대국들 간의 평화	평화의 불가분성	동급 경쟁상대 등장 저지
선호하는 세계질서 형태	세력균형	세력균형	상호의존	패권
국가이익 개념	편협함	제한적	초국가적	광범위함
군사력 사용	자위에 국한	선별적	빈번	수시로
군사 태세	최소한의 자위력	두 개의 주요 지역전쟁(two-MRC) 대비	다수 목표를 대상으로 한 정찰-타격 복합체	미국 다음 두 강대국 군사력을 합친 것보다 우위유지(two-power standard)

주의와 협력안보, 클린턴 행정부가 선별적 개입주의와 협력안보의 중간쯤에서 입장을 취했다면, 부시 1기는 미국 우선주의에서 선별적 개입주의 성향을 가미하는 쪽으로 변한 것으로 평가할 수 있다.

---

25) Barry R. Posen and Andrew L. Ross, "Competing Visions for U.S. Grand Strategy," in Michael E. Brown, Owen R. Cole, Jr., Sean M. Lynn-Jones, and Steven E. Miller (eds.), *America's Strategic Choices: An International Security Reader* (Cambridge: the MIT Press, 2000), p.8의 도표를 근거로 정리.

4. 세계평화지수로 본 미국의 갈등과 협력 추세

이상에서 살펴본 바와 같이 탈냉전기 미국 대외전략은 표방하는 핵심 레토릭이나 철학적 기반에 따라 대외정책의 정향(orientation)이 변한다는 것을 알 수 있다. 하지만 그런 분석이 과연 객관적 데이터에 의해 얼마나 입증될 수 있을까? 그것이 본 연구가 가진 핵심적 질문이다.

우선 무엇을 분석할 것인지 분석의 수준과 대상이 정해져야 한다. 본 연구에서 활용한 '10 Million Event Count Data'는 미국의 전체 갈등과 협력수준을 연간, 월간 자료로 제공한다. 총체적 협력 갈등수준은 미국 대외정책에서 전반적 기조를 반영하고, 그러한 기조를 바탕으로 구체적 외교상대와의 상호작용을 관찰할 수 있다. 예를 들면 글로벌 차원에서, 혹은 동북아 지역에서 미국의 역할이 역내 평화와 갈등에 미치는 영향이나 비중 총량으로 측정된 평화와 갈등의 이벤트를 통해 개략적으로 추측 가능하다. 이를 바탕으로 한반도와 관련해 분석할 경우, 미국·한국·북한 3자 간 상호작용이나 한·미, 미·북 등 추가적인 분석이 가능할 것이다.

'10 Million Event Count Data'가 커버하는 기간이 1990~2004년인 점을 감안하면, 동 기간 미국 각 행정부의 정책변화가 '미국 vs. 세계' 관계에서 평화와 갈등의 패턴에 어떤 영향을 미쳤는지 분석하는 것도 의미가 있을 것으로 생각된다. 이런 관점에서 동 기간 중 미국 각 행정부의 외교안보 기조가 대외정책, 특히 평화와 갈등의 수준에 어떤 영향을 미치는지 분석하고자 한다.

초보적인 분석이지만 다음 표와 그림에서 보듯이 대략적인 추세는 2001년 9·11테러를 경계로 그 이전과 이후의 갈등 및 협력수준이 크게 달라짐을 알 수 있다. 비록 초보적이긴 하지만 이 분석에서 몇 가지 시사점을 발견할 수 있다.

첫째, 2001년 9·11테러 이후 미국의 공세적 대외전략이 본격적으로 시작되었다는 시각이 지배적이었는데, 대략적인 추세가 데이터에 의해 확인된다. 갈등과 협력 모두 2001년을 경계로 가파르게 하락하는 것은 9·11테러로 인한 미국의 범세계적인 대테러 전쟁과 연관이 있을 것으로 추정된다.
9·11테러 이후 미국은 공세적 대외전략으로 전환했고, 아프간전쟁과 이라
크전쟁을 시작했다. 부시 대통령은 실상 경제대통령, 교육대통령을 자임하
면서 취임했다. 의무교육의 중요성을 강조한 'No children left behind',
즉 공교육 시스템에서 낙오하는 어린이가 없도록 하겠다는 그의 모토가 이
를 말해준다. 하지만 9·11테러는 미국사회의 중심부를 강타한 충격적 안
보위협으로 인식되었고 부시 행정부는 어떤 식으로든 테러와의 전쟁의지를
국민들에게 결연히 보여주지 않을 수 없었다. 부시 행정부는 유엔안보리에

〈표 5-4〉 미국 대외정책에서 갈등과 협력: 1990~2004

연도	행정부	갈등	협력	주요 사건
1990	조지 H. 부시	-3101.4	6940.4	- 걸프전쟁(1991)
1991		-3752.9	6441.3	
1992		-2312.3	5871.1	
1993	빌 클린턴	-3619.0	7564.8	- 민주주의재단(NED) 활성화
1994		-3563.2	9005.9	
1995		-2785.9	8484.3	- 북핵 1차 위기, 제네바합의로 해결
1996		-3407.7	8807.9	- 소말리아 철수(1993)
1997		-3193.3	9849.7	
1998		-4264.1	10531	
1999		-3492.3	8605.6	
2000		-2734.3	8874.1	
2001	조지 W. 부시	-6620.2	9470.7	- 9·11테러 사태(2001)
2002		-5611.5	8241.8	- ICC 창설(2002)
2003		-9226.6	7165.8	- 아프간 전쟁
2004		-7027.7	5297.1	- 이라크 전쟁

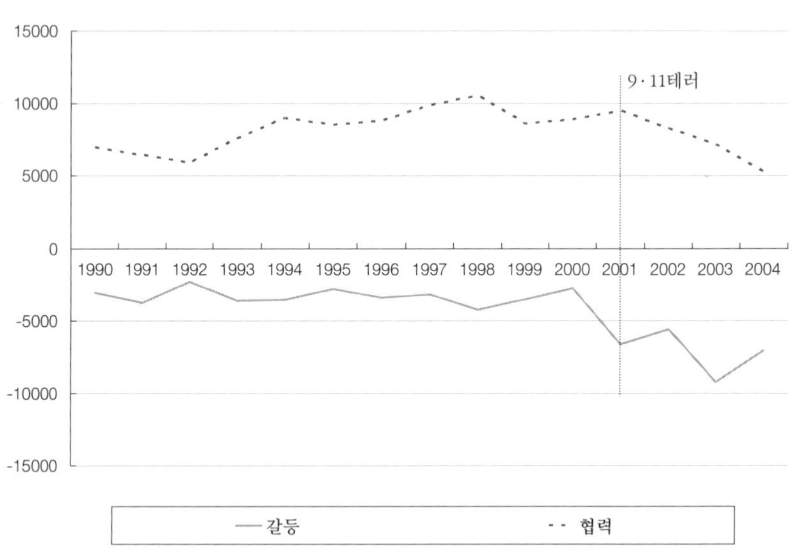

〈그림 5-1〉 미국 대외정책에서 갈등과 협력 추세

〈표 5-5〉 행정부별 갈등과 협력: 1990~2004(행정부별 평균)

연도	행정부	갈등	협력
1990~1992	조지 H. 부시	-3055.53	6417.60
1993~2000	빌 클린턴	-3382.48	8965.41
2001~2004	조지 W. 부시	-7121.50	7543.85

서 탈레반과 아프가니스탄, 더 나아가 이라크에 대한 결의안을 성사시키려 노력했지만 국제사회의 반응은 호의적이지 못했다. 심지어 전통적인 우방국이었던 NATO의 프랑스나 독일은 부시 행정부의 전쟁에 공개적으로 반대하기까지 했다. 그런 이유로 부시 행정부는 혼자 힘으로 기나긴 테러와의 전쟁에 나설 수밖에 없었다. 국제사회는 이러한 부시 행정부의 결단에 '일방주의'라는 꼬리표를 선사했다.

둘째, 클린턴 행정부 시절의 경우 협력의 수준은 완만한 상승을 보여주지만 갈등의 수준은 대체로 큰 변화가 없다. 클린턴 행정부가 자유주의적 국제주의 입장이기 때문에 협력의 수준이 상승하리라는 것은 예상 가능하지만, 왜 갈등의 수준이 떨어지지 않았는지 의문을 가질 수 있다. 이는 강대국들이 그만큼 국제문제에 많이 관여하기 때문으로 풀이된다. 다른 연구에서도 결과는 비슷하다. 세계평화포럼의 분석에 의하면 국제평화에 큰 영향을 미치는 유엔 안보리 상임이사국들의 평화지수 순위가 대체로 낮다. 유엔 안보리 상임이사국의 평화지수가 낮은 가장 큰 이유는 군사외교 차원의 평화지수가 낮기 때문일 것으로 추측할 수 있다. 국제분쟁이 발생할 경우 유엔 안보리 상임 이사국들이 관여하는 국제적 여건이 그 원인의 일부이기도 하지만, 세계의 평화수준을 높이기 위해서는 이들 강대국들이 국제분쟁이 발생한 다음 사후에 개입해서 해결하기보다 국제분쟁이 발생하지 않도록 사전에 예방하는 노력이 보다 필요함을 보여준다.[26]

한편 '10 Million Event Count Data'는 행위자별 협력과 갈등의 월별, 연도별 총량뿐 아니라 러시아, 중국, 일본, 한국, 북한 등 구체적 타깃(대상)에 대한 자료를 제공한다. 다음 〈그림 5-2〉는 미국의 주요 대상국에 대한 협력과 갈등의 추세를 나타내준다.

미국의 외교대상별로 본 갈등과 협력 패턴은 〈표 5-6〉에서 볼 수 있다. 협력행위의 경우 중국에 대한 협력과 한국에 대한 협력이 가장 상관관계가 높으면서 통계학적으로도 유의미한 것으로 나타났다. 그 다음으로 상관관계가 높은 것은 중국과 북한에 대한 미국의 협력이다. 이러한 사실은 미국의 한반도 정책이, 적어도 협력에 관한한, 중국에 대한 배려와 밀접히 연관된다는 점을 말해준다. 물론 왜 중국과 한국, 북한에 대한 미국의 협력이 상관관계가 높은지는 추가 분석이 필요한 문제이다. 예를 들면, 상식적으로 미국의 대북정책과 대한국 정책은 흔히 역비례 관계라는 것이 지금까지의

---

26) 세계평화포럼, 『세계평화지수 2008』(서울: 세계평화포럼, 2008) 참조. 분석대상 76개 국 중 영국(18위), 미국(47위), 프랑스(40위), 중국(65위), 러시아(64위) 등의 순이다.

통설이었고, 북한의 '통미봉남'이 성공할 경우에는 더욱 그러했다. 또한 중국과 북한에 대한 미국의 외교가 어느 정도 연관될 것은 충분히 예상 가능하지만 중국과 한국에 대한 미국의 협력이 상관 정도가 가장 높게 나타난 것은 향후 엄밀히 분석해봐야 할 과제이다.

또 한 가지 흥미로운 사실은 미국의 갈등행위의 경우 러시아, 중국, 일본, 한국, 북한 등에 대한 갈등은 어느 것도 통계학적으로 유의미한 상관관계가 없다는 점이다. 협력에 있어서 특정 대상들과의 협력행위에 상관관계가 있게 나타나는 것과는 대조적이다. 이는 갈등의 경우 협력과는 다른 메커니즘이 작동한다는 것을 시사하는 것으로, 그 원인을 밝히는 것 또한 추후 연구의 흥미로운 주제가 될 것이다.

<그림 5-2> 미국의 주요 대상국별 협력과 갈등

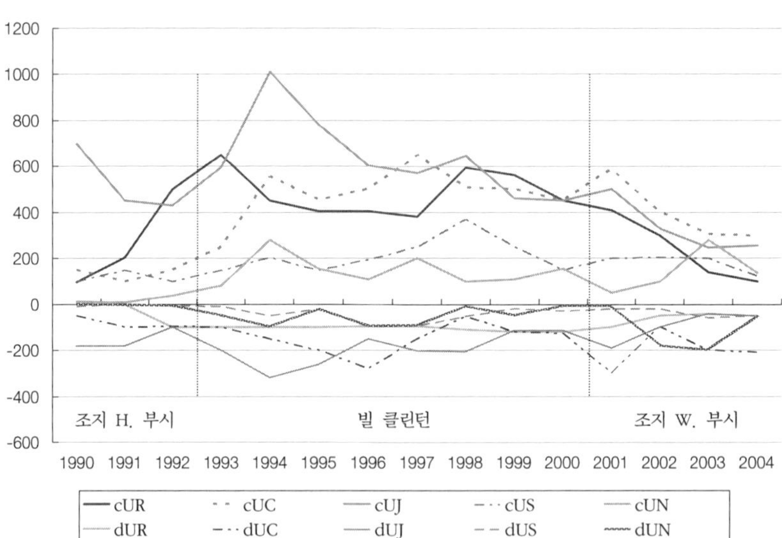

* 범례: 소문자 c와 d는 각각 협력(cooperation)과 갈등(dispute)을 나타내며, 영문자는 각각 U(US), R(Russia), C(China), J(Japan), S(South Korea), N(North Korea)를 뜻한다. 예를 들면 cUR은 러시아에 대한 미국의 협력을, dUR은 러시아에 대한 미국의 갈등을 의미한다

〈표 5-6〉 타깃별 협력과 갈등의 상관관계

(a) 협력

	cUR	cUC	cUJ	cUS	cUN
cUR	1	.373	.342	.351	-.047
cUC	.373	1	.314	.712**	.534*
cUJ	.342	.314	1	.171	.135
cUS	.351	.712**	.171	1	.352
cUN	-.047	.534*	.135	.352	1

** 0.01 수준에서의 통계적 유의성
* 0.05 수준에서의 통계적 유의성

(b) 갈등

	dUR	dUC	dUJ	dUS	dUN
dUR	1	.173	.138	.037	-.199
dUC	.173	1	-.109	.152	.165
dUJ	.138	-.109	1	.121	-.304
dUS	.037	.152	.121	1	.442
dUN	-.199	.165	-.304	.442	1

※ 어느 변수 간에도 0.01 또는 0.05 수준에서 통계적 유의도가 발견되지 않음

IV. 맺는 말 및 시사점

비록 데이터의 제약상 한정된 기간을 분석한 것이긴 하지만 앞의 분석에서 탈냉전기 미국 행정부의 대외정책에서 협력과 갈등의 변화가 해당 행정부의 대외정책 정향과 밀접히 연관된다는 것을 확인할 수 있다. 비록 어떤 변수가

구체적으로 어떤 경로를 거쳐 갈등과 협력의 변화를 초래하는지는 좀 더 체계적인 연구가 필요하겠지만 이 글에서 밝힌 시론적 목적은 달성된 셈이다.

물론 한 나라의 대외정책을 결정짓는 것은 다양한 변수들이 개입되는 복잡한 과정이다. 대통령의 성향에서부터 행정부의 인적 구성, 대외정책의 국제적 여건, 특정 시대 국제사회의 지배적 규범과 터부, 경쟁관계 국가들의 대응 등 말 그대로 다양한 변수들이 작용해서 미국의 대외정책이 결정된다. 그렇기 때문에 미국 행정부의 대외정책 성향만으로 협력과 갈등의 수준을 판단할 수 있다고 주장하는 것은 지나친 단순화라 할 수 있다. 또한 한 행정부 내에 동일한 이념적 성향이나 하나의 대외정책이 존재한다고 말하기에는 미국의 외교정책 결정과정 자체가 너무 복잡하다. 그렇기 때문에 본 연구에서 확인한 것은 적어도 대외정책의 이념적 성향이 대외 행태에 일정한 연관성을 갖는다는 점이고, 앞의 분석 결과를 기계적으로 해석해서는 안 될 것이다.

하지만 이 시론적 연구를 바탕으로 향후 추가적인 연구가 필요한 부분은 충분히 확인할 수 있다. 한편으로는 미국 대외정책에서 총체적인 갈등과 협력을 분석하는 것이 필요하고, 다른 한편 구체적으로 그런 갈등과 협력이 누구를 향한, 즉 어느 대상(target)을 향한 것인지, 그리고 그것을 결정하는 인자는 무엇인지도 분석되어야 한다. 마지막으로 데이터가 확보된다는 전제하에 2004년 이후 부시 2기로의 변화, 그리고 현재 오바마 행정부로의 변화가 어떤 유의미한 대외 행태의 변화를 초래했는지 추가적인 분석이 뒤따라야 할 것이다.

기계적 방식으로 코딩된 데이터의 신뢰성에 대해서는 아직 많은 논란이 있지만, 그런 한계는 결국 데이터를 활용하고 해석하는 연구자의 방법론적 엄격성과 사회과학적 양식에 의해 극복하는 수밖에 없다. 물론 사회과학적인 의미의 '과학성'은 자연과학에서 말하는 과학성과는 의미가 다르다. 사회적 현상을 통계적 수치로 포착한 사회과학적 데이터는 자료수집과 데이터 코딩, 그리고 통계분석 결과의 해석에 있어서도 결국 '사회과학적'인 방법으로 할 수밖에 없다. 요컨대 이론이 먼저이지 결코 데이터가 먼저인 것은 아니라는 점을 염두에 두고 추가적인 분석과 연구가 이뤄져야 할 것이다.

▌참고문헌 ▌

경제평화연구소. "Global Peace Index: 2009 Methodology, Results and Findings"; "Global Peace Index – 2007 Discussion Paper: Peace and Sustainability: Cornerstones to survival in the 21st century."

김성한. 2006. "미국의 동아태 전략: 변화와 지속성." 하영선 편.『21세기 한국외교 대전략: 그물망국가 건설』. 서울: 동아시아연구원.

세계평화포럼. 2008.『세계평화지수 2008』. 서울: 세계평화포럼.

전재성. 2006. "21세기 미국의 변환외교." 하영선·김상배 역.『네트워크 지식국가: 21세기 국제정치의 변환』. 서울: 을유문화사, 217-219쪽.

Barry, R. Posen, and Andrew L. Ross. 2000. "Competing Visions for U.S. Grand Strategy." In Michael E. Brown, Owen R. Cole, Jr., Sean M. Lynn-Jones, and Steven E. Miller, eds. *America's Strategic Choices: An International Security Reader*. Cambridge: the MIT Press, p.8.

Brookings Forum 2002. "Brookings Scholars Evaluate and Analyze President's National Security Strategy Paper." Transcript (October 4, 2002).

Charles, A. McClelland. 1968. "International Interaction Analysis: Basic Research and Practical Applications." Technical Report #2, World Event/Interaction Survey, in support of ARPA/ONR Contract #N00014-67-A-0269-0004, Los Angeles, CA: University of Southern California, School of International Relations, Mimeograph.

Edward, Azar. 1982. "Conflict and Peace Data Bank 1948-1978." *International and Domestic Files* (ICPSR7767), Second ICPSR edition.

Galtung, Johan. 1996. *Peace by Peaceful Means: Peace and Conflict, Development and Civilization.* Oslo: International Peace Research Institute.

John, Lewis Gaddis. 2002. "A Grand Strategy." *Foreign Policy* (November/December 2002).

Richard, A. Melanson. 1996. *American Foreign Policy since the Vietnam War: The*

Search for Consensus from Nixon to Clinton, 2nd ed. New York: M.E. Sharpe, pp.3-4; 232-238; 271-272.

The Whitehouse. 1999. *A National Security Strategy for a New Century* (December).

Tom, Barry, and Jim Lobe. 2002. "U.S. Foreign Policy — Attention, Right Face, Forward March." *Foreign Policy in Focus* (April 2002), pp.2-7.

Tom, Barry. 2002. "A Strategy Foretold." *Foreign Policy in Focus* (October 14, 2002).

U.S. Department of Defense. *The United States Security Strategy for the East Asia-Pacific Region* (1998); *A Strategic Framework for the Asian Pacific Rim: Looking Toward the 21st Century* (1990 및 1992).

Warren, Christopher. 1995. "America's Leadership, America's Opportunity." *Foreign Policy*, No.98.

______. 1996. "Leadership for the Next American Century." *U.S. Department of State Dispatch*, Vol.7, No.4(January 22, 1996).

William, S. Cohen. 1997. *Report of the Quadrennial Defense Review.* U.S. Department of Defense (May 1997).

제6장

세계평화지수를 통해 본 미·중 관계의 분석

김흥규 | 외교안보연구원

I. 미·중 관계의 역사

1. 냉전기 미·중 관계

냉전 시기 미·중 관계에 가장 주요한 변수는 이데올로기적 차이, 지정학적 고려였다고 할 수 있다. 미국은 중국과 한국전쟁을 통해 한차례의 전쟁을 수행하였고, 1950년대 대만해협 위기기간 동안 거의 전쟁 직전까지 가는 경험을 하였다. 중국은 1950~60년대에 지정학적 관점에서 동방(한국, 일본, 대만, 미국)을 가장 취약하고 위험한 지역으로 보았으며, 문화대혁명시기를 제외한 대부분의 시기 동안 이에 대비하기 위해 다른 지역의 국가들과는 가능한 중립적이거나 우호적인 관계를 유지하려 노력하였다. 결국 미·중은 한국전쟁(1950~53) 이후로 제네바 등지에서 간헐적인 대화가 있기는 하였지만 적대적인 관계를 유지해 왔다고 할 수 있다.

1960년대 중국 외교정책의 이론적 기반이었던 "중간지대론"은 미국을 주적으로 규정하고 있었다.[1] 그러나 1960년대 소련과의 관계가 점차 악화되고 소련으로부터의 위협이 점차 강화되자 중국은 기존의 지정학적 사고를 전환하여, 북방으로부터의 위협을 가장 실재적인 위협으로 인식하고 동방의 미국 및 일본과 반소 연대를 구상하게 되었다. 특히 적대적인 미·중 관계에 중대한 변화를 가져온 것은 소련이 1968년 "제한주권론"이란 이론을 바탕으로 체코에 군사적 개입을 감행하고, 또한 1969년 "천바오따오(소련명 다만스키)"라고 불리는 중·소 국경지대에서 군사적 충돌이 발생한 일이었다. 중국은 기존의 전략적 사고에 일대 전환을 가져오면서 소련을 당면한 최대의 위협으로 인식하였다. 1970년대에 들어서면서 중국 외교의 가장 주요한 고려요인은 이데올로기보다는 지정학적 고려에 입각한 안보문제가 되었다.

미국은 중국이 1964년 핵무기를 보유하자, 동북아 지역의 전략균형이 사회주의 진영 쪽으로 기우는 것으로 인식하면서, 기존의 이데올로기에 입각한 외교정책에서 보다 현실주의적이고 지정학적 사고에 기초한 외교로 전환을 모색하였다. 이는 존슨 행정부 시절 이미 중국과 좋은 관계를 추진하고자 하는 노력에서도 엿보인다. 소련의 점증하는 재래전 및 핵전 능력에 크게 위협을 느끼던 차에 닉슨 행정부는 중국과의 관계개선을 바탕으로 대소 협력을 추구하는 정책을 하나의 전략적 돌파구로서 인식하게 되었다. 이러한 이해관계를 기반으로 1971년 미국의 닉슨 대통령의 안보보좌관이었던 헨리 키신저(Henry Kissinger)가 비밀리에 북경을 방문하였을 때 미·중 간에는 전략적 협력관계가 시작되었다고 할 수 있다. 1972년 2월 미국의 닉슨(Richard Nixon) 대통령이 중국을 공식 방문하여 소련에 대한 준군사 동맹을 결성하였으며, 마침내 1979년 1월 양국은 국교정상화를 단행하였다.

미국은 미·중수교의 대가로 대만과 단교를 하였고, 대만으로부터 군사

---

1) Zedong Mao, "Two Intermediate Zones," *Mao Zedong Selections,* NO.8(Beijing: Renmin Publisher, 1999), pp.343-45.

력을 철수하였으며, 미·대만 간의 상호 방위조약을 폐기하였다. 1979년 1월 중국의 지도자 덩샤오핑(鄧小平)은 미 카터(Jimmy Carter) 대통령의 초청으로 중국 최고위급 지도자로서는 최초로 미국을 방문하여 미·중 관계의 신기원을 열었다. 이후, 미국은 중국의 군현대화를 지원하였고, 심지어는 중국 내에 소련에 대한 첩보 기지를 설치하는 등 협력을 강화하여 1980년대 미·중 밀월시대를 열었다.[2] 미·중은 수교 이후 정치, 경제, 외교, 교육, 과학, 기술 등 모든 영역에서 상호 교류와 협력관계를 강화해 나갔다. 1984년 4월에는 미국 레이건(Ronald Reagan) 대통령이 중국을 방문하였고, 이에 대한 답방으로 1985년 7월에는 중국의 국가주석이자 정치국 상무위원인 리셴녠(李先念)이 미국을 방문하였다. 이는 중국의 국가 최고지도자가 미국을 처음으로 방문한 것이었다. 1989년 2월에는 다시 미국 부시(George H. Bush) 대통령이 중국을 실무 방문하였고, 1989년 5월에는 중국 내의 정정 불안에도 불구하고 중국 전국인민대표대회 상무위원회 위원장인 완리(萬里)가 미국을 방문하여 양국 간 최고위급 인사들의 교류가 전에 비할 바 없이 활발하였다.[3]

2. 탈냉전기 미·중 관계

이러한 미·중 간의 밀월 시기는 1989년 발생한 천안문 사태의 영향, 미·소 간의 화해무드, 1991년 소련의 붕괴 등의 요인으로 1990년대 초 종결되었다. 1990년대 초반 가장 강력한 경쟁세력이었던 소련의 해체와 사회주의 체제의 전반적인 붕괴현상은 미국 외교에 있어 지정학적 고려요인은 급격히 퇴색하였음을 의미하였다. 이는 즉, 중국의 대소 전략적 지위의 퇴조를

---

2) 이에 대해 더 자세히는 James Mann, *About Face* (New York: Vintage Books, 2000), Chapter 7. 미국은 심지어 1980년대 초 중국과 협력하여 중국의 신장지역에 대소련 정보 기지를 설치하였다.

3) http://www.fmprc.gov.cn/eng/wjb/zzjg/bmdyzs/gjlb/3432/3433/t17097.htm

의미하였다. 냉전의 해체와 새로운 세계화의 추세 속에서 경제적 이익에 대한 고려가 미·중 관계의 주요 변수로 부각되었다.

탈냉전시기 미·중 관계는 대외정책의 전략적 고려가 우선되기보다는 미국 국내정치의 이해관계와 영향에 따라 크게 좌우되었다. 이러한 추세에 따라 1990년대 클린턴 정부 및 21세기 초 부시 행정부 시기에 이르기까지, 미국에 새로운 정부가 들어설 즈음에는 대체로 관계가 악화되었다가 점차 회복하는 일정한 주기적 특성을 가지고 부침을 거듭해 왔다. 〈표 6-1〉은 미·중 관계가 미국의 대선의 경과에 따라 일정한 영향을 받으면서 변화하고 있음을 보여준다. 일반적으로 미대선의 경선기간 동안에는 미·중 관계가 악화되었고, 정권이 안정기에 들어서는 중반기에는 안정되었다는 것을 보여준다. 이는 미국의 대선후보들이나 정당들이 미·중 관계를 선거 전략의 한 수단으로 정략적으로 활용하였기 때문이며, 정권이 안정화되면서 경제적 이해관계를 증진시키고 대외관계 운용을 안정적으로 가져가기 위하여 중국에 대해 보다 포용적인 정책으로 전환하였기 때문이다.

대신, 중국은 세계에 미사일과 핵관련 기술을 확산시키는 잠재적이고도 현실적인 위협을 안겨주었기 때문에 미국에는 점차 전략적 부담으로 작용하였다. 더구나 탈냉전시기 미국의 주요 관심은 지정학적 전략적 의미에서 미·중 관계의 중요성은 약화되고 전통적 안보분야에서 경제 분야로 옮겨가고 있었기 때문에 미·중 관계는 새로운 시련기에 직면하였다. 천안문 사태 직후 미국의 부시 대통령은 미·중 관계의 파국을 막기 위하여 비밀리에 특사를 파견하는 등 미·중 관계의 유지를 위해 노력하였지만, 여전히 공식적으로는 천안문 사태의 영향에서 벗어나지 못한 채 긴장된 관계를 유지하고 있었다. 새로이 대통령으로 당선된 민주당의 클린턴(Bill Clinton) 대통령은 당시 중국의 인권문제를 지속적으로 제기하였고, 중국의 군사비가 두 자리 수의 증가율을 계속 기록하자 중국 위협론도 새로운 국제관계의 담론으로 자리 잡았다.

미국의 클린턴 정부는 1995년 6월 대만총통 리덩후이가 개인적인 자격으로 미국을 방문하는 것을 수락하였다. 이 조치에 반발하여 중국은 군사

〈표 6-1〉 탈냉전 이후 미·중 관계의 변화

기간	미·중 관계	미 지도자	중 지도자	주요 사건
1990~1992	전략적 관계 약화기	부시(Sr.)	장쩌민	1989년 천안문 사태, 1991년 사회주의 체제 붕괴
1993~1994	갈등 속 협력 모색기	클린턴	장쩌민	클린턴의 인권 및 민주주의 신장 외교, 1993년 중국 위협론 대두
1995.6~1996.3	대립 발생기	클린턴	장쩌민	대만해협 위기 발생
1996.3~1998	전략적 동반자 관계 모색기	클린턴	장쩌민	장쩌민과 클린턴의 상호 교차 방문, 군사안보 협력모색
1999~2000	전략적 경쟁관계 전환기	클린턴	장쩌민	Cox 보고서 대만안보강화법안 발의, 유고 중국대사관 오폭
2001~2001.9	갈등의 증폭기	부시(Jr.)	장쩌민	부시의 전략적 경쟁자 선언, 2001년 미정찰기 충돌사건
2001.9~2004	반테러·비확산 협력기	부시(Jr.)	장쩌민, 후진타오	9·11사태, 장쩌민-부시 크로포트 정상회담, 6자회담
2005.1~2005.7	냉각기	부시(Jr.)	후진타오	부시 2기 행정부의 '중국위협론' 제기
2005.8~2008.12	지역적 이해상관자 관계 정립기	부시(Jr.)	후진타오	졸릭 국무부 부장관의 '이해상관자' 발언과 정책조정, 미·중 전략대화 시작
2009.1 이후	세계적 이해상관자 관계 정립기	오바마	후진타오	세계적 차원에서 미·중 간 협력모색 단계

력을 대만 주변 지역으로 이동하여 대만을 압박하였고, 급기야는 군사훈련의 명목으로 대만 해역주변에 미사일을 발사하였다. 미국은 대만에 대한 중국의 군사적 위협에 직면하여 미 태평양 항모전단을 동원하여 대응하는

등 미·중 관계는 최악의 상황으로 추락하였다. 이러한 미·중 양국의 대응은 대외정책보다는 국내의 이해관계를 더 우선적으로 고려한 측면이 강하였고, 양국은 그 대가의 위험성을 깨달으면서 미·중 관계는 새로운 돌파구를 찾았다.

양국은 상호 간에 군사적 긴장을 완화하고 불필요한 군사적 충돌가능성은 방지하기 위하여 1997~98년 사이에 양국 정상 간의 상호 방문과 군사대화를 추진하였다. 양국은 당시 정상회담을 통하여 전략적 협력을 재추진하기 위한 관계를 수립하기로 상호 합의하면서 일시적으로 갈등을 완화하였다. 그러나 이러한 미·중 간 전략적 관계의 설정 노력은 1990년대 말 미국이 일본과 중국을 대상으로 한 전략적 협력관계를 강화하고, 1999년 발생한 미군의 유고슬라비아의 중국 대사관 폭격사건, 그리고 새로이 등장한 미국의 부시(Bush Jr.) 대통령 정부가 중국을 "전략적 경쟁(Strategic Competitor)" 관계로 규정하면서 일시적인 현상이 되고 말았다.

한 가지 주목할 만한 사실은 외교안보 분야에서 미·중 간의 갈등과 협력 노력이 복합적으로 충돌하는 가운데에서도, 경제영역에서의 교류와 협력의 규모는 1990년대 비약적으로 발전하였다는 점이다. 중국은 1990년 세계 14위의 무역대국에서 2000년에는 이미 세계 7위의 무역대국으로 성장하였다.[4] 특히 미국과의 무역은 비약적으로 증가하여 개방 초기인 1979년 24억 달러 규모에서, 2000년에는 745억 달러 규모로 증가하였다. 경제영역에서 미·중 간에 교류와 상호의존성의 증가는 미국과 중국 양국에 다같이 상호 협력에 중대한 이해관계를 가지고 정치적으로도 무시할 수 없는 규모의 집단들을 형성하였다. 이러한 현상은 특히 미국에서 현저한데, 중국 상품에 대한 최혜국대우(MFN)를 부여하는 것에 대한 미국 내 논쟁에서 중국에 대해 특혜를 부여하고 중국의 시장을 개방하려는 이해집단의 정치권에 대한 압력은 대단히 강력했다. 결국 미국 클린턴 정부는 2000년 중국에 대한 최혜국대우 문제를 대중국의 정책수단으로 활용하려는 것 자체를 결국은 포

---

4) 21세기중국총연 편, 『중국정보핸드북』(서울: FKI미디어, 2005), pp.442-443.

기하고 항구적인 최혜국대우를 부여했다.[5] 중국에 대해 "관여(engage-ment)" 정책을 채택하라는 미국 대통령에 대한 사회로부터의 압력은 실무관료 차원에서 건의한 중국과 갈등을 야기할 수도 있는 정책에 대해 대통령이 종종 거부하는 소위 말하는 "P-요인"을 야기하는 주요 정치적 배경이었다.[6]

중·미 관계에 있어 주요한 전환점은 2001년 9월 11일의 테러사건이었다. 이슬람의 테러집단에 의해 미국 뉴욕의 세계무역센터 등이 공격을 당했을 때, 미국 대외정책은 기존의 전통적인 안보위주의 정책에서 미 본국의 안보와 반테러 정책을 최우선시하는 근본적인 정책전환을 단행하였다. 2001년 부시 행정부가 들어선 이후 미국은 중국을 전략적 경쟁자로 규정하였고, 대만 총통 천수이볜의 미국 방문을 허용하는 등 중국을 크게 자극하였으나, 9·11사건이 발생하자 중국은 미국의 대테러 정책을 전폭지원하기로 하는 전략적 선택을 단행하였다. 1990년대 중반이후 새로운 국제정세에 대한 인식을 담을 "신안보개념"이 중국 외교의 인식으로 정착한 것도 이러한 전략적 결단을 도왔다고 할 수 있다. 이 개념은 기존의 냉전적이고 영합적인 (zero-sum) 성격으로 국제정치를 인식하던 자세에서 탈피하여 국제정세를 공동번영을 위한 협력의 장으로서 비영합성을 강조하고 있다.[7]

1990년대 미·중 관계의 역사를 평가할 때, 미·중 관계는 경제적인 측면에서 비약적으로 발전했고 상호의존성도 그만큼 높아졌다. 그러나 이러한 상호의존성의 증가가 국제정치 자유주의자들의 주장처럼 "평화효과"나 협력 지향적인 정책을 가져온 것은 아니었다. 통계적 분석에 따르면, 1990년대 미·중 간 협력의 빈도수와 분쟁의 빈도수는 서로 강력한 상관관계를 지니는 것으로 나타나고 있다. 즉 경제적 상호의존성이 증가함에 따라 분

---

5) James Mann, *ibid.*, p.285.

6) 이에 대해 더 자세히는 James Mann, *The China Fantasy* (New York: Viking, 2007), Ch.4.

7) 최근 이 개념에 대해 잘 설명한 글은 Ye Jiang, "Readjustment of China's Major-Powers Strategy in its All-Dimensional Diplomacy since the Reform and Opening up," *Peace* No.90(March 2009), pp.28-29.

쟁의 빈도도 그만큼 늘어날 개연성이 크다는 것이다.

중국의 저명한 중국문제 전문가인 David Lampton 교수는 그간 미국의 대중정책이 "견제적 통합(hedged integration)" 정책으로 놀라울 정도로 안정성을 유지해 왔다고 지적하고 있다.[8] 그러나 〈표 6-1〉에서 보듯이 미·중 관계에서 드러난 현상은 반드시 이러한 주장을 지원하는 것 같지는 않다. 중국에 대한 미국의 정책과 미·중 관계는 시대에 따라 변화를 거듭해 왔고, 경쟁과 협력이 공존하는 그 본질은 여전히 유지되었다. 그러나 동시에 주목할 만한 사안은 양자 간 긴장과 갈등의 강도는 약화되고 협력을 행한 추세가 강화되고 있다는 점이다.

21세기 들어서는 미·중 관계에 영향을 미치는 주요 요인으로서 경제적 이해관계, 국제질서에서 미국의 주도적 지위 유지를 위한 중국과의 관계설정, 지정학적 고려가 부활하고 있다. 외교·군사 영역에서는 한편으로는 중국의 전략적 중요성의 감소 및 잠재적 경쟁자로서 위상의 부각, 그리고 다른 한편으로는 북핵문제 및 비전통 안보문제의 중요성에 따른 중국과의 협력의 필요성 등이 교차되면서 갈등과 협력이 복합적으로 얽혀 부침을 거듭하였다. 경제영역에서 미·중 양국은 각기 상품의 최종 소비자와 최대 생산자의 역할을 담당하는 동시에 최대 채무자와 최대 채권자라는 구조적인 관계로 상호 의존성을 심화시켜 왔기 때문에 상호 민감성의 수준이 대단히 높은 상태를 유지하였다. 이러한 미·중 관계의 복합성은 미국의 대중전략 수립에 커다란 어려움을 가중시키고 있다. 부시 대통령은 '전략적 경쟁자'로 중국을 인식하면서 '견제'를 위주로 한 전략을 구상하였으나, 2005년 이후 결국은 복합성을 인식하면서 '관여'를 전제로 한 헤징(Hedging) 전략을 공식화하였다.

---

8) David M. Lampton, "Paradigm Lost: The Demise of Weak China," *National Interest* (Fall, 2005), p.69.

II. 미·중 관계 주요 고려사항

1. 동북아 전략 환경의 변화

동북아 전략 환경에 가장 큰 변수는 중국의 경제적 성장을 기반으로 한 강대국으로의 부상이며, 이에 따라 미국이 그간 누려온 역내의 우월적인 지위유지에 대한 조정가능성이 점차 제기되고 있다. 향후 상당 기간 동안 전 세계적 차원에서 미국의 우월적 지위가 유지되리라는 것은 중국을 포함하여 대체로 동의하는 바다. 특히 '상호확중 파괴'를 전제한 극단상황에서의 미국의 우위는 의심할 여지가 없다. 그러나 영향력과 지도력의 경쟁이라는 차원에서 볼 때, 물질적 능력으로 측정되는 국력(hard power)에 기초한 기존의 방식으로는 미국은 과거에 누렸던 우월적 지위를 더 이상 누리기는 힘들 것으로 예상된다. 결국, 미국은 역내에서 영향력과 지도력을 유지하는 방식을 미국·중국·일본 간 전략적 관계의 조정에서 찾아내야 하는 상황이며 오바마 행정부는 이에 대한 전략적 사고의 전환을 모색하고 있다.

2. 세계 금융위기

미국발 금융위기는 미·중 관계를 지탱하는 전략적 판(template)에 중대한 전환을 가져오고 있다. 금융위기는 그간 미·중 관계를 안정시키는 데 기반이 되었던 경제적 상호의존성의 한 축, 즉 중국 상품의 최종 소비자로서 미국의 역할이 크게 위축되었음을 의미하였다. 미국발 금융위기로 시작한 세계적 경제위기는 미국 중심의 정치경제체제의 정당성 위기를 야기하여 중국의 연성권력(soft power)이 영향력을 발휘할 국제적 공간을 더욱 확대하였다. 중국은 이를 활용하여 중국의 위안화를 국제통화로서 역할 확대를 모색하고 있으며, 향후 새로운 세계 금융질서 개편과정에서 자신의 이해관계를 강화하려 시도하고 있다. 2009년 1월 미국 재무장관 가이트너가 환율조작문제로 중국을 비난한 데 대해 중국 총리 원자바오가 강하게 반발하여 위안화의 국제화 및 세계 금융질서의 재편 필요성 강조로 역공을 취한 것도 이러한 맥락에서 이해할 수 있을 것이다.

부시 행정부의 과도한 일방적 대외개입이 남긴 외교적·재정적 유산을 극복하기 위해서 대외정책에 대한 전략적인 조정이 불가피한 상황에서, 현재 금융위기는 오바마 정부의 대중 관계를 포함한 대외정책에 주요한 제약요인으로 작용하고 있다. 그러나 미국은 금융위기 회복과 경제안정을 위해 중국의 재정적 도움을 반드시 필요로 할 것이나 중국의 대미 최대채권국으로서의 지위가 중국의 대미 협상능력을 크게 제고할 것이라는 견해는 제한된 설득력을 지닌다.

그 이유로는 첫째, 양국 간 경제적 상호의존 관계는 일국이 일방적인 이익을 추구할 수 없을 정도로 심화되어 있다. 더구나 양국이 '경제적 상호확증 파괴'를 시도할 경우, 중국의 국내문제의 취약성으로 말미암아 미국보다는 중국이 보다 취약한 상태에 놓여 있다. 둘째, 중국은 미국발 금융위기로 인하여 일반적인 예상보다 심각한 내부적 위기상황에 직면하였다. 미국 소비시장의 축소는 중국 수출산업의 위축과 실업문제를 가져왔으며, 사회보장 체제가 취약하고 빈부격차가 극심한 중국의 사회 안정을 크게 위협할 수 있기 때문이다. 셋째, 세계 경제에서 중국 단독으로 미국의 기존 역할을 대체할 수 없는 상황에서 결국 중국위기의 탈출은 미국의 경제안정 회복과 직결되고 있다. 이러한 인식은 후진타오가 언급한 대로 미·중 간의 관계를 전면적으로 강화할 것을 요구하고 있다. 넷째, 미국발 금융위기에도 불구하고 중국 및 세계경제의 대미의존성은 여전히 유지되고 있다. 중국이 세계 강대국으로서 역할을 수행하기 위해서는 내수시장을 활성화하고 세계 소비시장으로서 역할을 이행해야 하나, 당분간 그 가능성은 거의 희박해 보인다.

3. 미·러 관계의 동학

추후 미·중 관계의 주요 변수 중 하나는 미·러 관계이다. 미국은 유라시아 두 강대국 러시아와 중국이 미국에 대항해 협력하는 구도를 가장 두려워하고 있다. 탈냉전시기인 1990년대 러시아의 약화로 인해 미국의 주 견제 대상이 중국으로 전이되는 경향이 존재하였다. 미국의 2005 국방백서에서 미국에 가장 잠재적 도전국으로 중국을 꼽은 바 있다. 그러나 푸틴 시기 러시아 민족주의의 강화 및 대미 강경 정책의 부활은 미국 내 전통적인 지정학적 이해를 부활시켰다. 미·러 간의 긴장과 관계 악화는 중국의 지정학적 가치를 재고하게 하고 있다.

4. 중국의 대미정책

현재까지 중국 외교는 대체로 공세적이기보다는 수세적이고 반응적인 측면이 강한 특색을 지니고 있으며, 특히 미국과의 관계에서 이러한 태도를 견지해 왔다. 이는 미·중 관계에서 가장 주요한 변수가 미국의 대중 정책이었음을 의미한다. 미·중 관계는 비록 전략대화를 시작하였지만 세계 및 역내 안보 비전에 대한 합의에 도달한 수준은 아직 아니다. 중국은 현재 역내에서 미국의 역할을 대체할 경제력을 갖추기에 요원한 현실과 일본과의 경쟁관계를 압도할 종합역량을 갖추지 못한 현실을 인지하면서 미국의 영향력과 지도력을 인정하고 있다.

후진타오 시기 중국의 대외정책은 여전히 미국과 갈등보다는 협력관계를 지향하고, 미국 중심의 국제질서에 대한 도전을 지양한다는 것이다. 그러나 중국의 핵심이해와 연관된 사안에 대해서는 신장된 중국의 국력에 대한 자신감을 바탕으로 미국과 일정 정도 갈등도 감수하는 정책을 채택할 개연성이 보다 증가하고 있다. 최근 남지나해에서 미국의 측량선을 놓고 벌이고 있는 미·중 간의 갈등도 그 한 예라 할 수 있다. 중국 내 민족주의적 요구가 강화되고 있고, 중국은 전략대화 및 국제기구 참여 등 국제문제에 대한 개입을 확대하면서 강대국으로 부상하겠다는 의지를 보여주고 있다. 이러한 중국의 전략은 단기적으로는 국가 이해를 놓고 미국과 지속적인 갈등의 가능성을 전제하고 있으며, 중장기적으로는 역내 및 세계에서의 역할과 기능을 담고 있는 비전의 충돌도 배제할 수는 없다.

5. 미국 국내정치의 요구

오바마 행정부의 출범 초 2월 클린턴 국무장관의 방중 시 중국 내 인권문제나 티베트 문제를 주요의제로 제기하지는 않았지만, 미 민주당의 보호무역주의적 정향, 과거 민주당 정부의 정책, 오바마 대통령의 성향, 미국이 처한 경제위기 등을 고려할 때, '무역', '인권' 등의 문제로 인하여 중국과 갈등이 심화될 가능성에 대한 우려가 큰 것도 사실이다. 이러한 문제들은 향후 지속적으로 미·중 간 갈등의 원인으로 자리매김할 수 있다. 만일 오바마의 미국 금융위기 대응정책이 실패로 돌아가 미국 국내경기의 회복이 지연되거나 악화되는 상황이 발생한다면 보호주의의 대두 및 무역마찰을 강화하여 미·중 관계에 대한 새로운 도전 요인을 안겨줄 것이다. 단, 대만, 인권, 티베트 문제가 미·중 관계의 주요 갈등원인이 될 개연성은 상당히 낮은 것으로 판단된다. 이 문제들과 연관한 현상변경은 현 민족국가 체제의 핵심요체인 주권의 원칙에도 위배되기 때문에, 미·중 양국은 어느 쪽도 이러한 문제로 미·중 간의 관계가 파국으로 치닫기를 원하지 않을 것이기 때문이다.

Ⅲ. 평화지수에 따른 미·중 관계와 해제

제주평화연구원이 제공한 자료에 근거한 미·중 간의 협력지수를 살펴보자면 그 가중치의 효과에서 더 극적으로 나타나지만, 미국이 전반적으로는 보다 주도적으로 대중 협력관계를 강화한 것으로 나타난다. 그 격차는 천안문 사태 직후 약간의 침체기를 겪었지만 1993년부터 클린턴 행정부가 들어서면서 미국의 대중 협력빈도와 노력은 급격히 증가되었다. 단 21세기 들어 미국의 부시 대통령 행정부가 들어서면서 중국을 기존의 전략적 동반자(Strategic Partner)가 아닌 전략적 경쟁자(Strategic Competitor)로 규정하면서 협력의 빈도와 노력은 하강추세에 들어섰다. 중국을 전략적 경쟁자로 규정하였음에도 불구하고 주목할 것은 미국의 부시 행정부 체제에서 대중 협력의 빈도나 노력의 정도가 천안문 사태 직후보다는 더 긍정적인 상황이라는 점이다.

물론 이러한 전반적인 추세는 각 시기마다 발생한 특정 사건에 의해 영향을 받으면서 일정한 부침이 존재한다. 예를 들면, 1995년 대만해협의 위기가 발생하면서 미국은 중국과 협력의 빈도와 수준을 축소하였고 중국 측역시 이에 상응하는 반응이 수치로 확인되고 있다. 위기가 해소되고 양국의 관계가 개선되면서 협력의 빈도와 수준이 급격히 증가하다가 다시 동북아에서 미·일 간의 전략적 협력의 확대 및 미 공군기에 의한 유고의 중국 대사관 폭격사건이 발생하는 1999년 전후의 시점에서는 협력의 빈도와 수준이 동일하게 하강하는 추세를 보여주고 있다.

중국의 대미 협력은 그 빈도수에 있어 비교적 일관성을 보이면서 커다란 변화를 보이지 않고 있다. 즉, 중국은 중국에 긍정적이거나 혹은 부정적인 정권이 들어서거나 상관없이 즉각적으로 반응하기보다는 비교적 일정한 수준의 협력정책을 지속하여 왔다고 할 수 있으며 미국보다는 보다 유보적인 자세를 취해 왔다.

그러나 그 가중치를 보자면, 그 빈도수에 있어서는 큰 변화가 없다고 할지라도 미국 정부의 대중정책에 비교적 상응하는 정책의 변화를 보이고 있

<그림 6-1> 미·중 협력지수(발생 빈도)

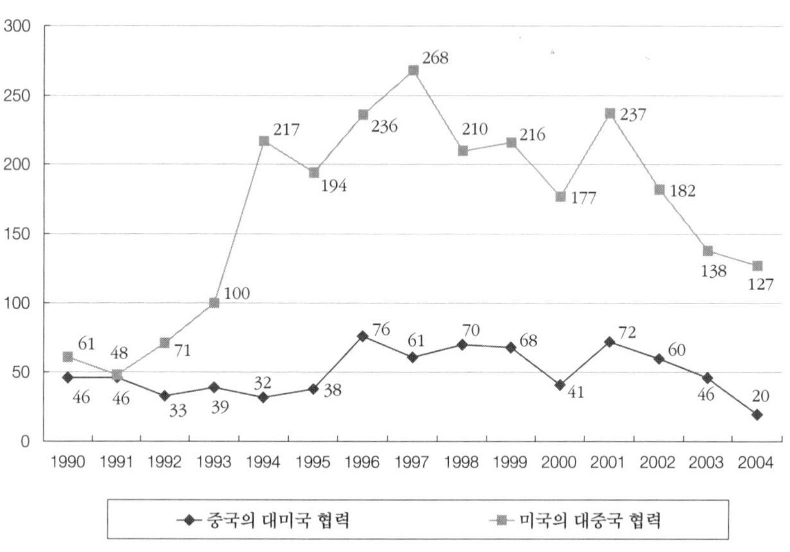

다는 것을 알 수 있다. 즉, 천안문 사태 이후 미국의 제재와 압력에 맞서 협력의 수준이 다소 저하되었으나, 클린턴 행정부가 대중 정책으로 채택한 관여와 견제정책이 보다 협력적인 방향으로 전환되자 중국 역시 이에 상응하는 방향으로 협력의 수준을 증진시켜 왔다고 할 수 있다. 이후 21세기 들어 부시 행정부가 들어서면서 미·중 관계가 악화되자 중국의 미국과의 협력의 빈도와 수준은 완만한 추세로 하강하는 추세에 있다고 평가된다.

중국은 미국 행정부의 대중정책과 연관하여 상응하는 추세의 반응을 보이면서, 동시에 특정 사안이 발생했을 경우의 협력의 빈도나 수준 역시 상응하는 반응을 보이고 있다는 것을 알 수 있다. 이 도표만을 가지고 상호 연관성에 대한 추측은 가능할 뿐 그 인과와 전후관계에 대한 분석은 불가능하지만 중국의 외교적 입장과 국제정치적 위상을 고려할 때, 일반적으로 중국의 대미외교는 미국의 대중정책에 상응하는 반응을 조심스럽게 보이고 있다는 것을 추정할 수 있다.

<그림 6-2> 미·중 협력지수(가중치)

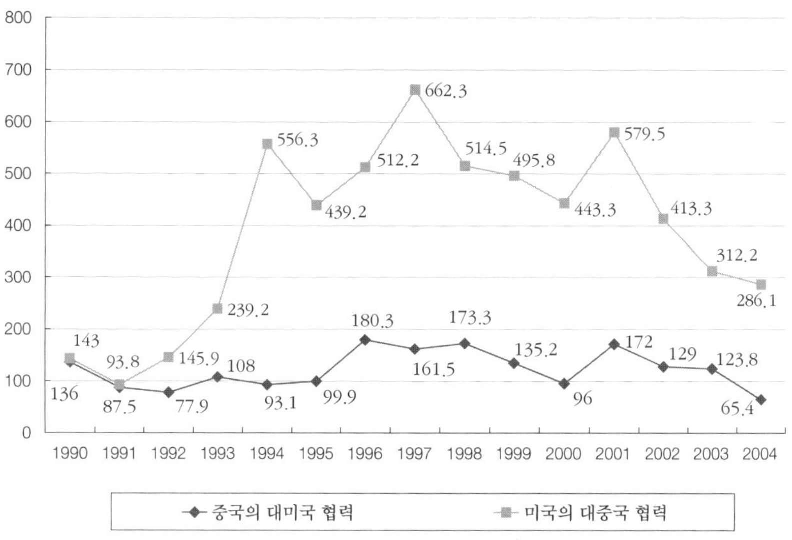

미·중 간의 분쟁지수를 살펴보자면, 미국 측이 촉발한 분쟁의 빈도수는 완만한 형태로 증가하다가 1990년대 중반을 정점으로 파동을 거듭하는 양상을 보여주고 있다. 단, 가중치로 환산하여 보면 클린턴 행정부의 전반기에는 분쟁의 수준이 계속 악화되는 국면을 맞이하다가 대만해협 위기를 넘기면서 다시 진정 국면으로 접어들었고, 다시 클린턴 행정부 말기에 악화 국면, 부시 행정부 초기에 최악의 상황을 맞이한 후에, 진정 국면 그리고 재차 악화 국면에 접어드는 등 그 파동의 정도가 심한 편이다. 이러한 분쟁의 수준은 미국 행정부의 대선 사이클과도 일정 정도 상응함을 보여 주는 것이 아닌가 하는 점도 흥미롭다. 즉, 정권의 초기에는 중국과 분쟁이 심화되고 정권의 중반기에 들어서면 일정 정도 소강 국면에 접어들다가, 다시 대선 정국에서 정권 초기까지 높은 분쟁 수준을 유지하는 일정한 패턴이 보인다는 것이다. 이러한 패턴은 미·중 관계가 아직 충분히 안정되어 있지 않으며 미국의 국내정치 변수에 의해 분쟁의 수준이 상당 정도 영향을 받고

<그림 6-3> 미·중 분쟁지수(발생 빈도)

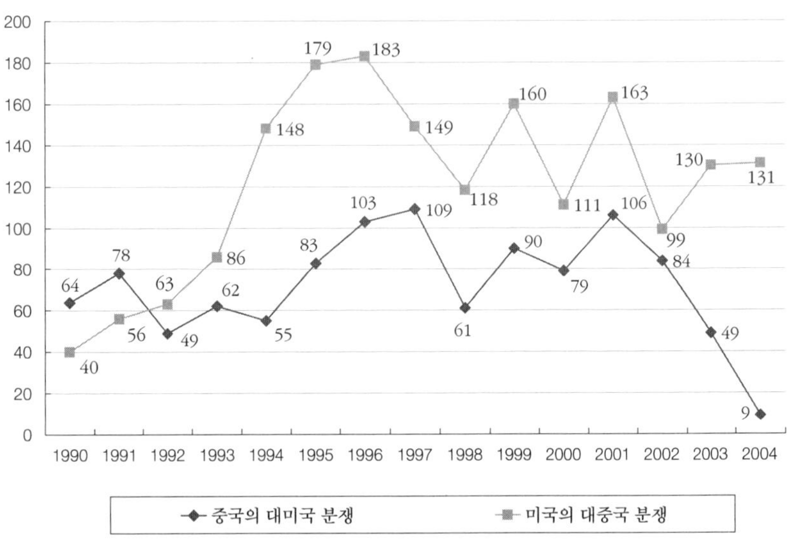

<그림 6-4> 미·중 분쟁지수(가중치)

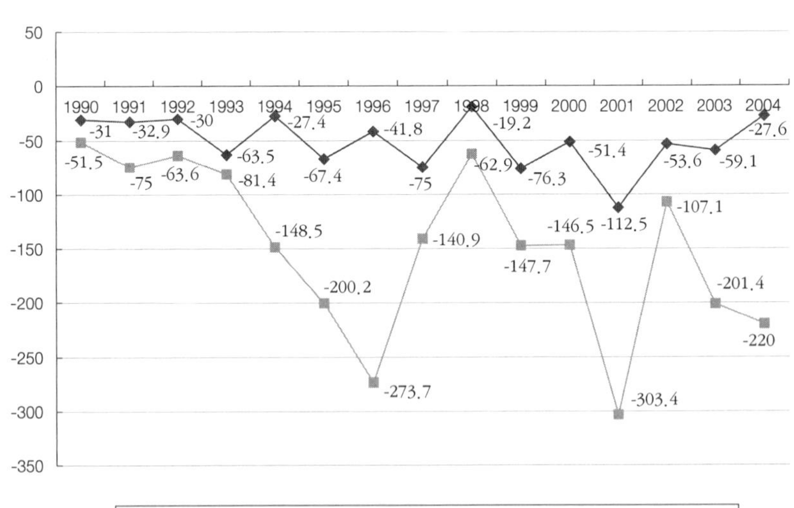

있다는 것을 의미하고 있다.

이에 반해, 중국 측의 대미 분쟁 빈도수와 수준은 상대적으로 안정적인 상태를 유지하고 있다고 평가할 수 있다. 흥미로운 사실은 미·중 간 비교적 우호적인 관계를 유지한 미 클린턴 행정부 시절에도 중국 측이 촉발한 분쟁의 빈도수는 급격히 줄지 않고 완만한 형태이지만 증가하다가, 부시 행정부 초기시절 미국이 강경한 대중정책으로 전환하는 시기에 분쟁의 빈도수는 줄어들었다. 단, 가중치를 놓고 평가한다면 중국에 의해 촉발된 분쟁의 수준은 비교적 안정된 상태를 유지하다가 부시 행정부 초기에 악화되고 최근 들어 개선되는 추세에 있다는 점이다. 중국 측의 대미 분쟁에서 드러난 특징은 그 빈도수나 강도가 비교적 안정화되어 있다는 점이다. 이는 장쩌민 시기 중국의 대미정책이 '도관양회'의 원칙에 입각하여 미국과의 갈등을 억제하고 안정화시키는 것을 목표로 하고 있다는 점에서 일정 정도 성공적이었던 것으로 평가할 수 있다. 미국 측이 촉발한 분쟁의 빈도수는 증가하고 있으며 그 수준 역시 악화되고 있는 것으로 나타난다. 이는 미국이 대중 관계에 있어서 중국의 부상에 대해 보다 적극적으로 반응하는 하나의 증좌일 수도 있다는 점에서 흥미롭다.

흥미로운 사실은 미국의 대중국 협력 빈도나 분쟁 빈도 및 중국의 대미국 협력 빈도나 분쟁 빈도의 패턴이 대체로 유사한 추세를 보여주고 있다는 점이다. 즉 협력이 강화되면 분쟁의 빈도가 약화되거나, 분쟁의 빈도가 강화되면 협력의 빈도가 약해지는 것이 아니라는 점이다. 오히려, 협력과 분쟁의 빈도수는 동일한 패턴을 보여 협력이 강화되면 분쟁도 강화되고, 분쟁이 약화되면 협력도 약화되는 패턴을 보여주어 접촉의 정도가 협력과 분쟁을 결정하는 것이 아닌가 하는 가설을 제기하게 된다. 단, 특이한 점은 2002년을 기점으로 중국 측이 촉발한 대미 분쟁의 빈도가 협력의 패턴과는 다르게 변화하면서 오히려 증가하고 있다는 점은 주목할 만하다. 이를 비관적인 정치 현실주의의 패권안정이론에서 주장하는 전략적 경쟁의 불가피성을 말해주는지에 대해 결론을 내리기는 아직 어렵지만 기존과는 다른 패턴을 보여주는 측면이 있어 주목된다.

가중치를 두고 계산을 하는 경우는 단순히 빈도로 계산할 때와 다소 경우가 다르게 나타난다. 중국의 경우 대미 협력과 분쟁의 패턴은 일정한 패턴을 찾기가 어렵다. 미국의 대중정책의 측면에서는 가중치를 부여하자면 1998년 이전에는 협력과 분쟁의 방향이 일정한 패턴을 보이지 않으나, 1998년 이후에는 대체로 협력의 수준은 줄어들고 분쟁의 수준은 증가하는 것으로 나타나 미국의 입장에서 중국과의 관계가 지속적으로 악화되는 국면에 있지 않나 하는 잠정적인 평가를 하게 된다.

미국과 중국 사이의 분쟁과 협력의 상관관계 분석에 의하면 중국이 주도적인 행위자일 경우 상관지수가 0.765이며 중요도 0.01 수준에서 유의미한 것으로 나타났다. 미국이 주도적일 경우는 상관지수는 더 높게 나타나는데, 0.859로 이 역시 중요도 0.01 수준에서 유의미한 것으로 나타났다. 상관계

〈표 6-2〉 미·중 간 분쟁과 협력의 상관관계 분석

		NcCU	NdCU
NcCU	Pearson Correlation	1	0.765(**)
	Sig. (2-tailed)		0.001
	N	15	15
NdCU	Pearson Correlation	0.765(**)	1
	Sig. (2-tailed)	0.001	
	N	15	15

		NcUC	NdUC
NcUC	Pearson Correlation	1	0.859(**)
	Sig. (2-tailed)		0.000
	N	15	15
NdUC	Pearson Correlation	0.859(**)	1
	Sig. (2-tailed)	0.000	
	N	15	15

** 0.01 수준에서의 통계적 유의성

수 분석은 비록 그 인과관계를 밝힐 수는 없지만 어느 일방이 주도하던 간에 분쟁과 협력은 서로 깊은 상관관계를 지니고 동일한 방향으로 연관관계를 보이는 것으로 나타난다. 협력과 분쟁의 발생빈도는 서로 늘어나면 같이 늘어나고, 줄어들면 같이 줄어든다는 것이다. 이 상관분석으로는 밝힐 수 없지만 상식적인 선에서 평가할 때, 국제정치 자유주의자들이 주장하는 상호의존성에 입각한 협력의 증대가 분쟁의 감소로 나타나는 것이 아니라 협력이 증가할수록 분쟁의 빈도도 그만큼 늘어난다는 결론을 내릴 수 있을 것으로 보인다. 이러한 분석의 결과가 옳다면 향후 미·중 관계가 더 깊은 협력의 단계로 나아간다 할지라도 분쟁의 빈도 역시 그만큼 늘어날 것을 암시한다.

IV. 미·중 전략적 협력관계의 형성

1. 미·중 전략대화시대의 개막

미·중은 21세기 들어 본격적인 전략대화의 시대를 맞고 있다. 미·중 간에는 이미 60여 개에 달하는 전략대화의 기제가 존재한다. 1998년 미국의 클린턴 대통령과 중국의 장쩌민 국가주석이 전략대화를 추진하기로 합의한 이후 양국은 복합적인 전략대화의 그물망을 구성해 놓았다. 이 가운데 민간차원에서는 1999년부터 시작한 상해 복단대학의 미국연구센터와 미국의 하와이 국제전략연구소 태평양 포럼 간 전략대화가 시초라 할 수 있으며 현재까지도 지속되고 있다.

정부 고위급 차원에서는 중국 후진타오 국가주석이 2004년 11월 제12차 APEC 회의에서 미국의 부시 대통령에게 제의한 고위급회담이 2005년 8월 북경에서 개최되면서 시작되었다. 준비과정에서 중국은 이 대화에 "전략"이라는 수식어를 붙이기를 희망하였으나 미국은 "전략"이란 개념의 사용을 회피하면서 대신 "고위급"이란 표현을 사용하자고 주장하였다. 당시 미국의 입장에서 "전략"이란 개념은 동맹국 간에만 사용 가능한 것으로 인식하였기 때문이다. 당시 양국은 절충하여 각자의 방식으로 호칭하기로 타협하였다.

고위급 대화는 외교부의 부부장급(차관) 수준의 대화로 시작하였다.

〈표 6-3〉 미·중 고위급(전략) 대화 연보

	미·중 고위급 (전략) 대화	수석 대표	주요 의제
2005.8.	제1차 (베이징)	로버트 죌릭(미 국무부 부장관) 다이빙궈(외교부 부부장)	양국현안, 반테러, 대만, 군사, 에너지, 무역, 위안화절상, 북핵 및 한반도 평화체제
2005.12.	제2차 (워싱턴)	로버트 죌릭(미 국무부 부장관) 다이빙궈(외교부 부부장)	양국현안, 대만, 무역, 지적재산권, 위안화 절상, 해외투자, 에너지, 북한 및 이란 핵문제, 중동정세, 유엔개혁
2006.11.	제3차 (베이징)	니컬라스 번즈(미 국무부 부장관) 양제츠(외교부 부부장) (로버트 조지프 국무부군축담당 차관 동행)	양국현안, 북핵문제와 6자회담 재개방안
2007.6.	제4차 (워싱턴)	존 니그로폰테(미 국무부 부장관) 다이빙궈(외교부 부부장)	북핵문제, 이란의 핵개발, 수단 다르푸르 사태, 지구 온난화, 에너지 안보, 중국의 군사력 증강
2008.1.	제5차 (구이양)	존 니그로폰테(미 국무부 부장관) 다이빙궈(외교부 부부장)	대만, 북한 및 이란의 핵문제, 군사외교 강화
2008.12.	제6차 (워싱턴)	존 니그로폰테(미 국무부 부장관) 다이빙궈(국무위원)	미·중 관계의 건설적 발전, 금융위기, 기후변화, 반테러, 비확산, 에너지 안보

2008년 현재 이 대화는 6차례 개최되었으며, 〈표 6-3〉에서 보는 바와 같이 비교적 성공적으로 제도화되었다. 양국은 이 대화를 통하여 상호 관심을 가지고 있는 다양한 안보관련 현안을 다룰 수 있었고, 양자 차원만이 아닌 세계적 차원의 사안들을 의제로 하였다. 이러한 방식을 통하여 양국은 상호 이해를 증진시킬 수 있었다. 특히 제3차 대화에서는 북한이 제1차 핵실험을 단행하였을 때, 북핵문제가 주요 의제가 되었으며, 이를 위하여 미국에서는 로버트 조지프 군축담당 차관이 참여하였다. 그리고 제5차 대화에서는 양국 간 군사문제가 정식의제로 다루어지면서 본격적인 안보문제까지도 주 의제로 확대하였다.

중국의 관점에서 경제 분야의 대화는 본질적으로 전략적인 성격을 띤다. 중국의 외교정책은 국가정책의 최고 우선순위인 경제발전에 이바지하여야 한다. 중국의 부상과 더불어 미국은 중국과 경제 분야에서 전략대화의 중요성에 대해 잘 인식하였다. 이는 1998년 클린턴이 중국을 방문하였을 때, 이미 중국 측과 인식을 같이 한 부분이며, 그 후로도 중국 측에서 경제 전략대화의 필요성을 꾸준히 제기하여 왔다. 그 결과 2006년 미·중은 북경에서 처음으로 경제전략대화를 개최할 수 있었다. 미국은 이 대화에서 처음으로 중국과 정부 고위급 대화에서 "전략"이란 개념을 공식적으로 사용한 것이며, 이는 미국이 숭국식의 전략 개념을 수용하였음을 의미한다. 중국이 사용하는 전략이란 개념은 제3자를 대상으로 하는 동맹관계를 전제하지 않으며, 양자관계를 넘어서 지역 및 세계적 사안들에 대해 논의할 수 있으며, 단기적인 현안뿐만 아니라 중장기적인 사안들과 비전에 대해 논의할 수 있는 관계를 지칭한다.

2008년까지 경제전략대화는 〈표 6-4〉에서 보여주는 바처럼 다섯 차례에 걸쳐 진행되었다. 중국은 부총리급을 단장으로 하고 여러 명의 장관급 대표들을 파견하였다. 이 대화의 초창기에는 주로 양자적인 문제들을 다루었으나, 시간이 감에 따라 의제는 점차 주요 에너지 및 환경 등 국제문제를 다루는 방향으로 확대되었다. 분위기는 대체로 미국은 중국의 무역역조나 위안화 절상 문제, 식품안전 문제 등에 공세적인 입장을 취하였고, 중국은

<표 6-4> 미·중 경제전략대화 연보

	미·중 경제전략 대화	수석 대표	주요 의제
2006.12.	제1차 (베이징)	헨리 폴슨(미 재무장관) 우이(중국 부총리)	중국의 경제발전전략, 미국의 무역적자, 위안화절상, 지적재산권, 중국의 시장개방
2007.5.	제2차 (워싱턴)	헨리 폴슨(미 재무장관) 우이(중국 부총리)	위안화절상, 지적재산권보호, 식품안전, 금융서비스, 에너지, 환경협력
2007.12.	제3차 (베이징)	헨리 폴슨(미 재무장관) 우이(중국 부총리)	경제글로벌화, 위안화절상, 식품안전, 미국의 보호주의
2008.6.	제4차 (워싱턴)	헨리 폴슨(미 재무장관) 왕치산(중국 부총리)	에너지부문 협력, 곡물가 폭등, 위안화절상, 무역불균형, 식품안전, 환경협력
2008.12.	제5차 (베이징)	헨리 폴슨(미 재무장관) 왕치산(중국 부총리)	세계 금융위기, 위안화환율, 에너지 및 환경협력

이에 대응하는 수세적인 입장이 기조를 이루었다. 그러나 2008년 북경에서 개최된 제5차 대화에서는 금융위기 문제가 주 이슈가 되었으며 중국도 그간의 수세적인 입장을 탈피하여 보다 공세적인 자세로 전환하였다.

2005년이란 해는 미·중 관계에 있어 새로운 시작을 알리는 해가 되었다. 미·중은 고위급 대화를 개최하여 미·중 고위급 전략대화의 새로운 장을 열었을 뿐만 아니라 미 국무부 부장관 졸릭은 미국의 새로운 대중국 이해를 담은 "이해상관자"라는 개념을 제시하였다. 이 개념은 역내 중국의 역할을 긍정적으로 평가하고, 미국의 중국에 대한 포용정책을 구체적으로 가시화한 것이었다.9) 이 "이해상관자"라는 개념은 2006년 미국의 「안보

---

9) Robert B. Zeollick, "Whither China: From Membership to Responsibility?" in

전략보고서(National Security Strategic Report)」와 국방부에서 발간한 「4개년 방위평가(Quadrennial Defense Review)」에서 공식적인 보고서 안에 도입되었다. 이는 부시 행정부의 대중국 정책이 과거 견제를 위주로 한 정책에서 포용을 위주로 한 헤징(Hedging)전략으로 전환하였다는 것을 보여주었다. 미 정부는 중국의 부상과 점증하는 중요성을 무시할 수 없다는 현실을 인정한 것이고, 중국과 협력적인 정책이 미국의 이익에 더 부합된다는 것을 인식한 것이다.10)

오바마 행정부는 주요 대외 정책브레인인 미국 진보센터(Center for American Progressive)가 제시한 바처럼, 기존의 관여를 바탕으로 한 헤징 정책에서 보다 더 나아가 더 긍정적이고 적극적인 대중정책을 채택하였다.11) 중국은 이제 지역의 이해상관자의 역할에서 세계적인 의미의 이해상관자로 격상되었다. 오바마 행정부의 이상과 같은 인식의 변화를 구체적인 정책의 변화로 구현한 것이 전략·경제대화의 개최였다. 오바마 정부가 채택할 대중 정책은 대미 협력을 통한 강대국 부상이라는 중국의 전략에 대해 '견제'나 '관여에 입각한 헤징' 전략을 넘어 중국의 국제적 위상을 더욱 존중하는 기반 위에서 형성된 것으로 보인다. 동북아 지역의 맥락에서 바라 볼 때, 오바마 정부의 실용주의적이고 현실적인 정책은 중국의 현실석 중요성을 인정하면서 미·중 동반자적인 협력관계를 강화하면서 다른 한 축으로는 미·일 동맹과 한·미 동맹 등 기존의 미국의 우호세력을 유지할 것이다. 미국의 개입비용을 최소화하는 동시에 미국의 정책적 목표를 달성하고자 하는 것이다.

---

http://www.ncuscr.org/articlesandspeeches/Zoellick.ht (2005.9.21).

10) 미국의 외교협회의 대중국 관련 보고서는 이러한 죌릭의 헤징정책을 넘어 보다 더 포용적인 정책을 채택하도록 권고하고 있다. 이는 Task Force, *U.S.-China Relations: An Affirmative Agenda, A Responsible Course* (New York: Council on Foreign Relations, 2007).

11) 이 보고서는 Nina Hachigan, Michael Schiffer and Winny Chen, *A Global Imperative: A Progressive Approach to U.S.-China Relations in the 21st Century* (Center for American Progress, August 2008).

이상과 같은 전략적 협력관계를 가능하게 하는 데 다음과 같은 국제정치·경제적 요인들이 영향을 주었다. 우선, 전통적인 안보영역에서의 일방적인 관계의 성립이 어려운 상황(deadlock situation)에 처해 있다. 현 세계는 핵무기를 포함한 대량살상무기의 확산, 정보화 및 세계화의 시대에 살고 있으며, 미국이 비록 군사적인 측면에서 상당한 우위를 점하고 있지만 어느 국가도 군사적 수단만으로 정책목표를 달성하기는 어려운 시대이다. 둘째, 생태, 에너지, 식량, 질병 등과 같은 비전통 안보 및 세계적인 이슈들의 중요성이 급격히 상승하고 있다. 셋째, 경제적 상호의존의 수준이 심화되었다. 이러한 상호의존 관계의 파괴는 이익보다는 더 막대한 손실로 이어질 수 있다는 인식이다. 넷째, 세계에서 정치적 영향력이나 경제적 비중이란 측면에서 중국은 부상하고 있고 미국은 약화되고 있다. 다섯째, 미국에서 촉발된 세계적인 금융위기는 미·중 간의 협력을 촉진시켰다.

2. 2009년 전략·경제 대화의 출범

미국의 월가에서 시작된 금융위기는 그러지 않아도 최근 국제정치 경제관계에서 널리 회자되고 있는 "G2", "Chimerica", "미·중공동통치론" 및 "신양극" 등의 개념들의 적실성을 더 확인해 주는 것처럼 보인다. 이러한 배경 속에서 미·중 양국은 2009년 7월 27~28일 양일간 미국의 워싱턴에서 최초의 미·중 전략경제 대화(이하 '대화')를 개최하였다. 이는 미·중 양국은 양국 간 전략대화의 수준을 더 제고하자는 2009년 4월 양국 정상의 런던합의에 입각한 것으로 기존의 '고위급(전략)대화'와 '경제전략대화'를 결합하여 하나의 전략대화 기제로 재구성한 것이다.

중국은 이 '대화'가 개최되기 이전에 미국이 금융위기에서 벗어나는 것을 돕기 위하여 미국의 채권을 추가로 구매하는 정치적 결단을 보여주면서 이 '대화'를 위한 분위기를 고조하였다. 미국 역시 전례 없는 예우로 중국 측을 맞이하였다. 중국 측은 '대화'의 전반적인 분위기를 "이견을 적게 말하고 협력을 더 많이 이야기하면서, 과거에 너무 얽매이지 말고 미래를 지향하는 방향으로 나아가자(多談合作, 少講分歧, 多展望未來, 少糾纏過去)"로 요약하고 있다. 미국 대통령 오바마는 개막식에 직접 참여하여 치사를 통해 "미·중 관계가 세계에서 어떤 양자관계 못지않게 중요하며 21세기를 좌우할 것"이라고 평가하였다. 클린턴 국무장관과 가이트너 재무장관도 월스트리트저널(*Wall Street Journal*)에 공동 기고를 통해 다음과 같이 미·중 간의 협력을 적극 강조하였다.

미국이나 중국이 단독으로 해결할 수 있는 세계적 문제는 거의 존재하지 않는다. 미국과 중국이 공동으로 협력하지 않는다면 해결할 수 있는 세계적 문제는 역시 거의 존재하지 않는다고 지적하였다.

전략적 성격에 걸맞게 '대화'의 의제로는 양국의 현안문제는 물론이고, 중장기적인 이슈, 지역 및 범세계적인 이슈를 포괄적으로 포함하였고, '대화'의 의제와 내용은 공개하는 방식으로 진행하였다. 미국은 기후변화, 반테러, 핵 비확산 문제 등을 주 의제로 제시하였으며, 중국의 주 의제는 미국 내 중국자산의 안전 문제를 제시하였다. 미·중 양측은 금번 '대화'를 통해 상호 이해의 폭과 깊이를 심화하였고, 21세기의 양국관계는 물론이고, 경제·금융 분야, 지역 및 범세계적 문제 등 매우 광범위한 이슈에 대해 양국 간의 협의 및 협력이 필수적이라는 상호인식을 공식화하였다. 향후 양자 사안에 대한 협력은 물론이고 주요 국제문제에 대한 양국 간 협력을 강화하는 제도적 계기를 마련하였다.

'대화' 수석 대표의 수준은 기존의 차관급인 고위급(전략) 대화와 부총리급인 경제 전략 대화를 결합하여 명실상부한 부총리급 대화로 격상하였다. '대화'는 이원화하여 진행되었는데, 안보부문에서는 힐러리 국무장관과 다이빙궈 국무위원, 경제부문에서는 가이트너 재무장관과 왕치산 부총리가 각기 미·중 양국의 대표로 회의를 진행하였다. 양측은 각기 10여 명이 넘는 장관급 인사들이 참여하였다.

'대화'는 기존의 회의와는 다른 새로운 방식을 도입하였다. 중국 측은 전례 없이 대규모의 150여 명에 달하는 인원으로 구성되었으며, 전체 회의,

이슈별 회의, 소규모 회의 등을 결합한 다차원적인 방식을 채택하였다. 정부부문의 대화뿐만 아니라 미국 상공회의소 측과 중국 측 관련 대표단이 회의를 하는 등 민간부문과의 회의도 결합하여 '대화' 의 수준을 다양하게 가져갔다.

국제정치의 구조적 상황이나 '대화' 의 배경을 고려할 때, 미·중 관계가 21세기 가장 중요한 G2라고 해석하는 것은 아직 시기상조이다. 그러나 '대화' 는 미국과 중국이 "전략적 경쟁" 에서 "전략적 협력" 이 주가 되는 관계로 전환하고 있음을 상징적으로 보여준 사례라 할 수 있다. '대화' 는 미·중 양국이 현재 상대를 적으로 상정하면서 일방적인 우위 혹은 이익을 추구하기에는 어려운 국제정치경제의 구조적 상황을 상호 인식한 결과이다. '대화' 에서 제시한 오바마의 미·중 협력요구는 단지 전술적이고 정책적 차원에서 임시변통적으로 양국관계에 적용시키는 것으로 인식하지는 말아야 한다.

여기서 전략적 협력이란 이러한 상황을 합리적으로 인식하면서 이원론적이고 극단적인 대립과 파국을 지양하고, 양자관계를 넘어서는 이슈를 포함하면서 장기적인 관점에서 공동의 이익을 위해 협력을 지향하는 것이며, 갈등을 관리하려 노력하는 상황을 의미한다. 물론 "전략적 협력" 관계의 수립이 미·중 관계에서 갈등과 경쟁이 부재하거나 대폭 줄어들 것이라는 것을 의미하는 것은 아니라는 것도 주목할 필요가 있다. 이는 중국의 원자바오 총리가 미·중 관계를 "협력을 중히 여기며, 협력하지만 차이점은 인정한다(以和爲貴 和而不同)" 로 정리한 것에서도 잘 드러난다. 협력의 중국적 표현인 합작(合作)은 상호 차이와 갈등이 존재한다는 것을 인정하면서도 공동의 이익을 위하여 협력한다는 의미이다.

우리가 동시에 주목할 점은, 미·중이 '대화' 를 통하여 "전략적 협력" 을 위한 공감대를 확인하였지만, 이를 운용하고 집행하기 위한 경험은 아직 부족하며, "전략적 협력" 시대가 초기 단계에 있다고 평가할 수 있다. 따라서 이번 '대화' 에서 양국이 주요 이슈에 대한 구체적인 행동계획에 대해 합의한다는 것은 어려웠으며, 양국의 물리적 통합도 아직은 요원한 상황이다.

V. 향후 미·중 관계 전망

1. 현재의 선언적 수준

미국의 오바마 대통령과 중국의 후진타오 국가주석이 2009년 4월 개최된 런던 G20 정상회의에서 "21세기 적극·협력(건설적)·전면적인 관계(21世紀積極合作全面的關係)"를 수립하기로 합의하였다.[12] 2009년의 선언적 관계에서 보여주는 "건설적"이란 표현은 양국 간에 일정한 주요문제에 있어서 이견이 존재한다는 것을 합의한 외교적인 개념이며, "적극적"이란 표현은 이러한 이견들을 적극적인 태도로 풀어나가겠다는 양국의 의지를 밝힌 것으로 해석할 수 있다. 이 관계는 지난 부시 행정부 시절 2001년 미·중 간에 상호 이견(異見)과 갈등을 내포하고 있는 관계를 전제한 "건설적 협력관계(建设性合作关係)" 및 2005년 합의한 "21세기 건설적 협력관계(21世纪建设性合作关係)"에서 진일보한 개념으로 최근 변화하는 미·중 관계를 일정 정도 반영한 것이라 평가할 수 있다.

그러나 이 관계는 외형적으로는 대단히 의미 있는 높은 수준의 관계로 보일 수도 있으나, 중국 외교유형의 측면에서 볼 때 "적극·협력(건설적)·전면적인 관계"는 개념적으로 중국이 미국과 선언적인 차원에서 "전략적 관계"를 수립하지도 못하였을 뿐만 아니라, "동반자 관계"에도 미치지 못하는 우호협력관계의 수준에 머물러 있다고 평가할 수 있다.[13] 중국은 1990년대 중반 이후, 소위 말하는 "동반자 외교"를 적극적으로 전개해 왔

---

12) 더 자세히는 중국 외교부 사이트 내 http://www.fmprc.gov.cn/chn/pds/gjhdq/gj/bmz/1206_22/sbgx/ (검색일: 2009.08.08). 미국 측의 해석은 이를 "적극적이고, 건설적이며, 포괄적인 관계(positive, constructive, and comprehensive relationship)"로서 양자관계를 규정하고 있다.

13) 중국의 동반자 외교에 대한 더 자세한 설명은 김흥규, "중국의 동반자 외교小考,"『한국정치학회보』제43집 제2호(2009년 여름), pp.287-305.

다. 여기서 동반자란 각국 간에 존재하는 차이에 대한 상호 존중, 평화적 수단에 의한 분쟁관리와 해결, 공동 이익을 추구하는 관계라 규정할 수 있다. 21세기 들어 중국은 주요 강대국들 및 이웃 국가들, 자원 강국 등과 더불어 "전략적" 동반자 관계를 적극적으로 추진하였으며, 2008년 현재 약 20여 개 국가와 "전략적 동반자" 관계를 수립하였다. 미국과는 1997년 장쩌민 주석의 방미 시 클린턴 대통령과 "건설적 전략동반자 관계(建設性戰略伙伴關係)"를 수립하기로 합의하였으나, 부시 행정부의 등장으로 현실화시키지 못하였으며, 오늘날까지도 그 수준에 여전히 미치지 못하고 있는 것이다.

미·중 양자관계의 현재를 놓고 볼 때, 양국은 선언적인 수준에서 추후에 "21세기 포괄적(합력적) 전략적 동반자" 관계로 격상할 여지를 지니고 있다. 외부에 드러난 형식적 관계수준은 미·중 관계의 현실을 다 표현하지는 못하고 있음을 주목할 필요가 있다. 이는 미국이 중국식의 외교유형화 체계 속에 편입되는 것을 받아들이지 않은 결과이기도 하다. 이 양자관계를 어떻게 새로이 정의하든 간에, 그 선언적 형식과 관계없이 미·중 관계는 21세기에 가장 중요한 사실상의 전략적 관계에 속한다고 할 수 있다. 이미 양국은 2002년에 고위급 전략대화를 개최하기로 합의한 바 있으며, 2005년 8월 개최된 '미·중 고위급대화' 및 2006년 12월 시작된 '미·중 경제전략대화' 등을 통해 전략적 관계를 이미 형성하고 있다고 할 수 있다.

2. 향후 전망

'대화'가 그 중요성에도 불구하고 미·중 간에 존재하는 모든 갈등을 해소한 것은 아니라는 점이 분명하다. 이러한 입장은 미국 외교협회의 시걸(Adam Segal) 선임연구원의 주장에서 잘 드러난다. 그는 "미·중 간 협력이 여전히 한계를 지니는 것은 단지 중국이 얼마나 중요한지를 미국 측이 인식하지 못해서가 아니며, 양자관계의 중요성을 양국 지도자들이 간과해서도 아니라는 것"이다. "미·중 간 잠재적 긴장과 갈등의 원인은 서로 상반된 이해관계, 가치 및 국가 역량의 차이에서 비롯"되고 있다는 주장이다. 미국 국제전략문제연구소(CSIS)의 미·중 관계 전문가인 글레이저(Bonnie Glaser) 역시 유사한 맥락에서 미·중 관계의 한계를 주장하고 있다.[14]

미·중 간에 존재하는 긴장과 갈등은 공세적 정치현실주의 이론이 지적하는 것처럼 국제정치의 본질과 강대국의 속성에서 비롯된 것일 수도 있고, 혹은 세력전 이론이 이야기하는 것처럼 미·중 간 힘의 불균형 상황의 변화 가능성에서 유래하는 것일 수도 있다. 중국은 여전히 미국에 대한 불신이 깊다. 중국은 미국이 금융위기에서 회복하는 대로 정치체제, 가치, 문화 등의 차이점을 부각시키고 미·중 간 존재하는 국력의 불균형 상황을 활용하면서, 중국을 압박할지도 모른다는 우려를 지니고 있다. 미국 역시 현 국제체제에 대한 중국의 순응여부에 대해 회의적인 시각이 존재한다. 그리고 미국에 도전할 수 있을 정도로 성장하였을 때, 중국이 현 국제체제에 대한 도전국으로 등장할 것이라는 우려도 강하다. 이러한 우려는 국제정치 자유주의자들이 주장하는 경제적 상호의존성의 증가가 평화를 가져온다는 논의에 비판적인 시각이며, 이 연구 역시 이러한 우려가 오히려 현실에 가깝다는 결과를 조심스럽게나마 보여주고 있다. 협력의 증대는 동시에 분쟁의 증대도 불러온다는 것이 이 연구의 중요한 분석 중 하나이다.

다른 한편으로는 미·중 관계를 지나치게 과장되게 평가하는 것을 우려하는 시각 역시 강하다. 이 시각에 의하면 미·중 관계가 21세기 가장 중요한 양자관계 중 하나라 평가할 수 있지만, 동시에 국제정치경제에서 일본, 러시아, 인도, EU 등을 무시할 수 있을 정도의 압도적인 역량과 비중을 지녔다고 평가할 수는 없을 것이다. 대체로 이들 국가들이 이번 미·중 '대화'를 민감하게 받아들이면서 경계하는 것은 소위 말하는 G2 시기가 당분간 어렵다는 것을 역설적으로 말해 준다. 아울러 전 지구적 문제는 미·중 양국의 힘만으로 해결할 수는 없을 것이기 때문이다.

---

14) 필자의 인터뷰(서울, 2009.9.18).

그럼에도 불구하고 이번 ‘대화’는 미·중 간 역량 및 체제의 차이, 가치의 불균일성에서 유래하는 양자 간의 갈등이 국제정세 전반의 변화 추세 속에서 이익의 균형을 바탕으로 전략적 협력을 촉진하는 구조적 변화를 압도할 수는 없다는 것을 보여주었다. 이번 ‘대화’에서 "전략적 갈등과 경쟁"보다는 "전략적 협력"의 비전을 제시한 것은 이러한 국제정치경제 변화의 대세를 반영한 것이다. 이러한 협력의 비전이 갈등의 빈도를 줄이지는 못한다 할지라도, 갈등이 무력충돌로 전이되는 것을 억지하는 기제를 제도화하고, 관리하는 능력은 더욱 커질 것으로 평가된다. 향후 미국이 현재의 군사적 제약사항을 타파하고 절대적 우위를 확보하기 위한 군비경쟁에 나서지 않는다면, 미·중 양국은 정보화 및 핵무기 시대의 제약, 새로운 전 지구적 차원의 도전, 긴밀한 상호의존성의 심화 등 복합적이면서도 구조적 제약요인의 영향을 강하게 받을 것이다. 나아가 이러한 구조적 제약사항을 바탕으로 양국 간에는 향후 "안보 공동체(security community)"와 같은 인식을 수립하는 단계로 나아갈 수 있는가 하는 점이 새로운 도전으로 남아 있다.

미국의 대선과 관련하여 크게 영향을 받던 미·중 관계는 이번 오바마 행정부의 등장과정에서 보듯이 안정적 관계를 유지할 수 있었다. 중국은 미국의 대선에서 부정적 캠페인의 대상이 되기에는 미국과의 이해관계가 너무 긴밀히 결합되어 있는 것이다. 이는 미·중 간 ‘대화’에서 잘 드러난 "전략적 협력"의 방향은 새로운 비전을 제시한 것이 아니라, 그간 진행되어 온 변화의 과정을 상징적으로 표출한 것으로 평가해야 한다는 점이다. 향후에도 미·중 간 "전략적 협력"은 주요한 국제정치경제환경이 될 것으로 인식해야 한다. 2009년 11월 오바마 대통령의 방중 시 미·중 양국은 형식과 현실이 일치하는 ‘전략적’ 및 ‘동반자’라는 개념을 포함하는 새로운 관계 정의에 합의할 가능성도 존재한다.

▌참고문헌 ▌

김흥규. 2009. "중국의 동반자 외교小考."『한국정치학회보』제43집 제2호(2009년 여름), 287-305쪽.

21세기중국총연. 2005.『중국정보핸드북』. 서울: FKI미디어, 442-443쪽.

David, M. Lampton. 2005. "Paradigm Lost: The Demise of Weak China." *National Interest* (fall 2005), p.69.

James, Mann. 2000. *About Face*. New York: Vintage Books, p.285.

Mao, Zedong. 1999. "Two Intermediate Zones." *Mao Zedong Selections,* NO.8, Beijing: Renmin Publisher, pp.343-345.

Nina, Hachigan, Michael Schiffer, and Winny Chen. 2008. *"A Global Imperative: A Progressive Approach to U.S.-China Relations in the 21st Century."* Center for American Progress (August 2008).

Robert, B. Zeollick. "Whither China: From Membership to Responsibility?" In http://www.ncuscr.org/articlesandspeeches/Zoellick.ht (2005.9.21).

Ye Jiang. 2009. "Readjustment of China's Major-Powers Strategy in its All-Dimensional Diplomacy since the Reform and Opening up." *Peace,* No.90(March 2009), pp.28-29.

제7장

세계평화지수를 통해 본 일본 외교정책에 있어서의 협력과 갈등

최운도 | 동북아역사재단

I. 들어가는 말

본 연구는 킹과 로우이(King & Lowe, 2003)가 구축한 10 Million International Dyadic Event Data(이하 IDEA로 약칭)에서 일본과 주변 5개국들 사이의 협력과 갈등행위를 1990년에서 2004에 걸친 15년이라는 시기를 대상으로 추출해 낸 데이터를 활용한다. IDEA는 세계 450여 개의 국가와 비국가 행위자들의 행태를 협력과 갈등이라는 두 개의 큰 범주로 구분하고 특정 대상에 대한 양자 간 행위를 로이터 통신의 신문기사들을 대상으로 조사한 것이다. 전문가 판독에 의존해 온 COPDAB(Conflict and Peace Data Bank)과 달리 신문기사를 분석하는 프로그램을 활용하여 기계적인 방법으로 사건분석 자료를 만든 것으로 방대한 양의 데이터를 구축할 수 있었으며, 프로그램의 개선을 통해 작업의 정확성과 적절성을 향상시켰다. 컴퓨터 프로그램이 찾아내고 평가한 행위들은 골드스틴(Goldstein)의 가중치를 적용하여 0을 중심으로 협력의 경우는 10까지 그리고 갈등의 경우에는 -10에 걸친 스케일로 전환되었다.

우리가 활용하는 데이터는 IDEA의 데이터 중에서 일본이 미국, 러시아, 중국, 한국, 북한의 개별 국가들과 양자관계 속에서 보여온 협력과 갈등행위를 대상으로 한다. 이번 연구 프로젝트에서는 협력과 갈등행위를 나타내는 데이터를 양국 사이의 '평화' 행위를 의미하는 '평화지수'로 부르고 있으나 이 개별 연구는 일본의 외교정책을 설명하기 위한 것인 만큼 개별적으로 분리하여 협력과 갈등으로 보는 것이 타당할 것이다. 만약 양국관계의 전체적인 상황을 설명하는 데 필요하다면 이들 데이터들이 양국관계를 얼마나 평화적인 것으로 보여주고 있는가를 나타내는 것으로 활용할 수 있을 것이다. 그러나 현재로서는 우선 IDEA 데이터가 15년의 시기에 있어서의 일본의 양자 간 외교관계를 어떻게 보여주고 있는가를 살펴보는 것이 일차적인 목표라 할 수 있다. 우리가 가진 데이터가 특정 시기의 외교정책을 어떠한 방식으로 설명해주고 있는가에 대한 이해가 이루어진다면 이를 바탕으로 우리가 알고 싶어하는 가설의 진위 여부를 가리는 데 활용할 수 있게 된다. 결국 데이터가 보여주는 현실에 대한 이해와 우리가 기존에 이해하고 있던 현실을 데이터를 활용하여 검증하는 것은 서로가 연결된 고리의 연속으로 끊임없는 상호작용 속에서 우리의 연구가 심화되어가는 과정이라 할 수 있다.

II. 월간 데이터에 나타난 변수들 사이의 상관관계: 기초조사

IDEA 데이터 베이스가 제공하는 자료들을 분석을 위해 활용할 때에는 우선 다음과 같은 점에 유념하여야 한다. 데이터베이스 구축과정에서 기초자료로 삼은 신문의 경우, 데이터 수집과정에서 프로그램의 검색에 포착되고 처리되기 위해서는 상대방의 정책에 대한 반응이 5~10일이라는 짧은 시간의 틀 속에서 이루어져야 할 것이다. 그리고 신문 매체에서 보도되고 양국의 여론 형성과 상호작용의 진행 과정 또한 그 시간의 틀 내에서 이루어진다고 가정해도 무리가 아닐 것이다. 그 경우 IDEA에 기록된 일별 기록들을 월별 기록으로 묶는 것이 합리적이라 할 수 있다. 상호작용이 하루나 이틀의 지연기간을 두고 기계적으로 정확하게 일어난다고 확실할 수 없는 이상, 한 달을 단위로 한 상호작용의 점수는 반응과 대응의 과정에서 발생하는 것으로 보아도 좋을 것이다. 이 경우 상호작용 사이에 시간적인 간격을 고려하지 않아도 좋은 만큼 월별 데이터가 우리 연구의 목적에 부합한다고 할 수 있다.

반면, 연도별 데이터는 큰 변화의 흐름은 볼 수 있지만 상호작용을 보여주지는 않는다. 실제로 동일한 대상국가들 사이의 협력이나 갈등의 상관관계를 월별 데이터와 연도별 데이터로 분석한 다음 결과를 비교해 보면 동일하지 않음을 알 수 있다. 반면 월별 데이터는 각 변수 별로 180여 개(12개월×15년)에 달하는 값이 있고 특정 국가에 대한 협력이나 갈등의 행위 자체가 없거나 적은 달이 많으므로 그래프로 제시할 경우 전체적인 경향을 제시하는데 한계가 있다. 그러므로 통계분석을 필요로 할 경우에는 월별 데이터를 근거로 한 결과를 제시할 것이며, 가시적으로 제시할 필요가 있는 그래프의 경우 월별 데이터를 근거로 제시하고자 한다.

〈표 7-1〉과 〈표 /-2〉가 월별 데이터와 연도별 데이터의 차이를 보여준

〈표 7-1〉 연도별 데이터의 상관관계(N=15)

	cJU	cUJ	dJU	dUJ
cJU	1	.899**	-.298	-.858**
cUJ	.899**	1	-.390	-.936**
dJU	-.298	-.390	1	.435
dUJ	-.858**	-.936**	.435	1

** 0.01 수준에서의 통계적 유의성

〈표 7-2〉 월별 데이터의 상관관계(N=180)

	cJU	cUJ	dJU	dUJ
cJU	1	.746**	.265**	.584**
cUJ	.746**	1	.257**	.490**
dJU	.265**	.257**	1	.401**
dUJ	.584**	.490**	.401**	1

** 0.01 수준에서의 통계적 유의성

다. 미·일 갈등에 해당하는 dUJ와 dJU의 상관관계에 주목하여야 한다. 〈표 7-1〉의 연도별 데이터(N=15의 경우)가 보여주는 통계적 상관관계가 〈표 7-2〉의 월별 데이터(N=180)에서는 사라졌음을 알 수 있다.

III. 양자관계와 상호작용의 특징들

본 연구는 일본을 포함한 5개국에 대한 일본의 외교정책으로서의 협력과 갈등을 살펴보기 위한 것이다. 여기에는 5개의 양국관계와 10개의 삼각관계가 가능하나 우리의 관심을 끄는 것은 양국관계 중에서는 미·일 관계, 중·일 관계, 그리고 한·일 관계의 세 개이며, 삼각관계 중에는 미·중·일, 한·미·일, 남·북·일, 한·중·일의 네 개 관계를 들 수 있다. 우선 데이터에 대한 이해를 높이기 위해서는 양국관계를 통해 협력 데이터와 갈등 데이터의 기술(記述)분석(descriptive statistics)을 살펴보고자 한다. IDEA 데이터가 보여주는 협력과 갈등의 기본적인 양상을 통해 국가 간 협력과 갈등행위의 특징을 파악함으로써 양국 간 외교관계에 있어서 통계적 연구의 분석

대상이 될 가설들의 설정이 가능해질 것이다. 양국관계에서 벌어지는 협력행위와 갈등행위에 대한 이해는 필요한 경우 삼자관계 속에서 더 잘 설명될 수 있을 것이다. 그러므로 필요한 삼자관계에 대해 분석하고자 한다. 분석방법에 있어서는 일단 두 변수 사이의 상관관계를 위주로 국가들 사이의 협력과 갈등의 상호작용을 살펴 볼 것이다.

1. 협력과 갈등의 기술분석

다음의 〈표 7-3〉과 〈표 7-4〉는 본 연구의 대상이 되는 5개 양자관계에서의 협력과 갈등의 데이터에 대해 설명하고 있다. 최초 데이터 입력 시에는 매일 매일의 신문기사를 평가하여 단위 행위에 대해 0~10점의 범위 내에서 평가하고 협력은 양의 수로, 갈등은 음의 수로 표기되었다. 〈표 7-3〉과 〈표 7-4〉는 그것들의 월별 합계를 기초로 한 것이다. 단, 〈표 7-4〉에서는 연구의 편의를 위해 양의 수로 전환한 자료를 토대로 한 것이다. 협력과 갈등을 양수와 음수로 표시하는 것은 이들 값의 차이를 '평화지수'라는 의미에서 각국의 행태에 대한 평화 지향성을 평가하기에는 적절할지 모르나 각 국가의 외교정책 자체를 평가하고 이들의 양자 간 혹은 삼자 간의 상호작용 자체를 정책적 차원에서 분석하는 데는 적절하지 않다고 할 수 있다. 그러므

〈표 7-3〉 협력행위에 대한 평균 비교(N=180)

	cJU	cUJ	cJC	cCJ	cJR	cRJ	cJS	cSJ	cJN	cNJ
Mean	48.2	44.3	12.1	2.6	6.0	5.1	5.6	5.2	4.9	3.8
Mode	40.7	21	.0	.0	.0	.0	.0	.0	.0	.0
Std.Deviation	26.3	28.5	10.2	3.7	8.4	7.7	6.7	5.9	8.5	8.8
Minimum	.1	0	.0	.0	.0	.0	.0	.0	.0	.0
Maximum	152.8	165	55.0	21.8	55.6	58.3	44.6	30.8	74.6	88.4

<표 7-4> 갈등행위에 대한 평균 비교(N=180)

	dJU	dUJ	dJC	dCJ	dJR	dRJ	dJS	dSJ	dJN	dNJ
Mean	11.3	13.8	2.9	.9	.9	1.6	1.3	2.0	1.5	2.2
Mode	8.8	.3	.1	.0	.0	.0	.0	.0	.0	.0
Std.Deviation	9.3	13.7	4.8	2.2	2.8	4.6	3.4	4.6	3.0	4.0
Maximum	51.3	87.6	27.9	15.0	21.0	35.1	18.5	36.8	20.2	23.5
Minimum	.0	.0	.0	.0	.0	.0	.0	.0	.0	.0

로 여기에서는 모든 갈등행위에 대한 데이터는 양수로 전환하여 제시되고 있다.

다음 표들의 첫 번째 특징은 미국과 일본의 양자관계, 그리고 일본의 대중국 갈등행위를 제외하고는 한 달 동안 0의 값을 갖는 경우가 가장 많은 빈도로 나타나고 있다는 점이다. 그렇기 때문에 월별 데이터를 그래프로 제시할 경우 값의 변동만 지나치게 확대되어 나타나게 되어 경향을 분석하기가 쉽지 않게 되는 것이다.

두 번째 특징은 미·일 관계의 협력과 갈등이 다른 양자관계의 데이터에 비해 훨씬 높은 평균값을 보여주고 있다는 점이다. 협력의 경우 미·일 협력의 월평균은 48.2이며 일·미 협력의 월평균은 44.3으로써 다른 양자관계의 협력 평균이 12.0~2.56에 불과한 것과 대조적이다. 월별 최소값과 최대값 또한 다른 경우의 최대치가 88.4인데 비해 미·일 관계는 최대치가 153에 이르고 있다. 물론 180개의 값들 중 빈도와 관계없이 월별 최대값을 비교하는 것에 큰 의미를 두는 것은 어려울 것이나, 그 기간 중에 나타날 수 있는 최대값에서조차도 미국과 일본 양자관계의 특별함이 드러난다고 볼 수는 있을 것이다. 미·일 관계의 특수성은 연도별 데이터에 기초한 <그림 7-2>의 추이에서도 잘 나타나고 있다. 일본의 대미 협력(cJU)의 연도별 최소값이 210.5인 것과 다른 양자관계의 경우를 비교해 보면 일본의 대중 협력(cJC)의 최대값인 257.1를 제외하면 다른 모든 협력행위의 최대값보다도 크다는 것을 알 수 있다. 만약 연도별 협력의 그래프를 겹쳐 둔다면 미·일 양자관계의 협력 그래프가 나머지 양자관계의 협력행위를 나타내는 선들보다 항상 위에 있음을 의미한다.

일본을 둘러싼 월별 갈등행위에 있어서도 일본의 대미 갈등(dJU)과 미국의 대일 갈등(dUJ)은 다른 갈등행위들에 비해서는 높은 평균값인 11.3, 13.8을 유지하고 있으며 〈그림 7-2〉에서 보는 연도별 데이터의 경우에도 다른 갈등행위들보다 훨씬 큰 수치를 유지한다. 미국의 연도별 대일 갈등(dUJ)의 최소값인 47.7의 경우, 일본의 대외갈등 행위의 최대치들과 비슷한 수준이며 최소치들보다는 훨씬 더 큰 값을 유지하고 있다. 미·일 관계에서 서로에 대한 협력과 갈등의 수준은 일본과 관련된 다른 어느 나라의 협력이나 갈등보다 높은 값을 보여준다.

위의 기술분석은 일본의 외교정책에 있어서 미국과의 관계가 기본축을 구성한다는, 그리고 다른 어느 나라와의 관계보다 큰 비중을 차지하고 있다는 일본 외교의 기본에 대한 일반적인 인식과 부합된다. 그러나 위의 기술분석만으로도 우리는 그 이상을 볼 수 있다. 미·일 양자관계의 상호작용은 그 빈도뿐 아니라 내용에 있어서도 최소수준이 다른 어느 양자관계의 최대수준보다 높은 정도에 이름을 알 수 있다. 물론 개량화된 자료에 기초한 그래프가 질적인 상화관계의 중요성까지 보여 주지는 않으나 그 양자관계의 중요성을 시각적으로 제시할 수 있다는 것만으로도 일본 외교정책의 이해에 큰 도움을 준다고 할 수 있다. 국방비의 경우 군사력의 질적인 면까지는 보여 주지 못하지만 한 국가의 재원이 투자된다는 점에서 중요한 정보로 받아들여지고 있다. 미국의 국방비가 전 세계 국방비의 절반 이상을 차지한다는 평가는 미국의 군사력을 가장 잘 나타내주는 지표로 자주 인용되고 있다.

위의 기술분석이 보여주는 세 번째 특징은 중국의 대일본 협력(cCJ)과 갈등(dCJ)이 협력의 평균들과 갈등의 평균들 중 가장 낮은 수준이라는 점이다. 심지어는 최대값에 있어서도 다른 어느 양자관계보다 낮은 수준을 보여주고 있다. 반면 일본의 대중국 협력(cJC)과 갈등(dJC)은 평균값에 있어서 가장 높은 수준을 보여주고 있다. 탈냉전기 중·일 관계는 협력에 있어서든 갈등에 있어서든 양국의 핵심 외교관계로 인식되어 왔다. 그러나 외교행태로 나타난 상호관계는 지극히 비대칭적이며, 국제사회에 드러나는 중국의 대일본 정책은 지극히 낮은 수준임을 알 수 있다. 중국의 소극적 대응은 협력행위나 갈등행위에서 동일하게 나타나는 것으로 보아 중국외교 정책 행태의 특징으로 보아도 될 것이다. 상호주의(reciprocity)를 협력과 갈등의 원칙에서 본다면(Keohane 1986) 중국은 일대일 대응뿐 아니라 전체적인 대응의 빈도와 수준에 있어서 상호주의를 따르고 있지 않는 방식의 외교행태를 보여주고 있는 것이다.

〈표 7-3〉과 〈표 7-4〉가 보여주는 네 번째 특징은 협력의 평균이 갈등의 평균보다 훨씬 높은 수준을 유지하고 있다는 점이다. 1990년에서 2004년에 걸친 기간 동안 연도별 데이터에 기초한 그래프를 보면 갈등행위가 협력 행위의 수준보다 높게 나타나는 국가는 북한이 유일하다는 점을 알 수 있다. 〈표 7-3〉과 〈표 7-4〉에서는 중국의 일본에 대한 협력과 갈등의 평균차이가 1.7이며 북한의 일본에 대한 협력과 갈등의 평균차이가 1.6임을 알 수 있다. 양국의 대일본 행위에 있어서의 협력과 갈등의 차이가 가장 작은 수준이지만 그래프를 통해 보면 중국의 일본에 대한 협력은 항상 갈등보다는 높은 수준을 유지해 왔음을 알 수 있다. 반면 북한의 일본에 대한 정책은 3번에 걸쳐 갈등이 협력보다 높은 수준을 보일 정도로 교차하는 모양을 보여주고 있다. 만약 IDEA의 데이터 구축에 대한 신뢰성을 인정한다면 서로 적대시 하지 않는 국가들 간에는 갈등을 겪기도 하나 서로에게 보내는 메시지에 있어서 항상 협력이 갈등보다는 높은 수준을 유지해 왔다고 할 수 있다. 반대로 북한의 경우 일본에 대한 정책 운영에 있어서 다른 국가들과는 다른, 적대적인 기조 속에서 진행시켜 왔다고 할 수 있다.

2. 협력과 갈등의 상관관계

위에서는 협력과 갈등 그리고 6개국 각각의 데이터 값들의 평면적 그림을 보았다면 이번에는 일본을 중심으로 한 6개국 양자관계에 대한 상관관계를 통해 협력과 갈등의 전체적인 상황을 살펴보도록 한다. 다음의 〈그림 7-1〉에서 우리는 협력과 협력의 상관관계가 통계적으로 유의한 양자관계는 일·중 관계를 뺀 모든 양자관계에서 나타나고 있음을 알 수 있다. 그리고 갈등과 갈등의 상관관계에 있어서 통계적으로 유의한 상관관계는 미·일 관계(dJU-dUJ)와 러·일 관계(dRJ-dJR)에 불과함을 알 수 있다.

그런데 여기서 다시 한번 〈표 7-3〉과 〈표 7-4〉의 협력수준을 살펴보자. 통계적 유의성이 없는 중·일 협력을 제외하고 러시아, 남한, 북한에 대한 일본의 협력행위 중에서는 러시아에 대한 협력이 오히려 우리나라에 대한 협력보다 높은 수준임을 알 수 있다. 이는 일본의 대외 갈등행위 수준을 보아도 알 수 있다. 러시아(dJR=0.9), 남한(dJS=1.3), 북한(dJN=1.5)에 대해 유사한 수준의 갈등행위를 보이고 있으나 남한에 대해 북한보다는 우호적 관계(cJS=5.6, cJN=4.9)의 수준을 보이고 있다. 반면 러시아보다는 남한에 덜 우호적 관계(cJR=6.0, cJS=5.6)이며 더 갈등적(dJR=0.9, dJS=1.3)으

〈그림 7-1〉 양자관계에서 본 협력과 갈등에 있어서의 상관관계

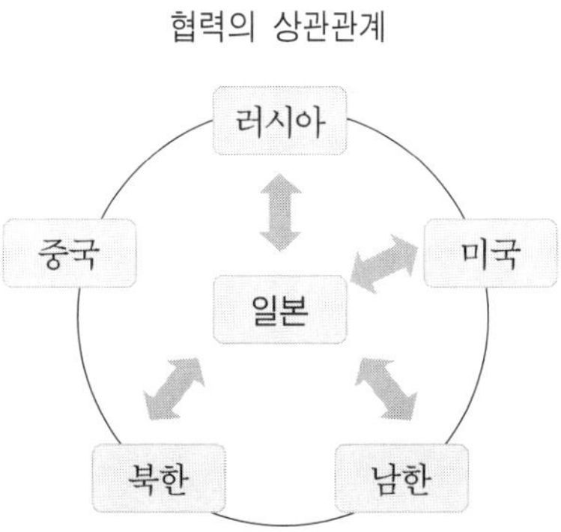

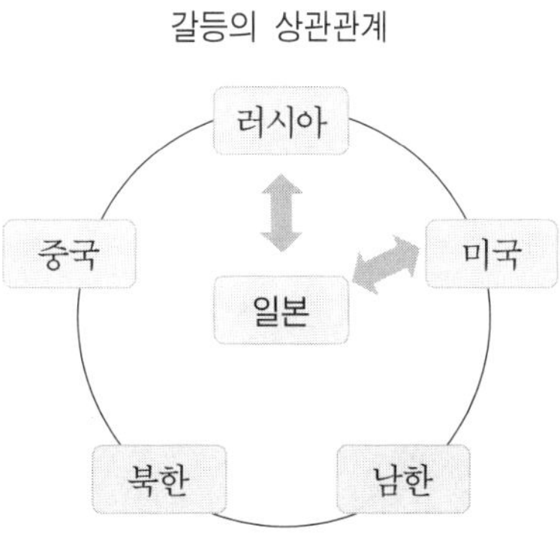

협력의 상관관계   갈등의 상관관계

로 나타나고 있다. 더구나 일본과 러시아 사이의 갈등행위는 통계적으로 유의성이 있는 상관관계 속에서 진행되고 있는 것이다.

여기서 우리는 일본의 외교에 있어서의 한·일 관계의 상대적 중요성에 대해 살펴볼 필요가 있다. 우리나라의 입장에서는 일본과의 관계가 갈등과 협력으로 가득 차 있는 그래서 '가까우면서도 먼 나라'라고 느낄 수 있으나 일본은 오히려 러시아와 더 많은 협력과 더 적은 갈등을 겪고 있음을 알 수 있다. 지정학적인 측면을 고려하지 않고 데이터 분석만으로 보자면 일본과 러시아의 관계가 가까우면서도 훨씬 더 평화로운 관계라 할 수 있다.

그러나 일본인들의 러시아와 한국에 대한 친근감을 비교해 보면 이와는 다른 상황임을 알 수 있다. 관방장관홍보실에서 매년 실시하는 「외교에 관한 여론조사」(2007, 2002, 1997)의 결과를 표로 만든 것이 〈표 7-5〉에 해당한다. 여기서 우리는 일본인들의 한국에 대한 친근감이 러시아에 비해 월등히 높은 편이며, 지난 10여 년 동안 러시아에 대한 일본인들의 친근감이 4.8% 정도 향상되기는 하였으나 우리나라에 대한 친근감보다는 훨씬 낮은 수준임을 알 수 있다. 그렇다면 위의 협력과 갈등의 행태는 일본인들의 친근감과는 별도로 정부의 외교적 행위의 결과에 지나지 않는다는 결론에 이른다.

〈그림 7-1〉에서 볼 수 있는 또 하나의 특징은 협력은 상호주의에 기초하

〈표 7-5〉 일본인들의 국가별 친근감에 대한 여론조사 결과: 러시아와 한국 비교

	1995년		2000년		2007년	
	러시아	한국	러시아	한국	러시아	한국
친근감을 느낀다	9.9	46.2	14.2	51.4	14.7%	54.8%
친근감을 느끼지 않는다	86.4	54.0	81.1	44.0	81.6%	42.6%

〈친근감을 느낀다〉는 '친근감을 느낀다'와 '어느 쪽이냐 하면 친근감을 느낀다'에 대한 대답을 합친 것이며, 〈친근감을 느끼지 않는다〉는 '친근감을 느끼지 않는다'와 '어느 쪽이냐 하면 친근감을 느끼지 않는다'의 대답을 합한 값

고 있으나 (중국은 예외로 하더라도) 갈등은 상호주의에 따르지 않는 경우가 더 많음을 알 수 있다. 갈등행위에 있어서 상호주의의 원칙을 따르는 경우는 다섯 개의 양자관계 중 미·일 관계와 일·러 관계에 국한됨을 알 수 있다. 상관관계에 대한 또 다른 해석은 외부에서 주어진 양국 사이의 사건이나 이벤트에 대해 양국이 같은 입장의 코멘트나 행위를 보이는 것에 대한 결과로 볼 수도 있다. 이 경우 상관관계가 어느 한 국가의 협력행위에 대한 상대국의 협력적 태도의 결과가 아니라 하더라도, 양국 사이에 발생하는 정치적 혹은 외교적 이벤트(협상의 진행, 합의의 도출, 국빈방문 등)에 대해 동일한 환영과 실망의 입장을 보인다는 면에서 양국이 우호적 관계를 유지하고자 하는 의지의 표현으로 볼 수 있다. 대신 협상의 결렬이나 상대국에 대한 비난, 협력의 거부 등과 같은 갈등행위에 대해서는 상관관계를 보이지 않는 것이 오히려 갈등의 상승작용을 회피할 수 있는 기제가 될 것이다. 만약 낮은 정도의 협력관계 속에서 이루어지는 갈등의 상호작용은 자칫 통제불능의 상황으로까지 발전할 수 있는 위험성을 내포할 수도 있다. 그러한 상황이 자주 발생할 가능성이 점쳐지는 한·일 역사 갈등의 경우, 그러한 상승작용을 조절할 수 있는 방법, 즉 갈등의 관리(conflict management) 필요성이 제기되고 있는 것이다.

IV. 탈냉전기 일본의 외교정책

1990년대는 일본 외교정책에 있어서 불확실성과 변화의 시기라 할 수 있다. 우선 냉전의 종식은 지난 50여 년간 아무도 경험해 보지 못한 새로운 국제질서의 시작을 알리는 것이었다. 1990년대 후반에 이르러서야 국제질서가 미국 중심의 일극체제로 확실하게 인식되기 시작하였다. 일본은 1991년 이후 버블붕괴를 겪으면서 급속한 경기 하락과 장기불황을 겪게 되었다. 잃어버린 10년을 통과하면서 일본인들은 기존의 정치질서와 체제에 대한 의구심을 품게 되었고 이것은 각종 정치적 변화의 노력으로 이어졌다. 1955년 이후 지속되어 온 자민당 일당지배 체제가 1993년에 붕괴되기 시작하였으며, 기존의 질서에 대한 변화노력들이 속속 등장하게 되었다. 외교정책을 둘러싼 변화들을 대외정책의 변화와 국내 정책결정과정의 변화로 나누어 볼 수 있다.

1990년 후반에 발발한 걸프전에서 일본은 큰 충격을 겪게 된다. 전쟁 전체 비용의 20%에 달하는 130억 달러를 지원하고도 인적 공헌을 회피한 탓에 '수표책 외교'라는 비아냥을 국제사회로부터 받아야 했으며, 국내적으로도 국제사회의 위기에 적절히 대처하지 못하는 자국의 모습에 문제의식을 갖게 되었다. 이 경험을 계기로 일본은 새로운 국가전략을 수립해야 할 필요성을 느끼게 되고, 광범위한 국내 논의를 진행시켜 나갔다. 호소카와 수상의 요구에 의해 시작된 방위문제간담회의 보고서 「히구치 리포트」에서는 미·일 동맹 이외에 다자주의 전략이 제시되기도 하였다. 이에 1995년 조셉 나이가 소위 '나이 이니셔티브'를 제시하면서 탈냉전기 미·일 동맹이 새롭게 재조명되기 시작하였다. 1996년 4월 클린턴과 하시모토는 미·일신안보공동선언을 발표하였고 이에 기초하여 1997년에는 미·일신안보협력지침이 제출되었다. 이후 각종 법령이 제정되면서 표류하던 미·일 관계(船橋洋一 1997)는 다시 안정적인 관계를 찾아가게 된다.

한편, 1980년대부터 시작된 미·일 간의 통상마찰은 탈냉전기에 접어들면서 한층 더 격화되기에 이른다. 걸프전을 승리로 이끈 조지 부시에 맞서 대통령 선거에 나선 클린턴은 '문제는 경제야, 이 바보야(It's the economy, stupid)'라는 발언을 함으로써 세간에 유행어로 알려지게 되었다. 냉전이 끝난 평화시대에 재정적자와 무역적자라는 쌍둥이 적자의 경제상황을 물려받은 클린턴은 일본에 대해 무역적자를 시정할 수 있는 시장개방을 지속적으로 요구하였으며 1990년대 초반은 미·일경제마찰로 특징지어질 정도로 갈등이 끊이질 않았던 시기였다. 1994년 10월 부분적인 합의에 이른 미·일포괄경제협의는 자동차 부문에 대한 협상을 제외한 상태였고, 결국 미 의회는 2005년 5월 일방적 경제 제재 수단인 슈퍼 301조를 적용하여 일본산 고급차량에 대해 100% 관세를 부과하기에 이르렀다. 이러한 극단적 무역마찰은 그해 6월에 열린 장관급 회담에서의 합의에 이르게 되었다. 이 합의 이후 미·일 간의 경제마찰은 잦아들게 되었고 미국이 요구해 온 가시적인 무역적자의 개선이 이루어지게 되었다.

이후 미·일 관계의 개선은 클린턴 행정부의 학습효과를 보여주는 대표적인 예로 거론될 정도로 큰 변화를 보이게 된다(최운도 2003; *Far Eastern Economic Review* May 19, 1999). 1990년대 후반 이후 미·일 관계는 향상되었을 뿐 아니라 강화되기도 하였다. 미·일 관계에 있어서 갈등의 주원인이었던 통상마찰이 감소된 반면 서서히 중국이 일본을 대신하여 미국경제에 대한 최대 경제위협으로 인식되기 시작하였다. 새로운 틀 속에서 안보협력을 강화해 나가기로 한 미·일 관계는 뚜렷한 적대국가의 부재 속에서 깡패국가 북한의 등장과 경제와 군사분야에서의 중국의 성장에 대응할 수 있는 유일한 국가전략의 수단으로 인식되었던 것이다. 이 중에서도 특히 중국의 성장은 미·일 관계의 전환에 결정적인 역할을 한 것으로 평가된다. 이러한 중국의 역할은 통상관계 변화를 통해 쉽게 볼 수 있다. 1990년 일본은 미국 최대의 경제 파트너로서 일본 수출의 31.5%, 일본 수입의 22.3%, 일본해외 직접투자의 45.9%를 차지했다. 그러던 것이 2004년에는 미국이 일본 수출의 22.7%, 일본 수입의 14%를 차지하게 되었고, 그 차이는 중국이 담당하게 되었던 것이다.

이와 같은 국제환경의 변화는 국내 정치상황의 변화 속에서 진행되었다. 전후 일본사회의 급격한 변화는 자민당 장기집권을 가능하게 해온 많은 국내여건의 변화를 초래하였다. 그 중에서 외교정책 결정과정과 관련된 것으로 주목할 만한 것은 수상의 권한강화노력과 내각부의 신설이라 할 수 있다. 전후 일본사회의 변동으로 도시의 시민들이 유지해 온 농촌이나 시골 지역과의 지연이 끊어지기에 이르면서 기존의 공공사업 시행을 위한 관료와 정치인의 유착관계는 약해지게 되었다. 그러면서 다양한 요구에 대응할 수 있는 정치인의 정책결정 능력이 중요하게 되었다. 반면 자민당과의 오랜 유착관계 속에서 높은 효율성을 인정받아 온 일본의 관료세계가 부패

스캔들과 투명성 저하에 시달리게 되었다. 또한 이전과는 달리 관직을 떠나 정치에 입문하는 연령층이 낮아지면서 정치인들과 관료의 연계가 약화되어갔다. 1993년 이후 지속된 연립내각 형태는 고정된 자민당의 지배하에서 가능했던 야당과의 야합을 불가능하게 함으로써 정당의 정책형성 기능이 향상되게 되었다. 이러한 변화들은 궁극적으로 수상의 권한 강화를 요구하게 하였다.

1996년 하시모토 내각하에서 시작된 행정개혁 논의는 2001년 1월 시행되기에 이르렀다. 수상관저의 기능강화를 목표로 한 행정개혁에서는 일본의 정치를 지배해 온 대장성이 재무성으로 개편되었으며 일반 관청을 지휘통솔하는 내각부의 신설이 핵심이라 할 수 있다. 이와 같은 관료의 정치개입 중단과 정치인에 의한 정책결정의 필요성은 2009년 하토야마 정권에서도 핵심정책으로 추진되고 있다. 2000년대 초의 상황에서 커디스는 다음과 같이 평가하였다. "구 정책결정 시스템은 더 이상 효과적으로 작동하지 않고 있으며 그렇다고 새로운 시스템이 공고화된 것도 아니다. '수상관저'가 권력을 확대하기는 하였으나 정책결정에 대한 지배력을 확립한 것은 아니다(Curtis 2002, 13)."

거기다 외무성은 국내문제 혁파를 중심으로 진행된 2001년 행정개편의 대상에서 제외되었다. 저성장과 소자고령화에 직면하여 제대로 기능하지 못한다는 지적을 받음으로써 시작된 행정개혁에서 외교와 그 담당관청은 인식의 대상에 들지도 못했다. "외교는 135년 전의 봉건체제에서 근대로 전환하는 명치초기의 체제를 오늘에 이어받아 수행되는 것이 되었다(渡辺一郎 2002, 18)"

V. 미·일 간 협력과 갈등의 상관관계

1. 미·일 협력과 갈등의 경향

〈그림 7-2〉는 미·일 관계에 있어서 협력과 갈등의 상호작용을 각각 보여주고 있다. 위에 언급한 바와 같이 〈그림 7-2〉의 그래프는 연도별 데이터에 기초한 것이다. 이들 그래프는 다음의 것들을 의미한다.

첫째, 미국의 일본에 대한 협력과 일본의 미국에 대한 협력은 높은 상관관계를 가지고 있음을 알 수 있다. 특히 연간 데이터의 경우 협력행위에 있어서는 해당 기간 동안 거의 동일한 수준으로 움직이고 있음을 볼 수 있다. 실제 두 변수는 통계적으로 중요한 상관관계에 있는 것으로 나타난다. 갈등행위에 있어서도 협력행위보다는 덜 하지만 높은 상관관계 속에 진행

〈그림 7-2〉 미·일 및 일·미 협력과 갈등의 상호작용

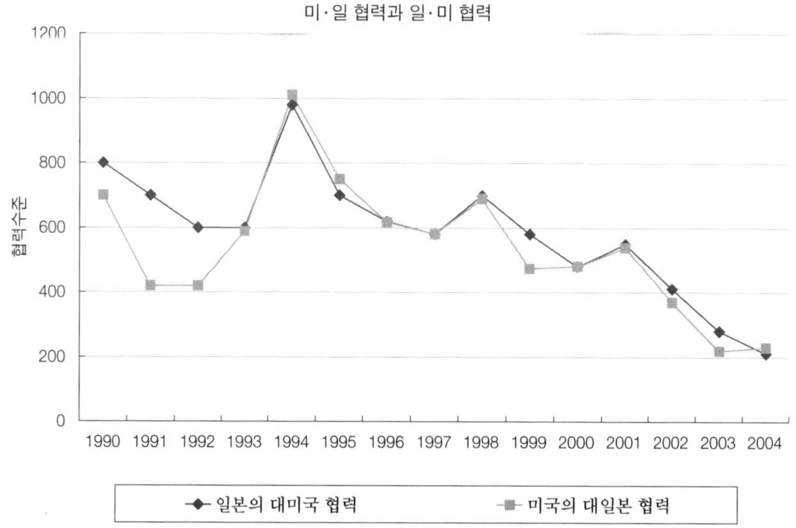

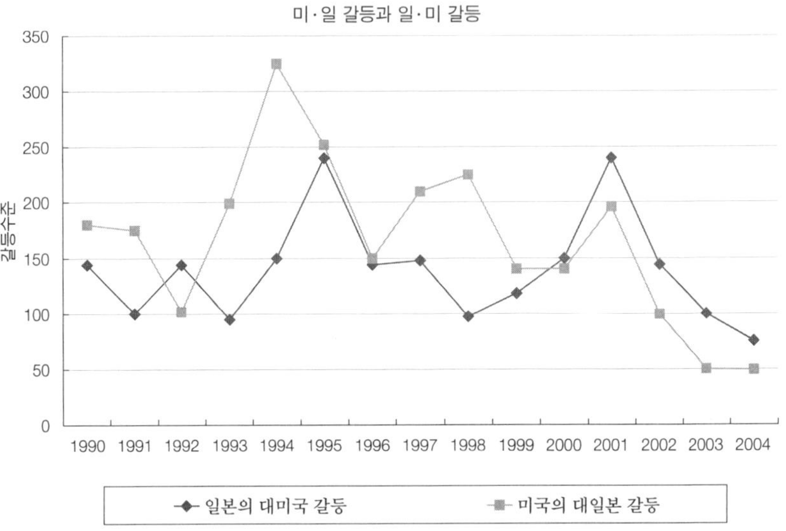

되고 있다. 그리고 이 또한 양국이 거의 비슷한 수준의 갈등행위를 보여주면서 상호작용하고 있음을 알 수 있다.

둘째, 위와 같은 미·일 관계의 예로부터 우리는 협력행위와 갈등행위 사이의 관계에 대해 살펴볼 수 있다. 우선 통계적으로 중요한 갈등의 상호작용도 높은 협력의 상호작용 속에서는 양국관계의 유지에 영향이 없음을 알 수 있다. 잘 관리된 상태에서의 상호작용이라면 갈등도 오히려 잦은 상호작용의 결과로 볼 수 있다. 위의 경우 협력행위와 갈등행위가 각 영역에서는 철저한 상호주의 틀 속에서 움직이고 있음을 알 수 있다. 그렇다면 갈등행위와 협력행위 사이의 관계는 어떻게 볼 것인가? 상대방의 협력에 대해 갈등행위로 대응하든가, 반대로 갈등행위에 대해 협력행위로 대응한다는 가설이 성립될 수 있는 것일까? 물론 무한정 반복된 죄수의 딜레마 게임(Axelrod 1984)처럼 상대방의 비협력(defect)에 대해 협력(cooperate)으로 대응함으로써 장기적으로 신뢰관계가 자리잡게 된다는 주장의 경우에도 두 행위자의 관계가 안정되기 이전에만 그러한 관계가 가능하다. 미·

일 관계처럼 오랜 기간 지속적으로 유지되어 온 갈등과 협력의 상관관계를 구성하지는 않는다. 그렇다면 결국 협력의 상호작용과 갈등의 상호작용은 별개인지에 대해 살펴보아야 한다.

미·일 관계의 특수성을 고려하면 협력과 갈등의 상호주의가 각각의 이유에 따라 진행되는 것이 아니라, 서로 간의 접촉이 많을 때 협력과 갈등 모두 늘어나는 것을 볼 수 있다. 이처럼 협력과 갈등이 동일한 기조 위에서 움직일 경우 각 국가가 상대에게 취하는 협력과 갈등 사이에도 상관관계가 나타난다. 여기에는 두 가지 해석이 가능하다. 첫째, 정책결정자들의 의지에 따라 협력과 갈등을 동시에 하는 것이 아니라 잦은 상호교류에 따라 잦은 협력과 갈등 속에서 저절로 이들 사이에 상관관계가 나타난 것으로 해석할 수 있다(〈그림 7-3〉 참조). 둘째, 신문기사를 통해 포착되는 양국관계의 주요 부분이 정상회담이나 교류와 방문에 의한 상호접촉의 기회들인 만큼 양국은 우호 증진과 동시에 양국 간 현안 문제에 대한 해결의 장으로도 활동하고자 한다. 이 경우 협력의 수준이 높아짐과 동시에 갈등의 수준 또한 상승하게 되고, 양국 외교부는 정상방문이나 교류를 전후하여 자국 내와 상대국 내에서 우호적인 분위기를 조성하도록 노력한다. 그러므로 잦은 교류와 긴밀한 관계가 유지될수록 협력과 갈등은 상관관계를 갖게 될 것으로 예상할 수 있다.

이는 상호협력만이 높은 상관관계를 갖는 미·중 관계나 협력이나 갈등 모두에서 상관관계가 없는 중·일 관계의 경우, 각 국가의 상대에 대한 협력과 갈등 사이에는 상관관계가 나타나지 않는다는 점을 보아도 알 수 있다. 그러므로 협력행위와 갈등행위는 별도의 양국 간 상호작용에 의해 이루어지는 것이다. 그러므로 협력이나 갈등에 있어서의 정책적 협력이 없는 경우 협력과 갈등 사이의 상관관계는 단순히 통계적 우연의 결과라 할 수 있다.

다음의 〈그림 7-3〉을 통해 일본의 미국에 대한 협력이 구체적으로 어떻게 데이터로 전환되어 나타나고 있는지를 볼 수 있다. 1994년과 1995년을 정점으로 2004년까지 협력이 점점 감소하는 경향을 보이는 가운데 돌출하는 시기의 협력지수의 원인을 살펴본 것이다. 1994년 월별 데이터를 보면 협력에 있어서 위의 설명에 잘 부합됨을 알 수 있다. 주목할 것은 양국정상

<그림 7-3> 월별 데이터로 본 일본의 대미 협력

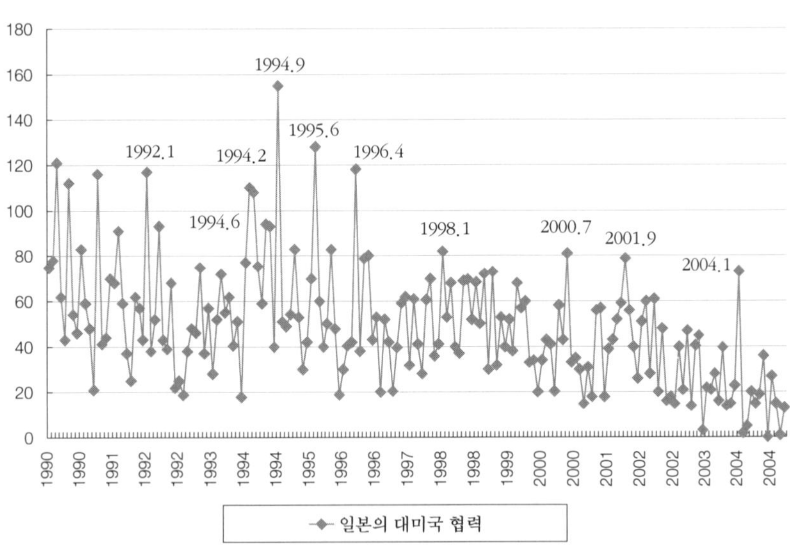

1992.1	부시 대통령 부부의 일본 방문
1994.2	호소카와 수상의 미국 방문
1994.6	아키히토 일왕의 미국 방문
1994.9	미·일포괄경제협력 합의
1995.6	일본산 자동차에 대한 슈퍼 301조 갈등 해소
1996.4	클린턴 대통령의 일본 방문, 미·일안보공동선언
1998.1	자동차 관련 협상의 재평가, 전시 미군포로들의 강제노동 보상법 성립
2000.7	오키나와 G8 정상회담
2001.9	9·11 직후 고이즈미 수상의 뉴욕 방문, 대테러 대처관련 협력
2004.1	미국 쇠고기 수입 재개, 6자회담 재개를 위한 협력, 자위대의 이라크 파견

의 상호방문이 양국관계에서 가장 협력적인 분위기를 만드는 이벤트라는 점이며, 이는 미국의 대일 협력을 동시에 고려하면 더욱 분명하게 나타난 다. 서로의 방문에 대해 적어도 한 나라는 우호적인 분위기를 만들어주고

있음을 알 수 있다. 정상회담뿐만 아니라 대부분의 협력과 갈등의 메시지가 외교채널을 통해 이루어지는 만큼, 대화의 기회가 있을 때마다 협력과 갈등의 메시지는 동시에 전달되는 경향을 보여준다. 여기서 우리는 사건의 발생에 따른 협력과 갈등의 지수 변동보다는 대화의 창이 중요하다는 점을 알 수 있다. 특히 외교부를 통한 대화가 압도적일 경우 협력과 갈등은 동시에 이루어지는 것이다. 양국 협력을 위한 정상회담이 동시에 문제점을 해결하기 위한 시정의 요구의 기회이기도 하기 때문이다. 예를 들면 1994년 호소카와 수상의 방문은 양국의 방위협력에 대한 논의도 있었지만 난항을 겪고 있던 포괄적 경제협력 협상의 과정에서 미국의 시장개방 요구에 대해 '노' 라고 대답함으로써 갈등을 유발하는 기회가 되기도 하였다.

〈그림 7-3〉을 구체적으로 살펴보면, 미·일 간의 통상마찰을 대표하는 포괄경제협의에서의 합의 여부에 따라 협력지수가 가장 크게 오르내렸음을 알 수 있다. 본 그래프에는 나타나 있지 않지만 미국의 대일 협력의 경우 천황부부의 방미가 있었던 6월에 가장 높은 협력지수를 보여주고 있다. 미·일의 경우 상호 간의 협력지수 사이에는 높은 상관관계가 있는 만큼 협력지수와 동일하게 움직임을 알 수 있다. 1994년 2월과 3월, 협상의 어려움에도 불구하고 양국 협력지수는 최상에 이르고 있다. 〈그림 7-2〉를 보면 갈등지수에 있어서 미국의 일본에 대한 갈능행위는 사안이 있을 때마다 변화를 보이나 일본의 미국에 대한 갈등행위는 상대적으로 덜 유동적임을 알 수 있다. 이는 통상관련 양국 협의가 미국의 일본에 대한 개방 요구를 중심으로 진행되고 있으며 일본은 미국에 비해 수세에 있음이 데이터에서도 잘 나타나고 있다. 그리고 1994년 9월의 미국의 대일본 갈등지수는 87.6으로 전체 기간의 월별지수 중 가장 높은 수치에 해당한다. 이로써 연구대상인 15년의 기간 중 1994년이 양국관계에서 가장 갈등이 높은 연도이며 협력지수에 있어서도 가장 높은 시기라 할 수 있다.

셋째, 〈그림 7-2〉로부터 미·일 관계가 전체적으로 하락하거나 감소하는 경향을 볼 수 있다. 일본의 대미 협력(cJU)은 전체기간 동안 뚜렷하게 감소하고 있음을 알 수 있다. 반면, 일본의 대미 갈등(dJU)은 비슷한 수준을 유지하고 있다. 〈그림 7-2〉에서 일본의 대미 갈등행위는 1995년과 2001년에 협력지수가 꼭지점을 이루고 있음을 볼 수 있다. 이 두 꼭지점은 1995년 5월의 슈퍼 301조 발동과 관련이 있으며, 2001년 1월은 일본 고등학생 연수선 에히메 마루가 하와이 앞바다에서 미국 잠수함과 충돌하여 침몰함으로써 9명이 숨지는 사건이 발생했던 시기에 해당한다. 미국의 대일 협력(cUJ) 또한 급격히 감소하고 있는 반면 대일 갈등(dUJ)은 위의 일본의 대미 갈등(dJU)보다는 감소추세가 뚜렷하다. 다시 말해 미국의 일본에 대한 갈등행위는 뚜렷한 감소추세를 보인 반면, 일본의 미국에 대한 갈등행위는 큰 차이 없이 지속되어 왔음을 볼 수 있다.

2. 미·일 협력행위의 감소에 대한 가설들

미국의 일본에 대한 협력과 갈등은 모두 뚜렷이 감소해 왔다. 이것이 미국의 일본에 대한 관심의 저하를 의미하는 것일까? 이 현상에 대한 설명이 필요하다.

1990년대에 위의 설명으로부터 협력과 갈등 행태에 대한 일본의 정책변화에 대해 다음의 몇 가지 가설들을 제시할 수 있다.

〈가설 1〉 1990년대에 있었던 미·일 통상마찰이 합의에 이르면서 양국관계는 안정적인 관계를 유지하게 되었다.

이 설명에 따르면 협력과 갈등은 기본적으로 우호적인 관계 속에서 함께 발생하는 것이며 안정적인 미·일 관계 속에서 1990년대 중반에 집중된 통상마찰 때문에 협력과 갈등의 지수가 이 시기에 높은 경향을 보인다는 것이다. 양국관계가 안정 국면에 접어들었다는 설명으로는 2000년대에 지속된 하락 경향을 설명할 수 없는 한계가 있다.

〈**가설 2**〉 미·일 관계에 있어서의 협력과 갈등의 감소는 무역에 있어서의 상대적 중요
성의 감소와 관련이 있다.

수출과 수입에 있어서의 특정국가가 차지하는 비중은 외교관계의 중요
도와 직결되는 문제라 할 수 있다. 문제는 외교관계의 중요성이 무역관계
에 의한 것만이 아니라는 것이다. 특히 군사동맹 관계에 있는 경우 반드시
그에 상응하는 무역관계의 비중이 있다고 할 수는 없다. 미·일 관계의 경
우 탈냉전기에 나타난 동맹표류 현상은 1990년대 말로 가면서 현저히 줄어
들었으며 미·일 동맹은 양 국가에 있어서 탈냉전기 국가전략의 핵심으로
써 더욱 강화되는 경향을 보였다. 그렇지만 동맹관계의 경우 그 관계의 중
요성을 계량화하기도 어렵지만 가시적인 협력행위를 유발하지 않을 뿐 아
니라 단기간에 그 정도가 변화하지도 않는 특성을 가지고 있다. 그러므로
언론에 포착되기 쉬운 협력과 갈등의 행위는 월별, 분기별, 연도별로 변동
하는 교역의 비중으로 설명하는 것도 오히려 타당하다 하겠다. 여기서는
미국의 수출과 수입에 있어서 일본의 수입과 수출이 차지하는 비중이 미국
의 대일본 협력과 갈등에 반영될 것이며, 그것은 다시 일본의 협력행위를
유발하는 것으로 조작화(operationalization)한다.

〈**가설 3**〉 미국의 대일본 협력 감소는 미국의 대중국 협력으로 이어질 것이며, 미국의
대일본 갈등행위는 대중국 갈등행위가 증가함에 따라 감소하는 경향을 보일
것이다.

1990년대 후반 미·일 동맹 강화의 배경에는 핵개발과 미사일 실험을 둘
러싼 깡패국가 북한의 행위와 중국의 군사적 등장이 있다. 중국의 성장은
미국과 일본 사이의 교역관계를 대체하는 효과를 초래하였으며 실제로 미
국과 일본은 서로의 경제에서 차지하는 비중이 줄어들게 되었다. 그 결과 중
국이 일본을 대신하여 미국경제에 대한 최대 경제위협으로 인식되면서 미·
일 관계에 있어서 갈등의 주원인이었던 통상마찰이 감소하였으며 그 결과
미·일 갈등도 줄어든 것으로 평가된다(外交靑書 1995).

〈가설 4〉 비자민당 출신 수상이 집권하는 시기는 자민당 출신 수상이 집권하는 시기
와는 대미 외교행태에 있어서 더 협력적이거나 더 갈등적일 것이다. 대외정
책은 수상의 취임 초기에 더 협력적이다.

일본 외교정책에 있어서 수상의 영향력이 제한된 만큼 수상 개인의 성향보
다는 제도적인 관점에서 살펴보아야 한다. 정치적 책임이론(Huth & Allee
2002; Chiozza & Choi 2003)에 의하면 민주적인 절차를 통해 선출된 정치
지도자라면 자신의 공약 때문에, 그리고 다음에 돌아올 선거에 대비해서
국가의 중대사를 해결하려고 노력할 것이다. 정치지도자들은 어떠한 조건
이 갖추어졌을 때 그러한 시도를 할 것이며, 여기에는 두 가지 경향을 이을
수 있다. 하나는 '새 지도자 가설'로써 취임 직후 높은 지지도를 유지할

〈표 7-6〉 일본 수상 재임기간

76대	가이후 도시키(海部俊樹)	1989.8.10	개월수
77대	가이후 도시키(海部俊樹)	1990.2.28	22
78대	미야자와 기이치(宮澤喜一)	1991.11.5	21
79대	호소카와 모리히로(細川護熙)	1993.8.9	9
80대	하타 쓰토무(羽田孜)	1994.4.28	2
81대	무라야마 도미이치(村山富市)	1994.6.30	18
82대	하시모토 류타로(橋本龍太郎)	1996.1.11	31
83대	하시모토 류타로(橋本龍太郎)	1996.11.7	
84대	오부치 케이조(小渕惠三)	1998.7.30	20
85대	모리 요시로(森喜朗)	2000.4.5	13
86대	모리 요시로(森喜朗)	2000.7.4	
87대	고이즈미 준이치로(小泉純一郎)	2001.4.26	44
88대	고이즈미 준이치로(小泉純一郎)	2002.9.30	
		180/9	평균 17.8

때 국민들을 동원할 수 있는 정책을 펼 것이라는 입장이며, 또 다른 하나는 국정 운영의 경험을 통해 정치적 동원의 노하우를 깨달은 다음 실행에 옮길 것이라는 '지도자의 정치경험 가설' 의 입장이다. 여기에서는 분쟁의 해결이 목적이라기보다는 협력과 갈등행위를 위주로 하는 만큼 취임 초기에 더 협력적인 행보를 보일 것이라고 예상할 수 있다. 특히 일본의 경우, 수상의 임기가 고정되어 있지 않은 만큼 협력적인 결단력은 더욱 일찍이 실행될 가능성이 높다고 하겠다.

이상의 가설들을 기초로 다음과 같은 등식을 활용하여 회귀분석을 시도한다.

$$cJU = \alpha_1 + \beta_{1,1}dJU + \beta_{1,2}reUJUSe + \beta_{1,3}INAUG + \beta_{1,4}PMPARTY + \varepsilon_1$$
$$cUJ = \alpha_2 + \beta_{2,1}cUC + \beta_{2,2}cCU + \beta_{2,3}dCU + \beta_{2,4}riUJUSi + \beta_{2,5}INAUG + \varepsilon_2$$

cJU: 일본의 대미 협력행위
dJU: 일본의 대미 갈등행위
$reUJUSe$: 미국의 총수출액에서 대일본 수출의 비율
$INAUG$: 일본의 수상이 취임한 후 개월 수
$PMPARTY$: 일본 수상의 소속 정당
cUJ: 미국의 대일본 협력행위
cUC: 미국의 대중국 협력행위
cCU: 중국의 대미국 협력행위
dCU: 중국의 대미국 갈등행위
$riUJUSi$: 미국의 총수입액에서 일본제품 수입의 비율

3. 미·일 협력 감소에 대한 분석 결과

다음의 〈표 7-7〉의 회귀분석 결과에 따르면, 일본의 대미 협력과 미국의 대일본 협력이 지속적으로 하락한 현상에 대한 의문은 상당부분 해소되었다. 우선 일본의 대미 협력은 미국의 총수출에서 일본이 차지하는 비중이 하락하면서 미국과의 상호작용의 기회가 줄어들었음을 알 수 있다. 미국은

<표 7-7> 일본의 대미 협력행위(cJU)에 대한 설명

	Coefficient	Std. Error	t-statistics
Constant	-4.07	11.53	-0.35
dJU	0.53	0.18	2.9**
reUJUSe	7.449	1.45	5.13**
INAUG	-0.38	0.19	-2.05**
PMPARTY	6.28	4.86	1.29

R^2=0.29
F=19.31(sig. 000)
Durbin-Watson = 2.076

** 0.01 수준에서의 통계적 유의성

대일 수출 비중이 줄어든 만큼 무역분쟁을 일으킬 필요성이 감소하였으며 분쟁의 기회 또한 축소되었던 것이다. 그 결과 일본 입장에서도 미국에 대해 갈등행위를 할 기회와 이유가 줄어들게 되었을 것이다. 미·일 동맹과 관련된 갈등행위 또한 감소하였으며 안보문제도 안정을 찾게 되었으나, 그 효과를 측정할 방법이 마땅하지 않은 만큼 이 모델에는 포함되지 않았다. 이와 상관없이 일본의 대미 갈등행위와 미국 총수출 중 대일 수출의 비중은 일본의 대미 협력이 1994년을 정점으로 점차 감소해 온 것에 대해 부분적이나마 적절한 설명을 제공하고 있다.

또한 일본 수상의 취임 후 재직 기간 또한 일본의 협력행위를 설명하는데 중요한 역할을 하고 있음이 드러났다. 정치적 책임성 이론 중에서도 '새 지도자 가설' 이 적용되고 있는 상황으로 취임 후 시간이 지날수록 갈등적이며 덜 협력적인 일본의 행태를 보였으며, 취임 초기에 더 우호적인 정책을 추진하였다. 그러나 실제로 더 협조적인 정책에 대한 의지를 실행으로 옮긴 탓인지, 아니면 취임 초기에 집중되어 이루어지는 정상회담으로 인해 '새 지도자 가설' 을 지지하는 듯한 착시현상인지에 대해서는 또 다른 연구가

〈표 7-8〉 미국의 대일본 협력행위(cUJ)에 대한 설명

	Coefficient	Std. Error	t-statistics
Constant	-4.79	12.64	-0.38
dUC	0.53	0.08	3.84**
cCU	7.449	0.27	0.88
dCU	-0.38	0.34	-0.82
riUJUSi	3.77	0.80	4.70**
INAUG	-0.44	0.21	-2.1*

R^2=0.23
F=11.914(sig. 000)
Durbin-Watson = 1.826

* 0.05 수준에서의 통계적 유의성
** 0.01 수준에서의 통계적 유의성

필요하다고 하겠다.

이번에는 미국의 대일본 협력행위에 대해 설명하여야 한다. 〈표 7-8〉의 회귀분석은 일본의 대미 협력행위와 높은 상관관계를 보여주는 미국의 대일 협력행위의 점차적 감소를 설명하기 위한 것이다. 여기서 중요한 통계적 의미를 갖는 변수들 중 '미국 총수입에서의 일본제품 수입 비율 (riUJUSi)' 과 '취임 후 개월 수(INAUG)' 는 사실상 〈표 7-7〉과 같은 의미라 할 수 있다. 나머지 변수들은 중국의 대체효과를 설명하기 위한 것이다. 미국의 대중국 협력행위(cUC)는 대일 협력행위와의 높은 상관관계로 인해 제외되었다. 그럼에도 불구하고 미국의 대중 갈등행위가 미국의 대일 협력행위와 높은 정 (positive)의 상관관계를 보여주고 있다. 즉, 대체효과가 아니라 동일한 경향을 보여주고 있는 것이다. 한편, 중국의 대미 협력과 갈등은 미국의 대일 행위에 영향을 미치지 못한 것으로 나타나고 있다. 이는 곧 미국의 외교정책에 있어서 중국의 일본 대체 가설은 입증되지 않았음을 의미한다.

VI. 중·일 관계의 협력과 갈등

통계분석을 통해서 양국 간 협력의 상관관계를 살펴본 중에서 가장 눈에 띄는 것은 중국과 일본은 협력행위나 갈등행위 어디에서도 상관관계를 보이지 않는다는 것이다. 또한 기술분석을 통해 일본의 대중 협력과 갈등은 적극적인데 반해 중국의 대일 협력과 갈등은 5개국 중 최저 수준을 보임으로써 양국과 상호작용의 비대칭성을 강조한 바 있다. 연간 데이터에 기초한 각국별 경향을 살펴보면 한 가지 경향을 찾을 수 있다. 시간이 갈수록 일본의 중국에 대한 협력과 갈등의 차이가 줄어들고 있다는 점이다. 미·일 관계에도 협력과 갈등의 차이가 줄어들고 있는 것이 사실이나 중·일 관계의 경우 그 차이가 현격히 좁아지고 있음을 알 수 있다. 2001년을 큰 변화의 기점으로 삼는다면 9·11 이후 미국의 폐쇄주의 정책의 영향으로 모든 면에서, 심지어는 미국이 아닌 중·일 관계에 있어서마저 협력의 감소현상을 낳았다고 할 수 있다. 지금까지 본 대부분의 그래프들이 2001년을 정점으로 협력뿐 아니라 갈등에 있어서도 감소하고 있다는 사실이 이를 뒷받침해 준다.

만약 미국의 중국에 대한 관심(협력과 갈등)이 증가하였다면 그에 대한 반대급부로 미·일 상호관심이 감소한 것으로 설명할 수 있을 것이다. 그러나 위의 회귀분석에서 보는 바와 같이 일본의 대중국 협력과 미국의 대중국 협력 모두가 미·일 간의 협력과 같은 경향으로 감소하고 있다. 그러므로 본 연구의 대상 기간인 1990년부터 2004년의 시기 동안에 협력의 행위가 감소하는 경향은 미·일 관계에서와 마찬가지로 미국의 대중 협력이나 일본의 대중 협력 사이의 높은 상관관계에서도 나타나고 있다.

미국과 일본이 중국에 대해 개입전략(engagement)과 헤징전략(hedging strategy)을 동시에 구사하고 있으며(Mochizuki 2007), 이는 1990년대 이후 지속되어 온 동아시아에서의 중·일 관계의 2중 구조에 기인한다(May 2000; Shambaugh 1996; Green 1996). 또한 지난 10여 년 동안 중국과 일본은 끊임없는 긴장관계를 유지해 왔는데 이는 동아시아 지역에서의 패권을 추구하는 양국의 정책에 보태어 이전까지 활용되어 온 양국의 서로에 대한 정책수단인 일본의 경제지원과 중국의 역사카드가 더 이상 소용이 없어졌기 때문이다(Bush 2009). 그러므로 최근의 양국관계 악화는 지역패권을 둘러싼 양국의 경쟁에 역사 갈등과 영토분쟁이 중복된 것으로 높은 폭발력을 가지고 있는 것으로 분석되고 있다(INSS Special Report 2007). 이는 미국의 대중 협력과 갈등에 있어서 그리고 일본의 대중 협력과 갈등에 있어서 그 격차가 줄어들고 있는 점에 주의하도록 한다. 미·일 관계의 경우 협력과 갈등이 함께 상승과 하강을 함과 동시에 협력의 수준이 갈등보다는 항상 높은 수준을 유지하고 있기 때문에 안정된 관계를 유지하고 있는 것이다. 그러므로 협력과 갈등의 격차 감소는 관계의 불안정성을 의미한다고 볼 수 있다.

그렇다면 다른 나라들에 대해서도 일본의 협력이 줄었는지 살펴볼 필요가 있다. 일본의 남한, 북한, 그리고 러시아에 대한 협력은 상승과 하강을 반복하는 변동을 보이면서도 전체적으로 수평 경향을 유지하고 있음을 알 수 있다. 즉 변화가 없었다는 것이다. 결국, 미국과 일본 사이의 협력의 감소가 각국의 대중국 협력으로 대체되었으리라는 추측은 옳지 않음이 확실하다. 오히려 깊은 상관관계 속에서 동시에 감소하고 있다는 점이다.

일본의 대중국 갈등행위는 약간의 증가와 감소는 있으나 일정 수준을 유지하는 안정된 행태를 보이는 반면 중국의 대일본 갈등은 큰 폭으로 요동치고 있음을 알 수 있다. 물론 일본의 대중 갈등의 수준보다는 낮은 수준에 머물고 있으나 갈등행위에 있어서의 상승과 하강은 한국의 대일본 갈등행태와 유사하다고 할 수 있다. 그러나 두 갈등행태 사이에는 상관관계가 없으며 이들 둘 사이에 관계가 있으려면 먼저 일본과 중국, 일본과 한국 사이의 갈등에 상관관계가 있는 것이 인과관계와 일치하는 것이라 하겠다.

VII. 삼각관계의 메커니즘과 갈등관리

1. 미·중·일 삼각관계

미·중·일은 탈냉전기에 가장 핵심적인 삼자관계라 할 수 있다(최운도 2003; 김성한 2000). 흔히 미·일 양국은 동맹관계로 맺어져 있는 반면 중국은 양국이 개입(engagement)정책과 견제(hedging)정책을 동시에 적용하는 국가다. 세 국가 사이의 협력과 갈등을 상관관계 차원에서 본다면 미·일은 갈등과 협력이 상호주의에 기초한 반면, 미·중 관계는 협력에 있어서만 상관관계가 있다고 하겠다. 그리고 이상에서 본 바와 같이 중·일 양국 사이에는 협력도 갈등도 상관관계가 없는 상황이다. 이는 양국관계가 그만큼 불안정한 상황이라고 할 수 있을 것이다. 실제로 중국과 일본 양국 사이에는 무역과 투자와 관련된 갈등을 겪었을 뿐 아니라 역사문제까지 겹쳐지면서 일본 내에서는 혐중파와 친중파 사이의 논쟁이 일어나기도 하였다. 최운도(2003)는 미·중·일 삼국 사이의 상호작용의 사례를 제시하기도 하였으나 이는 통계적인 사실로 나타나는 정도에는 이르지 않음을 알 수 있다. 적어도 가장 초보적인 통계분석인 상관관계 차원에서 본다면 안정된 삼각관계는 존재하지 않는다고 할 수 있다.

〈그림 7-4〉 미·중·일 삼각관계(실선은 협력, 점선은 갈등)

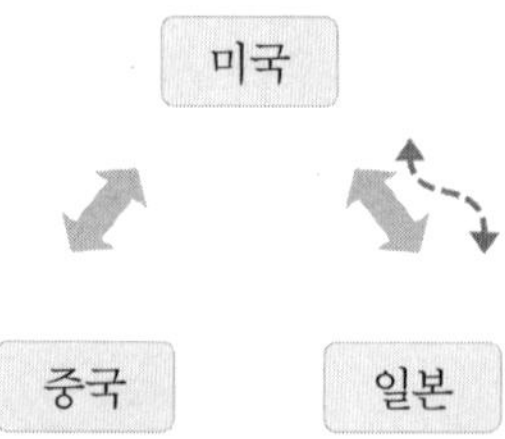

2. 한·미·일 삼각관계

냉전기 한·미·일 삼각관계에 대해서는 빅터 차(Cha 2000)가 '적대적 제휴'라 부른 바 있다. 식민지 억압을 겪은 한국으로서는 역사문제가 일본에 대한 인식의 대부분을 차지하고 있었다. 그러나 냉전기의 국제정세는 안보를 최우선시하도록 함으로써 한국과 일본은 미국이 주도하는 동맹관계의 얼개에 참여하게 된다. 안보문제가 역사문제를 압도함으로써 유지되어 온 양국관계는 탈냉전기로 접어들면서 잠복해 있던 역사문제가 현실화하였으며, 특히 일본의 보수화 경향과 중·일 주도권 경쟁은 역사갈등을 더욱 악화시켰다. 일본 수상의 신사참배 여부에 따라 주기적인 한·일 갈등이 발생하였으며, 교과서 문제와 독도문제는 양국관계를 최악의 상황으로 몰고가 현실주의적인 동맹의 협력마저 위태롭게 하는 수준에 이르기도 하였다. 이들 세 나라 사이의 협력과 갈등의 상관관계를 살펴보자.

〈그림 7-5〉에서 보는 바와 같이 한·미·일 삼국 사이에는 통계적 유의성을 띤 양자협력관계가 있음을 알 수 있다. 이들 삼국 사이의 협력관계가 어떠한 유기적 관계를 갖는지에 대해서는 보다 깊은 분석이 필요하다. 그러나 현 단계에서는 적어도 같은 진영에 속해 있다는 삼국 사이에 서로 간의 협력의 상호주의가 유지되고 있다는 것은 그 관계가 안정적임을 의미한다. 물론 갈등의 행위에 있어서도 상호주의가 유지된다면 더 바랄 것이 없겠으나 삼국 사이에 갈등과 협력 모든 면에서 상호주의가 이루어진다면 이

〈그림 7-5〉 한·미·일 삼각관계(실선은 협력, 점선은 갈등)

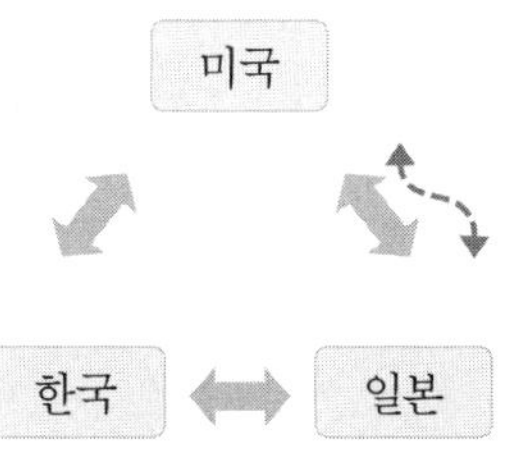

상적인 삼각관계라 할 수 있을 것이다. 그러므로 한·일 관계의 경우 협력의 강화도 중요하지만 폭발가능성마저 제기되는 갈등의 관리가 중요한 문제로 제기된다.

3. 남·북·일 삼각관계

일본은 냉전기였던 1969년 오키나와 반환을 앞두고 닉슨-사토 코뮈니케에 "한국조항(Korean Clause)"를 삽입함으로써 한반도 유사시 미군의 한반도 방어를 위해 오키나와 기지를 활용할 수 있도록 하였다. 그러나 미·소 데탕트가 시작되면서 다나카 내각에서는 한반도의 두 정부를 모두 인정하지 않을 수 없다는 입장에서 등거리 정책으로 전환하게 되었다. 그러나 일본은 탈냉전기에 들어서면서 북한이 핵개발 프로그램을 시작함으로써, 그리고 보통국가화를 위해 미·일 동맹을 강화함으로써 북한보다는 남한과의 협력에 더 많은 힘을 쏟아왔다.

〈그림 7-6〉은 이들 삼국 사이에서 각각의 양자관계에는 협력의 상관관계가 존재함을 보여준다. 남북 사이에는 갈등행위에 있어서도 상관관계가 있는 것으로 나타나고 있다. 그러니까 남북 사이에는 협력과 갈등이 상관관계를 가짐으로써 외견상 미·일 관계와 같은 형태의 모양새를 갖추고 있다. 가장 가까운 동맹관계로 알려진 미·일 관계와 지구상에 유일하게 남은

〈표 7-9〉 남북한 협력과 갈등의 평균 비교

	cSN	cNS	dSN	dNS
Mean	12.1	7.5	6.4	7.6
Std.Deviation	11.9	8.2	10.3	8.8
Minimum	74.3	57.4	86.6	61.2
Maximum	.0	.0	.0	.0

〈그림 7-6〉 남·북·일 삼각관계(실선은 협력, 점선은 갈등)

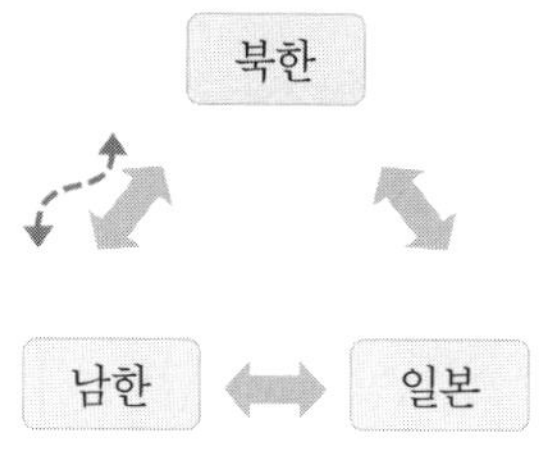

냉전체제인 남북한 관계가 표면적으로 비슷한 협력과 갈등의 행태를 보여주고 있는 것은 아이러니라 하지 않을 수 없다.

미·일 관계의 핵심은 〈표 7-3〉과 〈표 7-4〉와 비교해 보면 답을 찾을 수 있다. 미·일 관계에 비해 우선 협력의 규모가 현저하게 차이가 남을 알 수 있다. 이 값들은 미·일 관계를 제외한 다른 양자관계의 수치보다는 높으나 여전히 낮은 수준의 상호협력과 갈등을 보여주고 있다. 그러나 무엇보다 큰 차이점은 협력행위와 갈등행위 사이에 큰 차이가 나지 않으며 북한의 경우 갈등행위가 협력행위보다 크거나 비슷한 수준임을 알 수 있다. 그러므로 남북 관계와 미·일 관계의 차이점은 갈등행위가 협력행위보다 크거나 비슷한 수준이라는 점과 양자 모두 상대적으로 많은 상호작용을 한다는 점이다. 그러므로 탈냉전기 남북 관계는 잦은 접촉 속에서 높은 긴장관계를 유지해 왔다고 할 수 있다. 다른 한편으로 보면 상호주의에 입각하여 높은 긴장관계를 잘 관리해 온 것으로 볼 수 있다. 그렇다면 바로 여기에 갈등관리의 핵심요소 두 개가 있다고 볼 수 있다. 갈등과 협력에 있어서 높은 상관관계를 보이는 상호주의가 그 첫 번째이며, 갈등보다는 높은 수준의 협력의 유지가 그 두 번째라 할 것이다.

VIII. 맺는 말

　이상의 분석은 일본의 자신을 둘러싼 주요 5개국들과의 협력과 갈등행위에 대한 것으로 다음과 같은 점들에 대해 보여주고 있다.

　첫째, 전체 15년 기간에 걸쳐 미국은 대중, 대일 협력외교에서 지속적인 감소추세가 있었으며 이는 일본의 경우도 마찬가지로, 대미 협력에 있어서 지속적인 감소추세를 보여준다. 협력과 갈등의 감소추세는 일본과 중국 사이의 관계에서 관찰되고 있으나 이는 2000년 이후의 추세로 나타나고 있다. 2000년대 이후의 협력 감소 추세에 대해서는 1990년대 초 무역장벽이 철폐되고 관계가 안정화되면서 상호작용의 기회가 줄어들었다는 점과 2001년 9·11 이후 미국뿐 아니라 국제사회의 거래비용 증가로 상호작용이 줄어들었음을 가설로 제시할 수 있다.

　둘째, 그러나 1994년 이후 지속적으로 감소되어 온 미·일 간의 협력에 대해서는 양국 교역량의 감소가 현재로서는 가장 설득력 있는 설명을 제시하고 있으나, 궁극적으로는 부분적인 대답에 지나지 않는다. 왜냐하면 교역의 증가추세를 보인 미국과 중국 사이의 협력행위 또한 감소추세를 보이고 있기 때문이다. 그러므로 미·일 교역량의 감소를 미·중 교역이 대체했다는 가설은 협력과 갈등의 행위에 관한 한 적용되지 않는 것이다. 그러므로 전체적인 협력의 감소에 대해서는 보다 체계적인 설명이 필요하다고 하겠다.

　셋째, 예상과 달리 중·일 관계는 전혀 상관관계가 없는 것으로 드러났다. 일본은 적극적인 협력행위와 갈등행위를 수행해 왔으나 중국은 그에 상응하는 외교행위를 하지 않았을 뿐 아니라 그 수준에 있어서도 매우 낮은 정도를 유지하고 있다. 이것이 중국외교행위의 실태라면 예상 가능한 외교행위와는 거리가 있다고 평가할 수 있다. 이것은 갈등관리에 있어서 상호주의의 부족과 투명성 부족으로 인식될 것이다. 만약 실태가 아니라 언론 홍보활동의 저조 탓이라면 보다 면밀한 외교행태 분석이 필요하다.

　넷째, 협력은 상호주의 경향이 지배적이나 갈등은 상호주의 경향 보이지 않고 있다. 단, 일본과의 관계에 있어서 협력과 갈등 모두에 있어 상호주의를 따르는 관계는 미·일 관계, 러·일 관계뿐이었다. 위에서 러·일 관계와 한·일 관계에 대한 일본국민들의 인식을 비교함으로써 협력과 갈등에 있어서의 상호주의를 보이는 러·일 관계는 일반인들의 인식에 기초하기보다는 외교관들의 정책 관리의 효과로 설명하였다. 그렇다면 미·일 관계의 상호주의와 남북 관계의 상호주의만이 협력과 갈등 두 분야에서 나타나고 있음을 비교하였다. 비슷한 특징의 행태를 보이는 이들 두 관계와 나머지 관계를 비교함으로써 갈등관리의 기본 원칙을 볼 수 있다. 미·일 관계의 경우 협력이 갈등을 압도함으로써 양국관계를 우호적이며 안정적인 관계로 만들고 있다는 점과 남북 관계는 높은 긴장 속에서도 상호주의가 유지되었기 때문에 예측가능하며 안정된 관계를 유지할 수 있었다는 점이다.

　마지막으로 지적할 수 있는 것은 협력행위와 갈등행위의 기본원리라 할 수 있다. 우호적인 관계는 협력과 갈등이 동일한 기회에 발생함으로써 갈등이 협력을 압도하지 못하도록 하여야 한다는 점이다. 미·일 관계가 대표적인 예로써 가장 안정적인 양국관계를 보여준다. 평화적인 외교에서 볼 수 있는 현상이기도 하지만, 평화적인 외교가 되도록 하기 위해 추구해야 할 행태이기도 한 것이다. 한·일 관계에 있어서의 갈등관리도 바로 이러한 세 가지 원칙을 추구하여야 할 것이다.

▌참고문헌 ▌

김성한. 2000. 『미중일 삼각관계와 한반도』. 외교안보연구원 정책연구시리즈.
이성우. 2008. 『동북아 평화지수 개발: 영토·역사 갈등해소 측면을 중심으로』. 동북
　　　아역사재단 연구지원과제 연구결과보고서.
최운도. 2003. "미중일 삼각관계와 그 역학에 관한 시론." 『한국정치학회보』 37집
　　　3호. 175-195쪽.

國分良成. 1997. "第1章 なぜいま日米中か." 國分良成 編. 『日本·アメリカ·中國: 協
　　　調へのシナリオ』. 東京: TBSブリタニカ. 15-40.
內閣府大臣官房政府広報室. 「外交に関する世論調査」, http://www8.cao.go.jp/survey/
　　　index-gai.html
渡辺一郎. 2002. 『日本外交と外務省: 問われなかつた聖域』. 東京: 高文研.
船橋洋一. 1997. 『同盟漂流』. 東京: 岩波文庫.
外務省. 『外交青書』. 1990年版~2005年版, http://www.mofa.go.jp/mofaj/gaiko/bluebook/
　　　index.html

Axelrod, Robert M. 1984. *Evolution of Cooperation.* New York: Basic Books.
Bush, Richard C. 2009. "China-Japan Tensions, 1995~2006: Why They Happened,
　　　What to Do." *Foreign Policy Paper Series,* No.16(June 2009). Brookings
　　　Institute.
Cha, Victor. 1999. *Alignment Despite Antagonism: The United States-Korea-Japan
　　　Security Triangle.* Stanford: Stanford University Press.
Chiozza, Giacomo, and Ajin Choi. 2003. "Guess Who Did What: Political Leader-
　　　ships and the Mangement of Territorial Disputes, 1950-1990." *Journal of
　　　Conflict Resolution,* Vol.47, No.3, pp.251-278.
Curtis, Gerald L. 2002. "Politician and Bureaucrats: What's Wrong and What's to
　　　Be Done." In Gerald L. Curtis, eds. *Policymaking in Japan.* New York:
　　　Japan Center for International Exchange.

Far Eastern Economic Review. 1994. "About Face: U.S. Asia Policy Architect has a Change of Heart?" (May 19).

Fouse, David. 2006. "Japan's Post-Cold War Policy: Hedging toward Autonomy?" In Yoichiro Sato and Satu P. Limaye, eds. *Japan in a Dynamic Asia: Coping with the New Security Challenges.* Lanham: Lexington Books.

Green, Michael J., and Benjamin L. Self. 1996. "Japan's Changing China Policy: From Commercial Liberalism to Reluctant Realism." *Survival* 38(2), pp. 35-58.

Huth, Paul K., & Todd Allee. 2002. *The Democratic Peace and Territorial Conflict in the Twentieth Century.* New York: Cambridge University Press.

INSS Special Report. 2007. "Sino-Japanese Rivalry: Implications for U.S. Policy." the National Defense University's Institute for Strategic Studies (NDU/ INSS), Center for Naval Analyses, Institute for Defense Analyses, Pacific Forum/Center for Strategic and International Studies.

Keohane, Robert O. 1986. "Reciprocity in international relations." *International Organization*, Vol.40, No.1.

King, Gary, and Will Lowe. 2003. "10 Million International Dyadic Events," hdl: 1902.1/FYXLAWZRIA UNF:3:dSE0bsQK2o6xXlxeaDEhcg= Murray Research Archive [Distributor].

Lampton, David M., and Gregory C. May. 2000. *A Big Power Agenda for East Asia: America, China, and Japan.* Washington DC: The Nixon Center.

Mochizuki, Mike. 2007. "Japan's Shifting Strategy toward the Rise of China." *Journal of Strategic Studies.* Vol.30, No.4-5, pp.739-776.

Shambaugh, David. 1996. "China and Japan towards the Twenty-First Century: Rivals for Pre-eminence or Complex Interdependence?" In Christopher Howe, ed. *China and Japan: History, Trends, and Prospects.* Oxford: Clarendon Press.

제8장

세계평화지수를 통해 본 러시아의 대미 및 대중 관계: 상호관련성과 그 해석의 문제

신범식 | 서울대학교

I. 들어가는 말

러시아는 소련 붕괴 이후 심각한 영향력의 상실과 국가적 지위의 실추 등의 경험을 겪었던 1990년대의 잃어버린 10년의 혼란기를 지나 2000년대 푸틴 대통령의 리더십 아래 급속한 국가적 위신 및 영향력의 회복을 달성하였다. 이러한 드라마틱한 반전의 과정에서 항상 중요한 파트너 내지 경쟁자로서의 역할을 해 온 국가는 역시 세계 초강대국인 미국이었고, 또한 미국을 추격하며 "G2"라는 명칭으로 불리기를 주저하지 않는 중국이었다. 러시아의 회복과 강대국 복귀라는 과정은 물론 러시아의 국내질서의 혼란을 극복하고 정치적 안정과 경제적 회복을 이뤄낸 국가 내부적 이야기가 그 주요한 중심축을 이루고 있지만, 이러한 회복의 외부적 승인과 강화의 측면에서 이들 미국과 중국의 역할은 매우 핵심적이다.

그런데 러시아의 이들 미국 및 중국에 대한 관계는 이중적 성격을 띠고 있는 것도 사실이다. 왜냐하면 러시아에게 미국과 중국은 중요한 파트너이면서 동시에 주된 경쟁자이기 때문이다. 흥미로운 점은 이러한 러시아의 양국에 대한 관계가 가지는 이중적 성격은 다시 중국과 미국 사이에 벌어지는 협력과 경쟁의 변증법에 따라서 심대한 영향을 받게 된다는 점이다. 물론 세계적 수준에서 러시아의 대외정책이 조준하고 있는 가장 중요한 상대국은 미국이다. 하지만 유라시아와 아시아 등지에서 미국을 견제하고 러시아의 존재이유를 지지하는 주요한 자산으로서 중국의 중요성도 무시할 수 없다. 유라시아 특히 중앙아시아의 지역정치를 이해하는 데 있어서 세 나라 사이에서 나타나는 경쟁과 협력의 동학을 이해하는 것은 매우 중요하며, 이러한 유라시아에서의 경쟁과 협력의 구도는 동아시아의 정세에 대해서도 커다란 영향을 끼치고 있다.

따라서 본 연구에서는 이들 세 나라의 관계를 이해하는 데 있어서 중요한 의미를 가지는 러시아의 대미 및 대중 관계가 가지는 상호관련성에 대한 탐구를 통하여 러시아 외교정책의 가변적 특성을 밝혀보도록 할 것이다. 이를 위하여 본 연구는 러시아의 "전략적 보상의 공간"에 존재하는 중국에 대한 정책은 러시아의 "명분의 공간"에 위치한 미국과의 관계에 의해 영향을 받으며,[1] 이는 서로 음(-)의 관계를 가진다는 점을 증명해 보고자 한다. 이러한 사실은 러·미 관계가 악화될 때 러시아는 적극적으로 중국과의 협력을 도모하려 하고 러·미 관계가 개선되면 중국과의 관계개선에 대한 러시아의 열정과 의지가 약화될 것이라는 예측의 근거가 될 수 있다.

이러한 작업가설을 검증하기 위하여 본 연구는 제주평화연구원이 제공한 "10 Million International Dyadic Event Data"에 근거해 추출된 세계평화지수를 바탕으로 1990년부터 2004년 사이의 러시아와 미국의 협력 및 갈등의 추이와 러시아와 중국의 협력 및 갈등의 추이를 비교하는 방법을 사용하여, 이 두 추이의 변화의 상관성이 음(-)의 관계에 있음을 보여주도록 할 것이다. 그리고 이러한 결과를 바탕으로 그 상관관계가 어떻게 해석

---

1) 러시아의 대외정책에서 전략적 명분의 공간과 보상의 공간에 대한 설명은 다음의 글을 참조. 신범식, "러시아의 대외정책 환경과 한반도 정책," 정성장 (편), 『외교환경과 한반도』(성남: 세종연구소, 2009), 133-176쪽.

될 수 있는지에 대한 의미를 밝혀보도록 하겠다.

II. 연구의 배경: 러시아의 국제환경에 대한 인식 및 대외전략의 변화

러시아의 소련 붕괴 이후 급변하는 세계질서에 대한 인식은 몇 가지 중요한 계기를 통하여 변화하면서 발전해 왔다. 첫 번째 시기는 소련의 붕괴 이후 러시아가 체제전환의 과정에서 겪게 된 내·외 환경의 심각한 변화로 혼란에 빠진 시기이다. 두 번째 시기는 푸틴의 등장과 함께 러시아 실용주의적 전방위(multi-vector) 외교를 통해서 자국의 영향력을 차츰 회복해 가는 시기이다. 그리고 세 번째 시기는 미국의 일방주의에 대해 중·러 협조체제를 바탕으로 균형적인 다극화질서를 추구해 나가는 시기이다.

첫 번째 시기는 미국이 탈냉전 질서의 새로운 국제질서를 주도하면서 미국 패권이 확산되는 시기이다. 이 시기 러시아의 엘리트들은 친서방적 자유주의 국제정치관에 입각하여 신국제질서로의 적극적 통합을 목표로 대외정책을 추진하였다. 그러나 G8으로 표상되는 서방선진국의 일원으로서 국제사회의 일원이 되고자 했던 러시아의 희망은 체제전환에 따른 혼란과 국력약화 그리고 러시아에 대한 서방 국가들의 냉대로 인하여 형성된 자신에 대한 실망과 서방에 대한 반감으로 급속하게 식어갔다. 특히 프리마코프 외무장관이 등장한 1996~97년 이후 러시아의 외교정책은 커다란 방향전환을 하였으며, 1993년을 전후하여 거세진 러시아 외교노선을 둘러싼 논쟁은 1997년을 고비로 일단락되어 러시아 대외정책을 규정하는 일련의 문서들[2] 속에서 타협적 형태의 외교 지향점에 반영되었다.

---

2) 주요 문서로는 「러시아 대외정책 개념」(1993.3.), 「러시아 군사독트린」(1993.11.) 「러시아 국가안보 개념」(1997.12.) 등이 있다.

특히 1999년 NATO의 창설 50주년을 기념하여 1999년 4월 23~24일에 열린 NATO 정상회의에서 미국이 제안한 「NATO 동맹의 전략개념」(NATO Alliance's Strategic Concept)을 승인함에 따라 NATO의 역할강화 및 확대가 결정되고, 구바르샤바조약기구의 회원국이었던 폴란드, 헝가리, 체코가 비제그라드 조약으로 NATO의 회원국으로 가입하게 되면서 러시아의 안보환경에 대한 인식은 중대한 변화의 계기를 맞게 된다. 더구나 보스니아 및 코소보 사태를 통해 러시아는 문서로만 선언되었던 NATO의 적극적 역외 역할의 확대를 가시적으로 인지하게 되었고, NATO 회원국이 역외 분쟁지역에 대해 UN 주도의 다국적 평화유지군이 아니라 미국 주도의 NATO가 직접 개입할 수 있게 되었음을 현실적으로 확인함으로써 러시아는 이를 안보상의 심각한 도전으로 받아들이게 되었다.

이는 결국 러시아 내부에서 NATO 확장에 대한 러시아인들의 부정적 인식을 강화시킨 "정체성의 정치"[3]에 불을 붙였고, 러시아 외교가 "강대국 균형화(great power balancing)" 정책을 추구할 수밖에 없다는 논리가 힘을 얻는 계기가 되었다. 이러한 변화와 관련하여 러시아 지도부는 옐친 대통령 2기의 초대 외무부장관이면서 후에 총리가 되었던 프리마코프를 중심으로 러시아의 새로운 국제환경과 자국의 안보전략에 대한 새로운 평가 작업에 들어가게 되었으며, "프리마코프 독트린"[4]과 그에 따른 대외정책이 입안되었다. 전반적으로 국제정세에 대한 경직적 및 대결적 의식이 강화되어갔다.

이러한 경험을 통한 러시아의 대외인식 및 안보에 대한 전략적 사고는 푸틴 총리의 손길을 거쳐 그가 대통령(권한대행)으로 등장한 2000년을 전후하여 발표한 일련의 문건들을 통하여 세상에 드러나면서 러시아 대외정책의 새로운 기준을 마련하게 되었다.[5] 이 두 번째 시기의 러시아 안보전략

---

3) Peter Shearman, "NATO Expansion and the Russian Question," in R. G. Patman (ed.), *Security in a Post-Cold War World* (NY: St.Martin's Press Inc., 1999), pp. 157-180.

4) A. Pushkov, "'The Primakov Doctrine' and a New European Order," *International Affairs* 44-2(1998).

과 관련된 새로운 문건들은 러시아가 지향해 가는 세계 및 지역차원의 전략의 새로운 비전을 제시하고 있다. 이 안보 관련 문건들은 세계정세의 변화에 대한 러시아의 기본인식을 드러내 준 '세계공동체 속의 러시아', '러시아 국가이익', '러시아 대내외적 안보위협', '러시아 국가안전보장책' 등의 주요한 내용을 포함하고 있다. 그 특징적 내용으로는 러시아의 강대국 지위의 회복, 미국 중심의 단극질서의 배제 및 다극적 세계질서의 창출, UN과 OSCE의 역할확대, 시장경제 개혁을 위한 유리한 대외적 조건의 조성, 러시아 경제의 세계경제에의 통합, 최우선적 국익으로서 경제적 이익의 확보, 국제평화유지활동에 대한 적극적 참여, 핵무기 등 대량살상무기의 확산방지, CIS 통합노력 및 CIS내의 자국민의 보호, 러시아연방의 일체성보존과 분리주의 방지 등의 내용이 포함되어 있다.

이러한 안보인식의 대결적 추세는 9·11테러와 함께 시작된 지구적 테러와의 전쟁과 함께 다소 변화하기 시작하였다. 1999년 NATO의 코소보 공습 이래로 악화되어 가던 러시아의 대서방 관계는 푸틴 대통령의 실용주의적 대서방 접근 정책으로 다소 중화되어 가고 있었지만, 결정적인 것은 9·11테러사태를 계기로 러시아는 대미 관계의 획기적인 개선과 그 국제적 영향력의 제고(提高)를 효과적으로 꾀할 수 있었다. 미국이 주도한 테러와의 전쟁을 위한 지구적 공조와 관련히여 러시아는 아프가니스탄전쟁에서 적극 협력하여 자신의 전략적 요충지인 중앙아시아에 미군이 진출하는 것을 용인하면서까지 미국과의 협조에 적극적으로 나섰다. 더구나 발트해 연안 국가들의 NATO 가입 및 미국의 ABM조약 탈퇴도 수용하면서 대서방 관계를 개선하였던 것이다. 이런 양보들을 통하여 러시아는 발언권이 한층 강화된 "나토-러시아 위원회(NATO-Russia Council)"를 성공적으로 결성할 수 있었고, 2002년 캐나다 G8정상회담에서 2006년 G8정상회담의 개최국으로 선정됨으로써 G8 정회원국으로 인정받게 되어 글로벌 거버넌스의 주

---

5) 이 주요 문서들로는 「러시아연방 국가안보 개념」(2000.1.), 「러시아연방 군사독트린」(2000.4.), 「러시아연방 대외정책 개념」(2000.6.) 등이 있다.

요 행위자로 자리매김하게 되었다.

그렇지만 러시아는 자신이 입안한 「러시아연방 전략개념(2000)」 등의 문서에 제시한 전략적 비전에 대한 실천 노력 또한 게을리 하지 않았다. 국제사회의 다극화를 진전시키기 위하여 중국과 수사적 협력의 차원을 넘어선 실질적 협력관계를 강화하여 SCO의 결성을 가능하게 하였으며, 유라시아 지역에서의 실력을 배양하기 위한 CIS 역내 국가들과의 양자관계 및 소지역 협력을 강화함으로써 유라시아경제공동체(EurAsEC, 2001.5.) 및 집단안보조약기구(CSTO, 2003.4.)를 결성하고 활성화시키는 데 성공한다. 이로써 러시아는 고르바초프 및 옐친 시기에 "양보(concession)"와 "순종(submission)"을 통해 유지되어 온 서구(특히 미국)와의 "동반자관계(partnership)"를 "힘(strength)"을 바탕으로 재규정할 수 있는 기반을 마련하게 되었다고 평가된다.[6]

하지만 이러한 실용주의에 기초한 러시아의 약진과 서방과의 협력적 동반자관계는 오래지 않아 점차 균열의 양상을 드러낸다. 우선, 테러전쟁의 전선이 분열되기 시작하였다는 점이다. 미국이 주도한 테러전쟁은 미국의 군사혁명(RMA)과 전략혁명(RSA)을 이끌면서 힘을 기초로 한 일방주의적 해법으로 경도되기 시작하였고, 이라크에서의 전쟁 개시는 기존 범지구적 공감대를 배경으로 형성된 대(對)테러 연대가 점차 이완되는 계기가 되었다. 그러나 테러와의 전쟁의 전선이 분열된 것보다 러시아의 안보 및 위협의식과 관련된 전략의 심각한 변화를 가져온 계기는 역시 2003년부터 시작된 소위 "색깔혁명"의 전개일 것이다. 9·11 이후 유라시아 지역에서 미국이 이룬 두드러진 약진의 결과로 2004년경에는 유라시아 지역 내의 세력균형의 변동을 미국이 주도할 수 있게 되었으며,[7] 나아가 미국 패권이 확산된 형태의 질서를 구축하기 위한 역내 국가들에 대한 민주화 지원전략은

---

6) Dmitri Trenin, "Russia's Strategic Choices," *Policy Brief* 50 (Carnegie Endowment for International Peace, May 2007), p.3.

7) Чжао Хуашэн, "Китай, Центральная Азия и Шанхайская Организация Сотрудничество," *Робочие Материалы* No.5(Московский Центр Карнеги, 2005), p.44.

소기의 성과를 거두는 듯이 보였다. 혹자가 "제4의 민주주의 물결"이라 칭하는 바 소련에서 독립한 유라시아 국가에서 민주화 혁명이 잇따랐다. 2003년 "장미혁명"에 성공한 그루지야와 2004년 "오렌지혁명"에 성공한 우크라이나에 이어 2005년 키르기스스탄에서 레몬혁명이 일어났고, 2005년 정부군의 유혈진압으로 수백 명의 희생자를 낸 우즈베키스탄 시민들의 "그린혁명"에 이르기까지 신생 공화국들의 혁명 열기는 계속되어갔다. 2기 부시 행정부의 "자유와 민주주의의 증진"이란 전략은 유라시아 질서를 근본적으로 바꾸는 열쇠가 되는 듯했다.[8] 이처럼 유라시아에서의 중요한 변화는 러시아의 안보인식과 전략적 사고에 중대한 변화를 가져오는 계기가 된 것으로 평가된다.[9]

테러전선의 분열과 색책혁명에 따른 러시아의 전략사고의 변화는 푸틴 2기가 시작된 지 오래지 않은 2005년 러시아와 중국은 SCO 정상회담 기간 동안에 「21세기 세계질서에 관한 러·중 공동선언」을 발표한 시기로부터 새로운 세 번째 시기를 열게 되었다. 이 선언을 통하여 러시아와 중국을 필두로 하는 유라시아의 국가들은 미국의 일방주의에 대한 견제의 의지를 분명히 하면서 세계 다극질서의 체제가 강화되어야 할 필요성과 구체적인 다극적 지역안보질서 구축에 대한 강한 의지를 표명하였다. 하지만 이러한 변화의 실질적인 계기가 되었던 것은 바로 미국의 민수수의 확산정책에 힘입어 유라시아 대륙을 휩쓴 "색깔혁명"이라는 민주화 파동과 그에 대한 지역 국가들의 인식변화였다. 이런 상황에서 우즈베키스탄이 상하이협력기구에 가입하고 상하이협력기구(SCO) 정상들은 SCO의 협력의 범위를 확대 및 강화하고 참가국을 확대하기 위한 일련의 합의를 마련하였으며, 동시에

---

8) 부시 행정부 2기의 자유와 민주주의의 증진에 대한 의지에 대해서는 다음을 참조. George W. Bush, "President Sworn-In to Second Term," Office of the Press Secretary(January 20, 2005); George W. Bush, "State of the Union Address," Office of the Press Secretary(February 2, 2005), 백악관 사이트〈www.whitehouse.gov〉(검색일: 2005.03.11).

9) 신범식, "신거대게임으로 본 유라시아 지역질서의 변동과 전망," 『슬라브학보』 23-2 (2008).

SCO 참여국 영토 내에 비회원국의 군대가 주둔하는 것에 대한 반대의 원칙과 함께 중앙아시아에 주둔하는 미군의 철수를 강력히 요구하였다. 러시아의 전략적 입장의 변화는 유라시아에서뿐만 아니라 서방에 대한 관계에서도 선명하게 드러나기 시작하였다.

러시아의 전략적 사고의 변화의 배경에는 급속하게 회복되기 시작한 러시아의 경제와 오일머니로부터 오는 자신감이 있었음은 물론이며, 이라크전 이후 위기에 봉착하게 된 미국의 전략적 입지에 대한 고려가 작용하였다.[10] 2007년 2월 뮌헨에서 열린 국제 안보정책회의에서 푸틴 대통령은 국제법의 기본원칙을 저버리고 정치, 경제, 문화, 교육 등 많은 분야에서 지나치게 확장된 미국의 팽창을 신랄하게 비판하면서 서방과의 예리한 각을 세웠다.[11] 더구나 그루지야, 몰도바 그리고 우크라이나에 대한 NATO의 3차 확대의 추진과 미국의 MD체제를 위한 동유럽에의 미군기지 설치는 러시아를 강하게 압박하는 자극이 되었고, 그루지야 사태는 서방과 러시아 간의 갈등을 더욱 증폭시켰다.

---

10) 문수언, "러시아 푸틴 정부 대외정책의 새로운 경향과 자유주의 패러다임의 접근," 『국제정치논총』 46-1(2006), pp.305-325; 임경훈, "푸틴 집권기 러시아의 대외정책: 실용적 현실주의의 이중성," 『러시아연구』 16-1(2006), pp.245-273; 정한구, "러시아 대외정책의 진로수정?' 『세종정책연구』 3-1(2007), pp.201-229; Andrew Kuchins, Robert Weitz, "Russia's Place in an Unsettled Order – Calculations in the Kremlin"(Washington DC: Stanley Foundation, November 2008), p.3.

11) Vladimir Putin, "Speech at the Munich Conference on Security Policy"(Munich, February 10, 2007), at Kremlin web site⟨www.kremlin.ru⟩.

III. 러·미 관계와 러·중 관계: 역사적 전개와 개황

1. 러·미 관계

소련이 붕괴된 이후 러시아는 "정체성의 혼란(identity crisis)"으로 표현되는 정치적 혼동의 과정을 거치면서 새로운 세계질서에 적응하기 위한 노력을 기울여 왔다. 신생 러시아가 당면한 최대의 대외적 과제는 소연방 붕괴로 크게 변화된 국내외 환경 속에서 국익을 최대화시킬 수 있는 최적의 외교정책을 수립·집행하는 것이었다.12) 바람직한 러시아 외교정책을 둘러싼 논쟁은 한편으로는 정치권은 물론 학계의 대립과 갈등을 노정시켰지만, 다른 한편으로는 '러시아의 정체성 찾기'와 이에 기초한 '국익 찾기'에 기여함으로써 비교적 일관되고 구체적인 외교정책의 정립에 기여하였다.13)

이 과정에서 가장 중요한 것은 역시 초기에 러시아가 "타고난 동맹국(natural allies)"이라고 평가한14) 미국과의 안보적인 협력관계였다.15) 러시

---

12) 소연방 붕괴 후 러시아 외교정책의 변화(change) 요인들에 대해서는 다음을 참조. Bruce D. Porter, "A Country Instead of a Cause: Russian Foreign Policy in the Post-Soviet Era," *The Washington Quarterly* (Summer 1992), pp.41-56.

13) 옐친 정부하에서 제시된 다양한 외교정책 정향에 대해서는 다음을 참조. Neil Malcolm, Alex Pravda, Roy Allison & Margot Light, *Internal Factors in Russian Foreign Policy* (Oxford: Clarendon Press, 1996), ch.2; Ilya Prizel, *National Identity and Foreign Policy* (Cambridge: Cambridge University Press, 1998), ch.7; Andrei P. Tsygankov, "The Final Triumph of the Pax Americana? Western Intervention in Yugoslavia and Russia's Debate on the Post-Cold War Order," *Communist And Post-Communist Studies,* 34(2001), pp.133-156 등 참조.

14) Andrei Kozyrev, "Russia: A Chance for Survival," *Foreign Affairs,* 71-2(Spring 1992).

15) 미·러 간 안보협력의 발전과정에 대해서는 다음 문헌 참조. Michael Cox, "The Necessary Partnership?: The Clinton Presidency and Post-Soviet Russia," *International Affairs,* 70-4(1994), pp.635-37; Steven Kull, "Co-operation or Competition: the Batttle of Ideas in Russia and the USA," in James E. Goodby and Benoit Morel (eds.), *The Limited Partnership, Building a Russian-US Security*

아 외무부 내 정책 결정자들은 소련 시기 세바르드나제(Eduard Shevardnaze) 외무장관에 의해 정립된 친서방주의적 외교정책 노선을 그대로 계승하여 미국의 새로운 군비 축소에 대한 제안, 즉 START II를 즉각 수용하였음은 물론 이라크에 대한 경제 제재, 유고에 대한 NATO의 군사 개입과 무기 금수 조치 등과 같은 미국 주도의 정책을 계속 지지하였다. 옐친은 신생 러시아의 출범과 더불어 시급히 달성해야 할 경제적 개혁의 목표를 달성하기 위하여 대외관계에서 서방 세계의 경제 지원과 국제경제 체제로의 편입을 위한 '경제외교'의 우선 정책을 추진하였고, 그 결과 '친서방주의 정책', 특히 미국 우선주의 외교·안보 정책을 추구할 수밖에 없었다.16)

미국 또한 적어도 단기적으로는 소연방 붕괴 후 양국 간 최대 안보현안으로 떠오른 핵무기감축 노력의 지속 및 구소련지역 내 핵무기 비확산과 핵물질의 안전한 관리 등을 위해 옐친 정부의 체제 전환을 지원하는 등 러시아와 긴밀히 협력할 필요가 있었다. 1992년 1월~2월 사이에 캠프 데이비드에서 개최된 부시(George H. Bush) 대통령과의 정상회담 후 채택된 「캠프 데이비드 공동성명」은 미·러 관계를 "공동위협에 함께 대처하는 새로운 동반자연합(new alliance of partners)"으로 정의하고 있다. 이처럼 신생 러시아 출범을 전후한 미·러 간 전략적 동반자관계는 양국의 공동 관심사인 핵무기의 전략적 안정 유지 및 옐친의 개혁 운동과 러시아의 붕괴를 방지하기 위한 일시적인 협력의 성격이 짙었다. 그러나 양국 간 전략적 동반자관계를 더욱 발전시키기 위한 협력 확대는 1992년을 전후하여 미국은 대통령 선거전 양상으로, 러시아는 축격요법 경제개혁의 후유증으로 당면한 국내 정세의 영향 때문에 더 이상의 큰 진전을 이루지 못하였다.

Community (New York: Oxford University Press, 1993), ch.12; Bill Clinton, "A Strategic Alliance With Russian Reform," *US Department of State Dispatch,* 4-14 (April 5, 1993), pp.191-92; Strobe Talbott, "US Must Lead a Strategic Alliance With Post-Soviet reform," *US Department of State Dispatch,* 4-17(April 26, 1993).

16) 1992년 2월에 공개된 러시아 외무성 문서 참조. "Об основных положениях концепции внешней политики Российской Федерации" (러시아 대외정책의 기본개념: February 1992).

　1993년 1월 클린턴 행정부의 출범은 미·러 간 전략적 동반자관계를 한층 강화시킬 수 있는 계기를 마련해 주었다. 클린턴 행정부는 러시아 개혁의 실패에 따른 국제적 불안정성의 증대를 막기 위하여 러시아의 체제 전환을 지원하면서 국제문제 해결을 위한 협력기반을 구축하기 위하여 러시아와 '전략적 동맹' 또는 '전략적 동반자(strategic partnership)' 관계를 강화하려는 정책을 적극적으로 추진하였다.[17] 그러나 클린턴 행정부가 1994년 말부터 러시아의 반대를 무릅쓰고 NATO의 확대를 주장하면서 양국관계가 서서히 긴장과 대립 관계로 발전되기 시작하였다. 서방의 NATO 확대 노력은 러시아의 외교정책 방향을 점차 전통적인 국익 추구를 중시하는 쪽으로 변화시켰다. 옐친 정부는 경제적 이익 추구를 우선적으로 지향하던 '맹목적인 친서방주의'로부터 '강대국 지위유지를 바탕으로 한 독자주의'로 자국의 외교정책 방향을 변화시키게 된 것이다.[18]

　이러한 미·러 관계의 악화는 1995년도에 들어 러시아가 미국의 반대에도 불구하고 이란에 대한 원전 설비를 판매하겠다고 고집함으로써 더욱 악화되었다. 1995년 5월 9일 모스크바에서 개최된 '전승 50주년 기념식'에 클린턴 대통령이 참석하여 양국 간 정상회담이 성사되었는데, 비록 양국정상이 유럽안보 및 핵확산 문제 등에 대해서는 유사한 견해를 피력하였으나 NATO 확대, 이란에 대한 원전설비 판매, 체첸사태 등에 대해서는 여전히 이견이 존재함을 드러냈다.[19]

　옐친 정부는 NATO의 확장을 받아들일 수밖에 없음을 인식, 러시아와

---

17) 번즈(Nicholas Burns)도 클린턴 행정부의 대러 정책을 '참여 정책'과 '편입 정책'으로 특징지으면서 그 배경에 대하여 설명하고 있다. Nicholas Burns et al., "Three Years After the Collapse of the USSR: A Panel of Former and Current Policy-makers," *Post-Soviet Affairs,* 11-1(1995), pp.2-3.

18) S. Neil MacFarlane, "Russian Conceptions of Europe," *Post-Soviet Affairs,* 10-3 (1994), pp.234-69; Alexander Rahr, "New Focus on Old Priorities," *Transition* (February 15, 1995), pp.9-11; Alexei Pushkov, "Letter From Eurasia: Russia and America: The Honeymoon's Over," *Foreign Policy,* 93(Winter, 1993-94), pp. 83-90.

19) *International Herald Tribune* (May 11, 1995).

NATO 간 외교·안보협력을 확대하는 선에서 타협할 수밖에 없었다. 즉 러시아는 폴란드, 헝가리, 체코 공화국의 NATO 가입을 받아들이면서 NATO와 러시아 외무·국방 장관과의 연례 회담을 상설화하는 조약(Founding Act)을 1997년 5월 체결하였다. 동년 12월 채택된 「러시아 연방의 국가안보 개념」은 강대국 지위 회복을 위한 전방위 외교의 추진, CIS 통합의 강화, 핵 무장력 강화를 통한 핵 억지력의 강화, 평화유지 활동에의 적극 참여 등과 같은 내용을 담고 있다. 1998년 8월에는 루블화 평가절하 및 한시적인 모라토리엄을 선언할 수밖에 없을 정도로 러시아 경제사정이 악화되면서 러시아 국민들의 반미감정은 더욱 증폭되었다. 또한 조건부 협력관계에 있던 러-NATO 관계는 미국 주도로 1999년 3월 NATO가 코소보를 공격하자 극도로 악화되었고, 그 결과 러시아와 NATO 간 협력관계가 일시 단절되었다.

특히 미국 주도로 NATO 창설 50주년을 기념하여 유엔 안보리의 동의 없이도 인도적 이유에 기인한 군사 개입을 할 수 있도록 한 「신(新) 전략 개념」을 채택하면서 미·러 관계는 더욱 소원해졌다. 1999년에 접어들면서 미국 내에서는 대통령 선거 캠페인이 본격화되기 시작하면서 NMD·TMD 문제가 주요 선거 이슈로 등장하였고, 클린턴 행정부는 NMD·TMD 조기 추진과 이를 위한 3차례의 실험을 실시하였다. 러시아가 미국의 NMD·TMD 추진과 이를 위한 ABM 조약의 수정 또는 폐기에 대해 강하게 반발하면서 미·러 간 갈등이 심화되었다.

푸틴 대통령의 등장은 크렘린 지도부의 세대교체와 러시아 외교정책의 변화를 예고하였다. 새 천년의 시작과 더불어 출범한 푸틴 정부의 과제는 지난 10여 년간 계속되어 온 러시아의 정체성 찾기를 마무리 지으면서 새로운 국가 전략과 이를 달성할 수 있는 국내외 정책을 확정·실행하는 것이었다. 푸틴 정부의 출범과 더불어 채택된 일련의 외교안보 문건들을 통하여 드러난 인식을 보면 러시아는 미국이 주도하는 새로운 세계질서 속에서 새로운 균형점을 모색하기 위한 일련의 조치들에 의하여 실리성과 명분성을 강화하려고 노력하게 되었음을 알 수 있다.[20]

일련의 외교안보 문건들을 토대로 푸틴 정부의 대외정책 기조를 분석해 볼 때, 러시아는 정치안정, 사회발전, 경제성장 등 시급한 내적 동력 확보와 러시아 경제의 서구 문명세계로의 편입을 위한 바람직한 외적 환경 조성 차원에서 기본적으로 미국으로 대표되는 서구와의 호혜적 협력노선을 표방하고 있지만, 다른 한편 핵 선제공격권을 현저히 강화함으로써 나토의 동진 팽창을 차단하고 CIS지역에 대한 전통적 세력권의 보전이라는 안보이익을 공고히 하였으며, 다극적 세계의 독자적 중심부 세력들(중국, 프랑스, 독일, 인도, 브라질 등)과의 전략적 연계를 강화하면서 동시에 한때 소홀히 했던 과거 동맹국들(북한, 몽고, 베트남, 이란, 쿠바, 이집트 등)과의 우호적 협력 관계를 복원함으로써 미국 중심의 일극 우위적 패권질서를 견제하는 정책을 추진하여 미국 견제의 자산을 확대하였다.

푸틴 대통령은 미국에 대하여 옐친 2기에 러시아가 보였던 레토릭 중심의 견제정책을 자제하면서 실용주의적 입장에서 양보할 것들과 얻을 것들을 교환하는 대미정책을 추진해 나간다. 따라서 실용주의라는 원칙에 입각한 전방위 외교를 통하여 러시아의 기본적 외교자산을 확대하는 출발선에서 미국과의 관계는 크게 상충될 것들이 없었지만 다극적 세계질서에 입각한 강대국 지분의 확보라는 목표 자체는 부시 행정부 시기 미국 외교정책 일반과 충돌할 수밖에 없었고, 이러한 가능성은 유라시아에서의 색깔혁명과 신거대게임이 강화되어 가면서 점차 현실화되기 시작하였다.

〈그림 8-1, 8-2〉에서 나타난 러시아와 미국 사이에서의 협력관계를 보면 다음과 같은 해석이 가능하다. 1993년과 1998~99년이 양국협력의 중요한 피크로 나타나는데, 러시아가 친미적 입장을 견지하거나 미국의 도움이 필요한 상황에서 협조적 입장을 견지하는 경우 미국의 협력적 반응을 얻고 있음을 보여준다. 하지만 푸틴 대통령 등장 이후 전반적인 협력의 추세가

---

20) *An Agenda for Renewal: U.S.-Russian Relations,* A Report by the Russian and Eurasian Program of the Carnegie Endowment for International Peace (December 2000); "U.S.-Russian Relations: A Turning Point?" *Russia Watch: Analysis and Commentary,* 5(March 2001), pp.1-8.

〈그림 8-1〉 러·미 협력의 추이(가중치 적용)

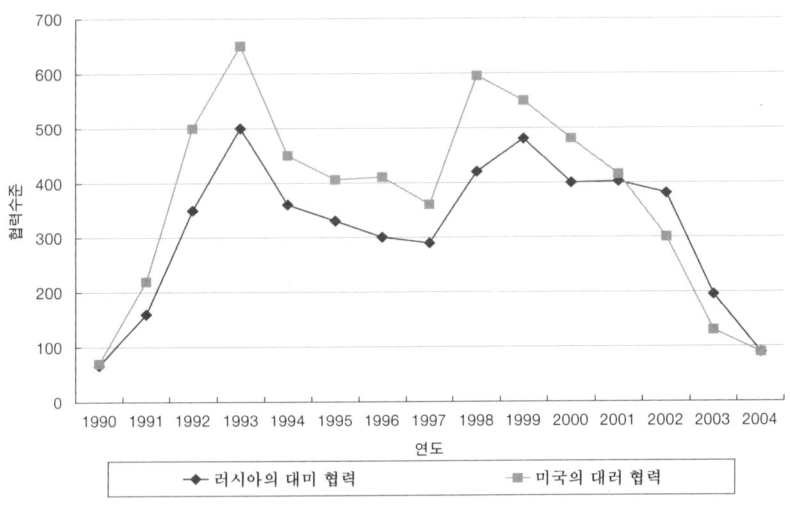

* Pearson 상관계수: 0.9370448415479

〈그림 8-2〉 러·미 협력의 빈도

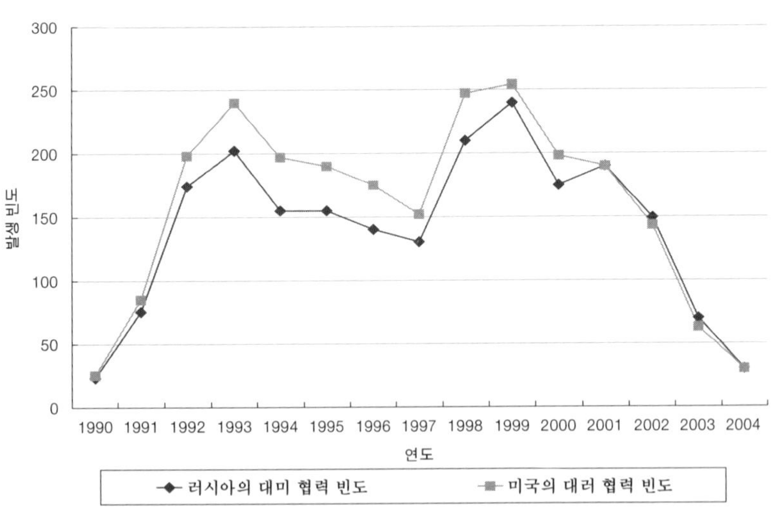

* Pearson 상관계수: 0.9822360935674

감소하고 있음을 알 수 있다.

전반적으로 러시아와 미국의 협력 추이는 양국의 상대에 대한 협력의 정도와 빈도에 있어서 피어슨 상관계수가 모두 0.9 이상의 높은 상호 상관성을 드러내고 있음을 잘 보여주고 있다. 이것은 양국이 서로에 대한 민감도가 대단히 높은 상태에서 상대에 대한 관계를 설정 및 인식하고 있음을 추정해 볼 수 있는 근거이다. 따라서 러시아와 미국은 상호협력에 있어서 대단히 높은 상관성을 가지고 서로에 대응하는 것으로 보이며, 어느 한 편이 상대에 대하여 협력적 자세를 견지하게 될 경우 양측의 관계가 신속히 개선될 여지가 매우 높을 것이라는 예측을 가능하게 한다.

〈그림 8-3, 8-4〉에서 나타난 러시아와 미국 사이의 갈등 추이는 비교적 유의미한 양(+)의 상관성이 있음을 보여준다. 한 가지 흥미로운 점은 1997~98년 사이에 양국의 분쟁 빈도가 증가되는 것은 러시아의 모라토리엄과 관련된 현상으로 해석해 볼 수 있을 것이라는 점이다. 즉 러시아의

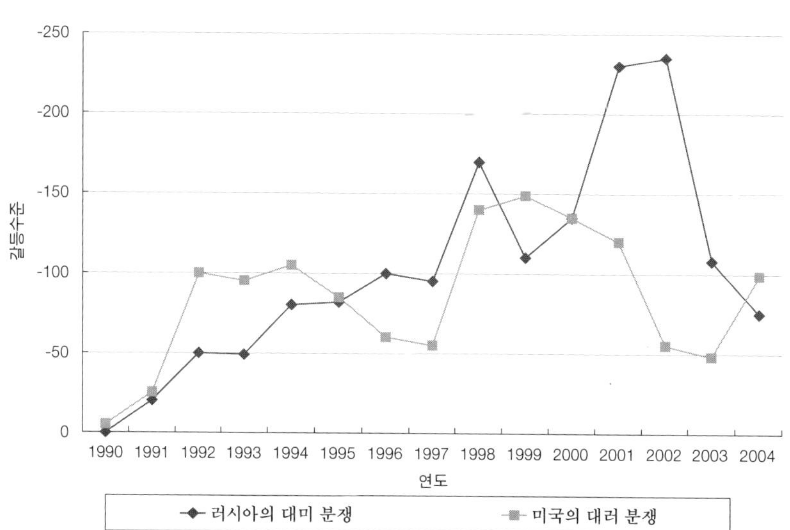

〈그림 8-3〉 러·미 분쟁의 추이(가중치 적용)

* Pearson 상관계수: 0.4466546828767

<그림 8-4> 러·미 분쟁의 빈도

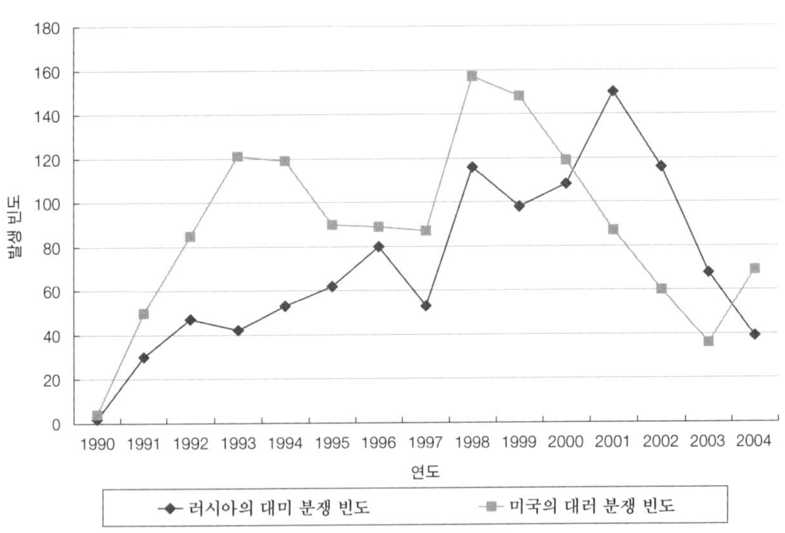

* Pearson 상관계수: 0.4969533726168

위기상황에서 협력의 필요성도 높아가지만 이 해결을 둘러싼 마찰 또한 중대되고 있음을 알 수 있다.

또 한 가지 흥미로운 점은 분쟁 빈도를 놓고 살펴보았을 때에 전반적으로 미국의 대러 분쟁의 빈도가 러시아의 그것에 비하여 전반적으로 높게 나타나다가 푸틴 대통령이 등장한 2000년 이후 러시아의 대미 분쟁의 빈도가 미국의 대러 분쟁에 비하여 더 높아지고 있다는 점은 푸틴 대통령의 등장 이후 적어도 2004년까지는 러시아의 미국 대러정책에 대한 불만이 미국의 러시아 대미정책에 대한 불만보다 그 수준이 높음을 의미하며, 이러한 불만이 적절히 해소되지 않을 경우 향후(이 그래프의 끝인 2004년 이후) 러시아 외교정책이 미국에 대하여 분쟁적 양상으로 전개될 가능성이 높음을 보여주는 근거가 될 수 있다고 여겨진다. 전반적으로 러시아의 미국에 대한 정책은 미국의 긍정적 협력이 예상되는 상황에서는 러시아도 적극적으로 대응하여 관계를 개선해 온 것으로 평가해 볼 수 있을 것이다.

2. 러·중 관계

역사적으로 러시아와 중국의 관계가 변해 온 과정을 보면, 양국관계는 미국과의 관계에 의하여 큰 영향을 받아온 것으로 보인다.[21] 1980년대 말부터 소련은 점차 중국과의 관계를 개선하기 위한 노력을 기울이는데, 이러한 소련정책의 변화는 미국과의 경쟁이 힘에 겨운 상황에서 중국과의 관계를 개선함으로써 중국과의 국경에 배치한 군사력을 감소시키고, 그로부터 오는 여유를 확보하기 위한 계산에서 시작되었지만, 소련이 해체되고 러시아의 옐친 대통령에 의해서 더 적극적으로 전개되어 나갔다. 1990년대 중반부터 NATO 확대의 일환으로 시작된 'Partnership for Peace' 프로그램의 진행과 NATO의 확대로 러시아는 서방으로부터 오는 심각한 압박을 느끼게 되었고, 이러한 전략적 취약성을 동쪽에서 보완하기 위하여 중국과의 관계 개선을 적극적으로 고려하게 되었던 것이다.

한편, 중국도 국경을 맞대고 있는 소련과의 군사적 대치는 부담이 되었고, 특히 고르바초프 등장 이후 소련의 전향적 입장의 변화를 적극적으로 활용하기 위한 전략을 모색하였다. 하지만 소련이 해체되고 약화된 러시아가 중앙아시아 등지에서 심각한 세력의 후퇴를 경험하는 상황에서 이 지역의 불안정이 중국 서북부 지역의 불안정으로 전이되는 것에 대해서 우려하게 되었으며, 이에 중국과 러시아는 국경문제의 해결을 위해 접촉하면서 상호 적대적 의사가 없음을 확인함으로써 적극적 관계 개선을 시도하게 되었다. 1995년 중국서부 국경문제가 타결되면서 양국은 1996년 "전략적 동반자관계"를 선언하게 되었다. 특히, 보스니아 사태 이후 중국은 NATO의 확대와 러시아의 약화가 중국에게 반드시 기회적 요인으로 작동하지만은 않을 것임을 파악하게 되었고, 미국의 군사력 강화와 MD정책의 추진에 대하여 우려하면서, 미국에 의한 세계적 패권 수립에 대해 유보적인 입장으로

---

21) 이러한 균형화 전략에 대한 해석은 다음을 참조. 박창희, "유라시아 지정학 변화와 중러관계: 기원과 발전 그리고 동북아에 미치는 영향," 『국가전략』 12권 3호(2006), 73-102쪽.

전환하게 되었다. 그리고 양국은 전략적 동반자관계를 수립하는 데 동의하게 되었다.

러시아와 중국의 전략적 동반자관계는 사실 많은 한계를 내포하고 있었다. 하지만 양국의 협력은 탈냉전기에 본격적으로 시작하여 유라시아에서 세력관계의 변화와 맞물려 발전하게 되었으며, 탈탈냉전기에[22] 더욱 가속화되어 가고 있다. 이 시기 유라시아에서의 세력관계의 변화에 따른 지정학적 변동은 '유라시아 신거대게임(New Great Game)'의 틀 속에서 파악될 수 있다.[23] 신거대게임은 소련이 해체된 이후 유라시아에 발생한 힘의 공백에 대한 미국의 약진과 이로 인하여 수세에 몰린 러시아 및 중국의 대응, 그리고 그 변화의 영향 속에서 새로운 역할을 모색하는 인도, 이란, 유럽연합, 일본, 터키 등의 행위자가 벌이는 범(凡)유라시아 지전략적 각축을 의미한다. 유럽과 동북아 이외에 유라시아 내부 지역에도 미국의 군사적 거점을 확대하며, 미군 기지가 부재한 지역에서 군사적 훈련과 작전을 위한 시설에 대한 접근성을 확보하기 위하여 미국은 중앙아시아 및 카프카즈 지역의 국가들과의 관계개선의 노력을 꾸준히 기울여 왔고, 특히, 2001년 9·11 이후 테러전쟁을 치르면서 이 지역에 대한 군사적 진출에 성공하게 되었다. 해양 세력 미국이 최초로 유라시아 내륙을 침투하는 데 성공했다.

이에 중국과 러시아는 양국 선린우호조약을 2001년 갱신하면서 양국의 조심스런 접근을 적극적인 접근으로 전환하게 된다. 왜냐하면, 이에 러시아와 중국의 전략적 이해가 맞아 떨어지는 지점이 바로 유라시아에 있어서의 전략적인 균형을 달성하기 위하여 양국이 전략적인 협력을 강화하는 것이기 때문이다. 9·11사태 이후 유라시아에서 약진하던 미국의 움직임에 러시아와 중국이 전략적 협력을 통해 미국에 대한 강력한 견제정책을 취하면서

---

22) 이 용어는 보편적인 용어는 아니지만, 2001년 9·11사태 이후 미국의 세계정책과 전략의 변화가 가시화되면서 특별히 9·11 이후의 시기를 지칭하기 위한 용어로 사용될 수 있다.

23) 이에 대한 자세한 내용은 다음을 참조. 신범식 (편), 『21세기 유라시아 도전과 국제관계』(파주: 한울, 2006), 2장.

새로운 유라시아의 힘의 균형점을 찾으려는 노력은, 특히, 유라시아에서의 양국 전략적 협력의 경혈점이 될 수 있는 중앙아시아를 놓고 벌이는 정책에서 치열하게 나타났다. 2005년 7월 초 중국과 러시아가 미국의 일방적 독주에 대한 비판과 함께 21세기의 새로운 다극적 국제 질서의 창출을 위해 상호협력하기로 한 가운데, 러시아와 중국은 중앙아시아 4개국과 함께 '견미(牽美) 연합전선'을 구축하려는 의도를 분명히 했다. SCO 6개국 정상들은 7월 5~6일 카자흐스탄 수도 아스타나에서 열린 정상회의에서 미국을 겨냥한 2개의 성명을 발표했는데,[24] 하나는 중앙아시아 주둔 미군의 조기 철수 요구이고,[25] 다른 하나는 '색깔 혁명'으로 불리는 이 지역 정권 교체에 '외세'가 개입하는 것에 대한 반대이다.[26]

이러한 역내 전략적 균형의 변화 시도에 대해 미국은 2005년을 전후하여 GUAM─우즈베키스탄의 탈퇴와 지역 국가들의 국내혼란 때문에 그간 소강상태를 보이던─을 중심으로 민주주의의 확산과 인권을 내세우며 경제적 지원을 강조하는 외교를 내세우며 중·러 유라시아 연대에 대한 반격을

---

24) 최근 러시아와 중국이 함께 연합하여 미국에 대한 견제 정책을 펴는 대표적인 선언으로 러시아 대통령궁 공식 사이트(http://www.kremlin.ru/interdocs.shtml)의 "Сов местная декларация Российской Федерации и Китайской Народной Республики о международном порядке в XXI веке(21세기 국제 질서에 대한 러·중 선언, 2005. 7.1)", "Совместное российско-китайское коммюнике(러·중 공동 코뮈니케, 2005. 7.3)" 등을 참조. 이 문서는 양국의 전략적 동반자 관계의 강화를 통하여 미국 중심의 일방주의적 패권질서를 견제하고, 나아가 다극적인 세계질서의 형성을 지향하는 양국의 의지를 표명하고 있다.

25) 정은숙, "중앙아시아 미군 기지," 『정세와 정책』 9월호(세종연구소, 2005), 9-12쪽; Eunsook Jung, "The US-Russia Relations: Russia's Military Presence in Moldova and Georgia," 『세종정책연구』 2권 2호(2006).

26) 이 회담에서 SCO 회원국들은 미군이 2001년 9·11테러를 계기로 키르기즈스탄과 우즈베키스탄, 타지키스탄 등 중앙아시아 3개국에 공군기지를 두고 있는 상황에서 회원국들의 연합 부대를 구성할 뜻을 밝혔다. 명분은 테러주의, 분열주의, 극단주의에 맞서기 위한 것이다. 또한, 정상들은 중앙아시아 각국의 불안한 정정을 거론하며 미국에 대한 경계심을 표명하였는데, 2005년 3월 키르기즈스탄에서 레몬 혁명으로 아카예프 대통령이 물러나고 이어 5월 안디잔에서 수백 명이 숨져 국제적인 문제가 된 배후에는 미국의 입김이 있다는 강력한 의구심을 표출하였다. 『한겨레』(2005.7.8).

시도하고 있지만 상황은 여의치 못하다.[27] 특히 2005년 안디잔 사태 이후 '친미/반러' 노선으로부터 '반미/친러' 노선으로 돌아선 우즈베키스탄의 대외 정책은 이곳에 위치한 미국의 중앙아시아 군사기지의 주요 거점을 위태롭게 했으며, 끝내 2005년 11월 21일 미군은 우즈베키스탄의 공군기지로부터 완전히 철수하기에 이르렀다.[28]

2006년 북경을 방문한 푸틴 대통령은 러시아·중국의 관계가 1996년 전략적 동반자 관계를 맺은 이후 10년 동안 눈부시게 발전하여 정점에 도달하고 있음을 천명하였다. 중국에서 2006년을 '러시아의 해'로 정하여 수많은 행사들도 벌였으며, 러시아는 2007년을 '중국의 해'로 정하여 화답하였다. 이러한 양국관계의 발전은 결국 미국의 세계전략에 대한 지전략적 균형을 목표로 삼는 균형화정책이라는 공통분모를 기초로 하여 발전되어 온 것이다.

〈그림 8-5, 8-6〉에서 나타나는 러시아와 중국의 협력 추이와 그 빈도를 살펴보면 대체적으로 낮은 양(+)의 상관관계를 보이고 있는 것은 사실이다. 다만 중국의 경우 정보에 대한 통제와 언론 관리의 상황으로 원자료를 수집하는 데 있어서 기본적으로 적은 투입이 이루어질 수밖에 없다는 점을 고려해 보면 협력(과 분쟁)의 동학이 잘 드러나지 않고 그 변동 폭도 매우 좁게 나타나는 것은 이해될 수 있다. 그렇지만 미약한 변화의 폭 속에서 드러나는 동학은 러시아와의 관계가 양의 상관관계에 있음을 보여주고 있다는 점은 의미가 있다고 보인다. 즉 러시아와 중국은, 비록 중국 측이 더 조심스런 입장에서 접근하고 있다고 보이는 한계가 있음에도 불구하고, 상호협력에 대하여 결코 낮지 않은 관심을 가지고 서로를 대하고 있다는 점이

---

27) " '미국 전략거점 확보' / 라이스, 중앙아 순방"(한겨레, 2005.10.12); " '美軍, 비민주국 주둔 득보다 실' 美전문가 외교잡지 기고"(경향신문, 2005.10.22).

28) 푸틴 대통령과 이슬람 카리모프 우즈베키스탄 대통령은 2005년 11월 14일 모스크바에서 '상호 군사보호 동맹조약'을 체결함으로써 이 지역에 대한 러시아의 군사적 영향력이 한층 강화되었다. "우즈벡, 친미에서 친러로 방향 급선회"(내일신문, 2005.11.17); "美, 우즈베키스탄서 완전 철군"(조선일보, 2005.11.23).

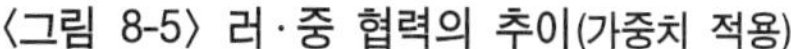

〈그림 8-5〉 러·중 협력의 추이(가중치 적용)

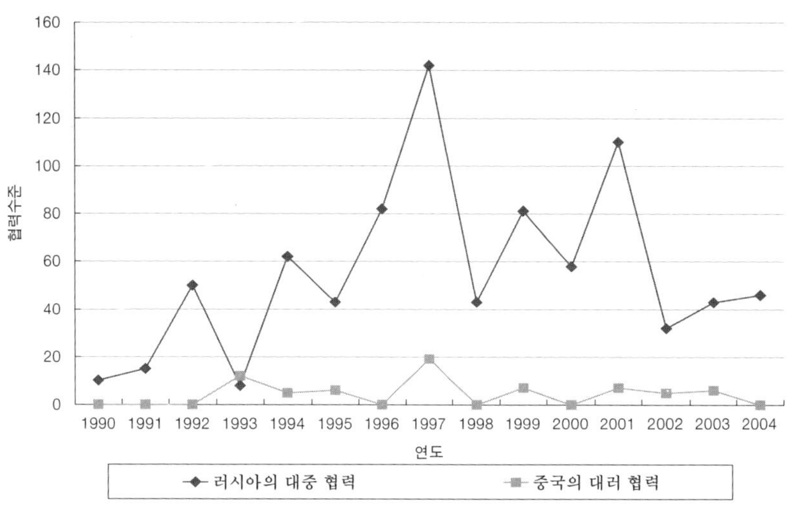

* Pearson 상관계수: 0.4806703790426

〈그림 8-6〉 러·중 협력의 빈도

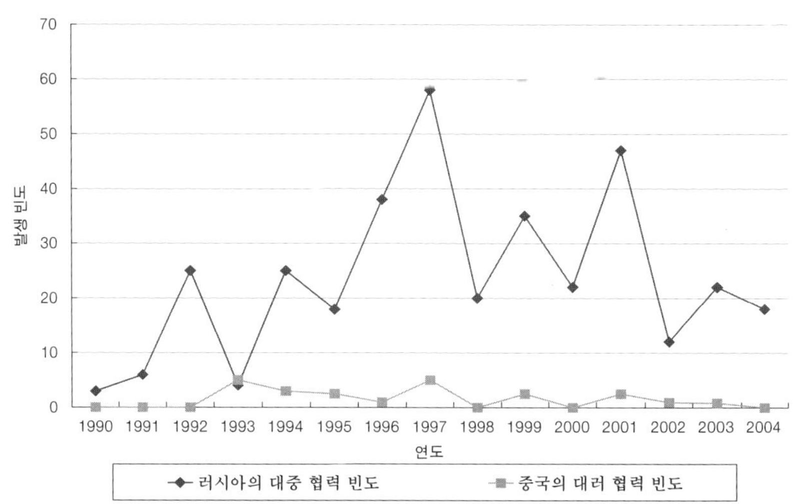

* Pearson 상관계수: 0.3898150291876

다(피어슨 상관계수 0.5 전후의 수준을 보임). 그리고 러시아의 미국에 대한 민감도와 중국에 대한 민감도를 비교해 보면, 자료입력의 바이어스를 고려하더라도 러시아의 미국에 대한 민감도가 중국에 대한 그것보다 압도적으로 높다는 것을 알 수 있고 이는 러시아가 어느 파트너에 대해 보다 예민한 감각을 세우고 있는가를 보여주는 추정의 단초가 될 수도 있다는 점을 보여준다고 할 수 있다.

〈그림 8-7, 8-8〉에서 나타나는 양국 간 분쟁 추이 및 빈도는 해석하는데 어려운 질문을 던져 준다. 우선 각국의 상대에 대한 분쟁양상의 상관관계가 매우 낮게 나타나고 있다는 점이다. 게다가 양국이 전략적 동반자관계를 선언했던 1996년의 경우 분쟁발생 빈도가 고조되어 있다는 점이나 양국의 신(新)선린·우호조약이 체결된 2001년 이후에 다시 불안정해지는 부분은 중·러 관계의 틀 속에서 해석하기 쉽지 않은 부분이다.

하지만 분쟁 빈도에서 1990년대 중반 이래로 러시아의 분쟁 빈도가 중국

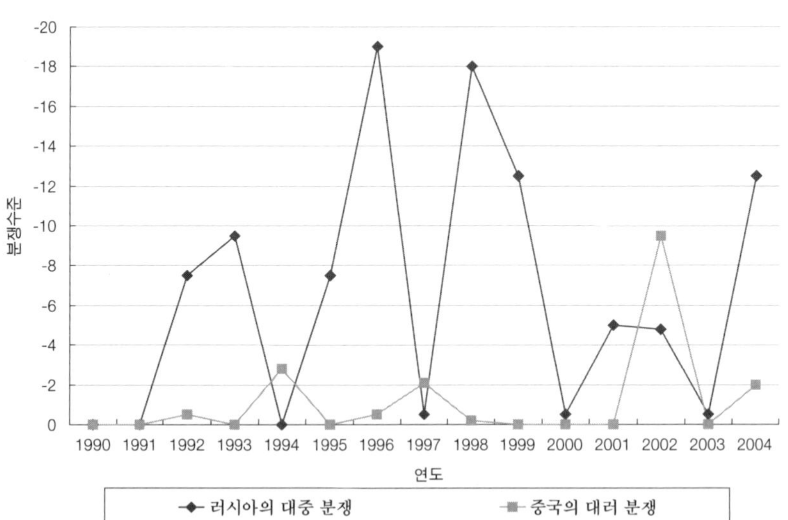

〈그림 8-7〉 러·중 분쟁의 추이(가중치 적용)

* Pearson 상관계수: -0.1301056346566

<그림 8-8> 러·중 분쟁의 빈도

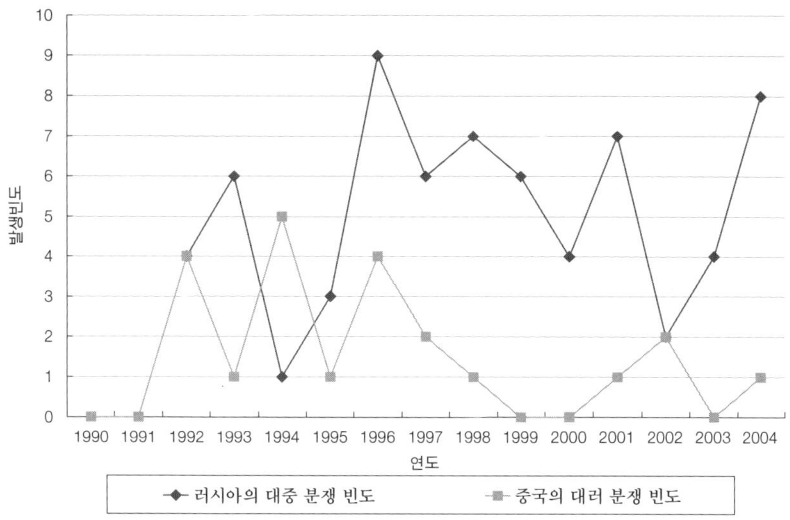

* Pearson 상관계수: 0.08751867263226

의 분쟁 빈도보다 높은 수준에서 발생하고 있다는 점이나, 중국의 분쟁 추이 동학의 정도보다는 러시아의 분쟁 추이의 동학이 훨씬 높게 나타나고 있다는 사실은 러시아의 중국에 대한 기대의 정도가 불안정적이며 변동이 매우 심하다는 점을 드러내 주는 지표로 이해해 볼 수 있을 것이다.

IV. 평화지수로 본 러시아의 대미·대중정책의 상관성

러시아와 미국 관계 그리고 러시아와 중국 관계를 각각 살펴보았던 것을 이제 한꺼번에 놓고 비교하는 작업을 진행해 보자. 우선, 러·미 간 및 러· 중 간 협력과 분쟁의 개괄적 데이터를 바탕으로 이를 하나의 그래프로 표시하여 보면 〈그림 8-9〉를 얻을 수 있다.

이 그래프에 나타난 두 관계의 특징은 다음과 같이 정리될 수 있을 것이다.

지수로 나타난 러시아의 대미 관계는 전반적으로 협력이 분쟁을 압도하는 양상에 분쟁은 서서히 계속 증가하다가 2002년을 기점으로 감소하는 양상을 나타내고 있다. 하지만 이미 밝혔듯이 러·미 분쟁의 추이도 비교적 유사한 양상을 보이고 있다. 1993년경 러시아의 대미 협력은 최고조에 이르는데, 이는 러시아의 핵무기 비확산협력과 경제 분야에 있어서의 파트너십의 강화와 관련된다. 하지만 모라토리엄을 전후하여 협력이 약화되고 1999년경부터 테러와의 전쟁기에 러시아의 대미 협력은 높은 수준을 유지하고 있다. 하지만 NATO의 확대와 MD정책의 추진 그리고 색깔혁명이 진행된 2004년에 가까워 올수록 협력수준과 분쟁수준이 거의 비슷해지고 있어 양국관계가 나빠지고 있음을 보여주고 있다.

지수 상으로 나타난 러시아의 대중 관계 역시 협력양상이 갈등양상을 압도하는 상황으로 나타나고 있다. 하지만 중국측의 언론에 대한 통제 등으로

〈그림 8-9〉 러·미 관계와 러·중 관계의 협력 및 분쟁 추이

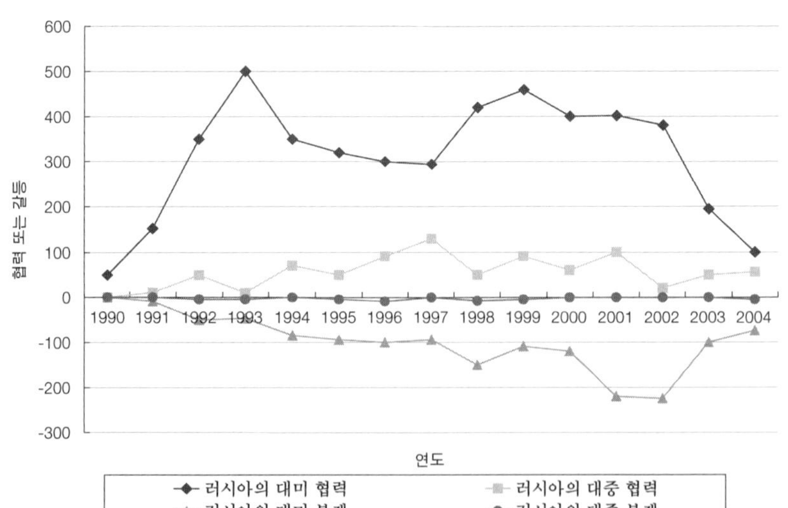

〈표 8-1〉 러·미 관계와 러·중 관계의 개괄적 변화

연도	러시아의 대미 협력	러시아의 대미 분쟁	러시아의 대중 협력	러시아의 대중 분쟁
1990	53.9	0.3	8.4	0
1991	155.3	12.9	14.2	0
1992	348.8	51.1	49.2	7.3
1993	499.7	48.4	8.2	9.2
1994	351.3	82.3	62.3	0.1
1995	318.3	86	42.7	7.2
1996	305.2	98.9	84.7	19
1997	290.5	91.9	142.5	0.6
1998	423.9	169.5	42.4	17.8
1999	460.4	111.3	82.4	12.6
2000	399.3	137.2	55.1	0.4
2001	402.2	231.5	107.9	5
2002	373.4	236.9	31.9	4.5
2003	191.5	105.6	44.7	0.4
2004	94.9	75	45.6	12.4

추정해 볼 수 있는 이유로 그 협력 및 갈등의 수치가 매우 저조하게 나타나고 있어서 단순한 비교는 어려워 보이지만, 러·미 관계에 비해 전반적으로 매우 낮은 수준의 분쟁정도를 보여주고 있는 것이 특징적이다. 1993년을 제외하면 협력이 분쟁을 압도하는 양상을 보이고 있는 것이 사실이다. 추후에 설명하겠지만 1993년의 러·미 협력이 정점에 이르렀던 시기에 러시아의 대중 협력은 기간 내 최저점을 찍고 있다는 사실은 주의해 관찰할 가치가 있어 보인다. 또한 1997년과 2001년에 러시아의 대중 협력이 최고조에 달하고 있다는 사실은 1996~97년에 러·중 전략적 동반자관계의 설정 및 서부국

경문제 해결의 단초가 마련되었다는 사실과 2001년의 러·중 선린우호조약의 체결 등으로 상징되는 양국관계의 개선으로 잘 설명될 수 있을 것이다.

전반적으로 보아 러시아의 미국에 대한 협력과 갈등의 수준은 중국에 대한 협력과 갈등의 수준에 비하여 대단히 높게 나타나고 있으며, 이는 러시아의 대외정책에서 어떤 상대가 가장 중요한 관심의 대상과 목표가 되고 있는가를 단적으로 보여주는 증거가 될 수도 있을 것이다.

이 중에서 러·미 관계 부분을 따로 분리해서 순협력지수(net cooperation index)로 살펴보면 이미 3절의 〈그림 8-1, 8-2〉에서 얻은 결과와 유사

〈표 8-2〉 러시아의 대미 관계와 미국의 대러 관계(Net cooperation index)

연도	러시아의 대미 관계	미국의 대러 관계
1990	53.6	67.4
1991	142.4	201.9
1992	297.7	395
1993	451.3	566.2
1994	269	337.6
1995	232.3	311
1996	206.3	353.5
1997	198.6	292.6
1998	254.4	451.3
1999	349.1	397.6
2000	262.1	339.8
2001	170.7	308.5
2002	136.5	236.4
2003	85.9	98.1
2004	19.9	-3.6

〈그림 8-10〉 러시아의 대미 관계와 미국의 대러 관계(Net cooperation index)

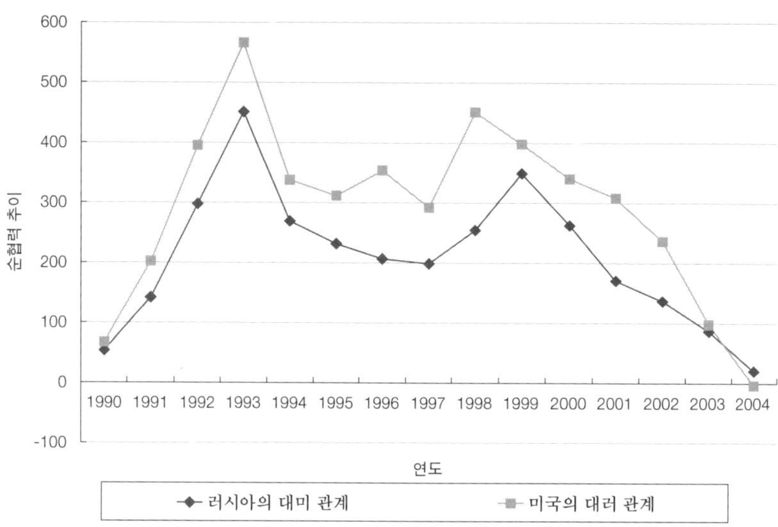

* Pearson 상관계수: 0.9460376256768

한 패턴을 볼 수 있다. 즉 러시아의 대미 관계와 미국의 대러 관계는 높은 상관성을 가지며 양국 사이는 호혜성의 원칙이 잘 지켜지고 있음을 알 수 있다. 하지만 1999~2004년 사이의 양국관계는 지속적으로 나빠지고 있는 것을 볼 수 있다.

〈표 8-3〉 러시아의 대중 관계와 중국의 대러 관계(Net cooperation index)

연도	러시아의 대중 관계	중국의 대러 관계
1990	8.4	0
1991	14.2	0
1992	41.9	-0.4
1993	-1	12.4

1994	62.2	1
1995	35.5	3.9
1996	65.7	-0.3
1997	141.9	14.1
1998	24.6	-0.1
1999	69.8	6
2000	54.7	0
2001	102.9	6.9
2002	27.4	-5.9
2003	44.3	4.8
2004	33.2	-2.2

〈그림 8-11〉 러시아의 대중 관계와 중국의 대러 관계(Net cooperation index)

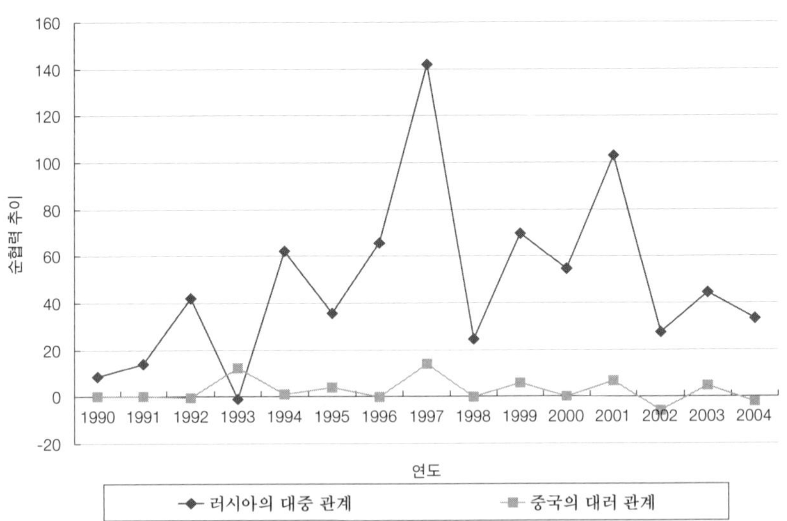

* Pearson 상관계수: 0.4668761028434(93년 이후: 0.8325290863952)

러·중 관계의 측면을 순협력 지수로 재점검해 보면 다음과 같은 특징이 관찰된다. 특이점을 보이는 1993년(대중 관계에 있어 러시아의 최하점)을 제외하면 3절의 〈그림 8-3, 8-4〉에서 나타난 바와 같이 유의미한 상관성을 보이며 양국 사이에도 호혜성의 원칙이 지켜지는 것을 볼 수 있다. 이미 설명했던 것처럼 1993년의 역전 현상은 러시아와 미국 관계 그리고 러시아와 유럽 관계에서 나타난 전략적 협력의 시도가 중국과의 관계에 부정적 영향을 끼친 것으로 해석이 가능하다. 물론 이를 러시아가 서방에 대한 협력을 강화해 나갈 경우 중국의 대러 협력을 높이는 결과를 가져올 수 있다는 쪽으로 해석하기에는 무리가 있지만 그럴 개연성을 보여주는 단초로는 해석될 수 있을 것으로 보인다.

전반적으로 중국은 러시아에 대해 큰 반응을 보이고 있지 않고 있으나, 1996년 전략적 동반자관계의 체결 이후 중국측의 미온적 자세와 더불어 중국의 중앙아시아에 대한 적극적 진출 기도로 인한 러시아의 중국에 대한 실망이 1997~98년 러시아의 대중 관계를 급격히 나빠지게 만든 원인이 된 것으로 보인다. 또한 푸틴 대통령 집권 초기 러시아의 유럽에 대한 에너지 부문을 비롯한 전방위적 협력이 강화되면서 러시아와 중국의 에너지협력 및 무기거래에서 한계가 노정되었고, 러시아가 미국의 테러전에서의 협력을 적극 추진한 2002년에는 러시아에 대한 중국의 태도가 부정적으로 높아서면서 양국관계가 급속한 저점을 찍고 있다는 것은 일반적으로 푸틴 대통령 시기에 들어서 러시아와 중국의 관계가 전반적으로 개선되었다는 통념

〈표 8-4〉 러·미/러·중 관계의 순협력의 동학(Net cooperation index)

연도	러시아의 대미 관계	러시아의 대중 관계
1990	53.6	8.4
1991	142.4	14.2
1992	297.7	41.9
1993	451.3	-1

1994	269	62.2
1995	232.3	35.5
1996	206.3	65.7
1997	198.6	141.9
1998	254.4	24.6
1999	349.1	69.8
2000	262.1	54.7
2001	170.7	102.9
2002	136.5	27.4
2003	85.9	44.3
2004	19.9	33.2

〈그림 8-12〉 러·미/러·중 관계의 동학(Net cooperation index)

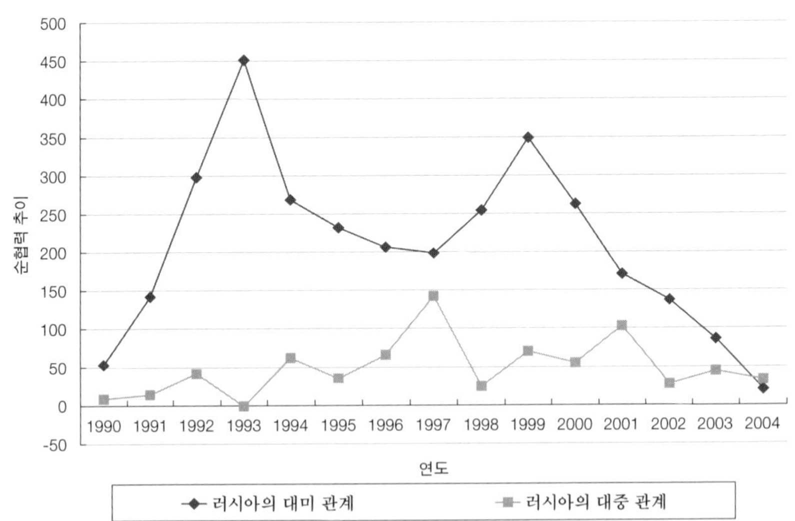

에 반하는 결과로 주의를 기울여 볼 만하다. 이는 러·중 관계가 러시아의 대미 및 대서방과의 관계에 따라 큰 영향을 받으며 특히 그 영향력은 음(-)의 상관성을 보인다는 해석을 가능하게 할 증거라고 볼 수도 있다. 하지만 2000~04년 러·중 관계는 매우 안정적이라고 이야기하기는 어려워 보인다. 러시아의 중국에 대한 협력은 2003년 이후에 가서야 안정의 기미가 일부 보이며, 이것이 안정적인가 여부를 판단하기 위해서는 2005년 이후 지수에 대한 추가적 검토가 요청된다.

그렇다면 러시아의 대미 및 대중 순협력의 상호관계는 어떤 양상을 드러낼까? 두 변량의 전체 상관계수 값은 그다지 높게 나타나지 않지만 〈그림 8-12〉에 나타난 두 그래프의 형태는 전반적으로 두 관계가 반비례관계를 보이고 있음을 보여주고 있다고 판단된다. 즉, 러시아의 미국과의 순협력이 강화되면 러시아의 중국과의 순협력은 약화되고, 반대로 러시아의 미국과의 순협력이 약화되면 러시아의 중국과의 순협력은 강화되고 있는 것이다. 이러한 패턴은 이를 두 개의 구간으로 나누어 그 형태를 비교해 볼 때에 더욱 잘 드러난다. 1990~97년 사이에 러·미 순협력은 급격히 증가했다가 감소하는 위로 볼록한 형태를 보이지만, 러·중 순협력은 완만하긴 해도 아래로 저점을 찍고 다시 올라오는 아래로 볼록한 형태를 취하고 있다. 또한 1997~2001년 사이의 러·미 순협력은 다시 급격히 증가했나가 감소하는 우로 볼록한 형태를 보이지만, 러·중 순협력은 완만하긴 해도 저점을 찍고

〈표 8-5〉 시기별 러시아의 대미 관계와 대중 관계의 상관계수

연도	1990~1993	1993~1997	1997~2001	2001~2004
피어슨 상관계수	-0.05228729	-0.7461026446788	-0.5299256733057	+0.6324686098525
	-0.1106800304404		+0.2241963953486	
	+0.00880297607119			
		-0.6571339531295		

다시 올라오는 형태이다. 또한 푸틴 대통령의 전방위 실용외교가 본격화되는 2002~04년 기간에 미국과의 순협력은 급속히 감소하여 양국관계가 악화되고 있는 것으로 나타나고 있는데 비하여 중국과의 순협력은 안정화되고 있는 것으로 나타나며, 이 양자 간의 관계는 역시 음(-)의 관계로 나타나고 있다는 점은 매우 흥미로운 관찰대상이 될 수 있다.

특히 높은 음의 상관관계를 보여 러·미 관계와 러·중 관계의 동학이 잘 드러나는 시기는 1993부터 1997년 사이의 기간과 1993년부터 2001년 사이의 기간이다. 이는 1993년부터 2001년까지가 러시아에게 있어 중국이 미국과의 전략적 관계에 있어 보상적 차원의 공간으로 존재하는 경향이 가장 강했음을 보여준다고 할 수 있다. 이 시기 러시아는 러시아의 대외정책 지향성에 대한 격렬한 논쟁의 시기를 거치면서 러시아의 국가 이익에 대한 기준을 다시 정립하게 된 시기이며, 따라서 러시아는 대미 관계에서 있어서 중국을 활용하는 데 부심했던 기간으로 이해해 볼 수 있다. 따라서 러시아의 전략적 지향성에 대한 고민이 깊어지는 시기에 러시아의 대미 관계와 대중 관계는 높은 음의 상관관계를 보인다고 할 수 있을 것이다. 그 증거로 러시아 친서방적 지향성에 대한 격렬한 반대로부터 시작된 러시아의 대외 관계 지향성에 대한 논쟁이 가장 격화되었던 1993~97년 시기에 러시아의 대미 관계와 대중 관계의 음(-)의 상관성은 가장 높게 나타났으며, 그 뒤 반대파의 의견이 다소 반영된 타협의 시기에도 음의 상관성이 높이 나타나고 있음을 들 수 있을 것이다.

반면 1990~92년에는 러·미 관계와 러·중 관계가 매우 높은 양의 상관관계를 보이면서 관계지수가 급격히 상승하고 있는 양상을 보이는데, 이는 베를린장벽이 붕괴된 이후 전반적인 평화적 분위기가 확산된 가운데 러시아가 미국뿐만 아니라 중국과의 관계도 전반적으로 개선하였기 때문에 나타난 형태로 보인다.

또한 2001년부터 2004년은 도리어 양(+)의 상관관계를 보이면서 양국관계의 순협력 지수가 급격히 하강하는 양상을 보이는데, 이는 러시아가 미국과도 중국과도 협력을 축소하는 것을 의미한다. 푸틴 대통령의 등장과 함께 러시아가 '국가이익에 대한 비교적 확고한 기준을 마련하였기에' 2001년 이후 러시아는 대미 관계나 대중국 관계에서 공히 갈등수준을 높여갈 수밖에 없었던 것으로 보인다. 하지만 이후 러시아가 중국과의 관계를 관리하는 데는 성공적인 결과를 얻게 됨으로써 양국 간의 관계에서 안정화 기류가 관찰되지만, 미국과의 관계에서는 갈등을 관리할 수 있는 모멘텀을 찾지 못하고 급속히 악화되는 기류가 나타났던 것이다. 결국 2004년에 이르면 중국과의 순협력 추이가 미국과의 순협력 추이를 앞지르는 상황까지도 나타나게 된다. 이를 근거로 향후 상황을 추정해 본다면, 러·중 관계는 일정한 수준의 기대와 반응이 안정화되어 가는 추세를 보이면서 강화되어 가게 될 것이며, 이에 비하여 러·미 관계는 전반적으로 악화되어 갈 것이라는 예측이 가능해 보인다. 실제로 2005년 이후 러·중 관계와 러·미 관계는 이 그래프를 통하여 예측되는 상황으로 진행되었다.

V. 러·중·미 삼자관계의 동학에서 본 러시아의 대미·대중 관계

이상의 논의를 통하여 러시아의 미국과 중국에 대한 관계는 러시아의 전략적 고민이 깊어가는 시기에 전반적으로 음(-)의 상관성을 강하게 드러낸다는 결론을 도출할 수 있다고 할 때에, 이것이 가지는 의미를 어떻게 해석해 볼 수 있을까? 러시아와 중국 그리고 미국이라는 전략적으로 상호 경쟁 내지 협력하는 강대국의 관계가 가장 잘 드러나는 지역은 역시 유라시아 지역일 것이다. 유라시아 지역에서 러시아와 미국 그리고 중국이 가지는 질서에 대한 인식과 그 속에서의 전략은 〈표 8-6〉과 같이 정리될 수 있을 것이다.

21세기 유라시아 신거대게임에서 러시아의 궁극적인 목표는 유라시아 역내 국가들과의 양자관계를 강화하고 다자주의적 통합의 기재를 활성화하

<표 8-6> 유라시아 지역질서에 대한 미·중·러의 인식과 전략

국가 수준		미국	러시아	중국
지역환경	안정요인 (질서)	• 미국 중심의 단극패권 질서에 조응하는 지역 질서 • 민주주의와 자유시장 경제 기반의 역내 국가레짐 확산	• 세계적 다극질서에 조응하는 역내 세력균형 질서의 구축 • 유라시아의 사회문화적 동질성·결속에 기초한 협력구조	• 세계적 다극질서에 조응하는 역내 세력균형 • 자유로운 경제교류 여건이 보장되는 지역구조
	도전요인 (불안정성)	• 비대칭위협의 근원 세력 확산 • 대량살상무기 확산 • 지역 강국들의 미국 견제정책 내지 반미동맹 형성노력 • 비민주·반인권 국가의 존속	• 미국의 제국주의적 지역질서 재편 시도 • 지역 분열적인 지정학적 다원주의의 고조 • 극단적 분리주의 및 테러세력 부흥	• 미의 중앙아시아/ 유라시아 진출 및 세력확대 • 러시아의 지역적 패권을 회복하려는 시도 • 극단적 분리주의 및 테러세력의 부흥
행위자	자기역할 인식	적극적: 유라시아질서 주도자 소극적: 유라시아질서 역외 균형자	적극적: 유라시아 중심 강대국 소극적: 역내 다극질서의 한축	적극적: 유라시아 강대국 소극적: 역내 다극질서의 한축
	적개념	• 국제적 테러세력 및 대량살상무기를 확산하는 불량국가 • 잠재형) 러시아, 중국의 반미 역동맹	• 테러 및 WMD 확산 세력 • 미국의 단극적 패권 확산 노력 • 탈러시아지향의 지역국가 • 잠재형) 세력확장 지향 중국	• 테러 및 분리주의 세력 • 미국의 대중국 봉쇄 정책 내지 대중국 헤징(hedging) 노력 • 잠재형) 지역패권 추구 러시아
전략·수단	전략	• 역내 군사기지 및 작전통로 공여국 확보 • 친미국가군 형성 • 민주화·자유시장체제 확산	• 중층적 근외정책을 통한 유라시아 통제력 강화 • 중·러 연대를 통한 균형화	• 중·러 연대를 통한 균형화 • 전략적 경계의 안정화 • 유라시아로의 중국 생활권의 확대
	수단	• 양자관계에 기초 정치·외교·경제적 지원 • NATO, PfP, CDC, DED-GUAM	• 에너지외교 및 경제협력 군사적 지원 • SES, EurAsEC, CSTO, SCO	• 대유라시아 투자의 증대를 통한 양자관계 강화 • SCO

는 중층적 접근을 통하여 유라시아 외부에서 벌어지는 신거대게임과 역내 국가들 사이에서 진행되고 있는 지정학적 다원주의의 도전에 대해 실용주의적인 입장에서 협력과 견제의 변증법적 전략을 구사함으로써 유라시아에서 전략적 안정을 달성하는 데 있다. 따라서 유라시아에 대한 미국의 침투를 견제하고 이 지역에서의 전략적인 안정과 균형을 달성하는 데 있어서 중국과 전략적으로 협력하는 것은 러시아에게 있어서 매우 중요하다. 이때 SCO의 확대 및 역할 강화가 이러한 양국 협력과 양국의 미국에 대한 균형화 정책에 있어서 중요한 수단을 제공할 것이다. 하지만, 러시아의 입장에서 SCO의 역할이 강화 확대되는 데 있어서 중국의 역할이 과도하게 강화되는 것은 바라지 않는 것으로 보인다. 이에 러시아는 인도나 이란과 같은 국가들의 참여를 통하여 SCO 내의 대(對)중국 균형성을 강화하는 동시에, 유라시아 내에서 러시아가 주도하는 유라시아경제공동체(EAEC) 및 집단안보조약기구(OCST)의 강화를 통해 대미 전략적 균형은 물론 대중 견제력을 강화하는 정책도 동시에 추구함으로써 전략적 안정과 균형화를 위한 이중적 전략을 구사하고 있다.

이러한 러시아의 유보적 내지 이중적인 입장은 러시아와 중국의 협력이 지니는 본질적인 한계를 보여준다. 냉전시기 소련이 초강대국으로서 중국에게 위협이 되었을 때에 소련에 대한 균형정책의 일환으로 중국은 미국과 협력하여 소련을 견제하는 데 동조하였던 경험이 있다. 그리고 이제 유사한 균형의 논리에 따라서 중국이 초강대국화한다면 러시아는 미국과의 협력을 통하여 중국을 견제할 수 있다는 것이다.

그런 의미에서 2000년대 들어 강화되어 온 러시아와 중국의 전략적 동반자관계를 반드시 낙관적으로 볼 수만은 없다. 이미 기술한 바처럼 러시아의 첨단군사무기와 기술에 대한 대중국 이전에는 분명히 한계가 있으며, 양국 간의 에너지 협력에서도 중국과 일본이 동시베리아~아시아태평양 송유관계획(ESPO)을 놓고 벌이는 경쟁에서와 같은 러시아의 중국에 대한 견제정책이 빚어내는 한계가 보인다. 또한 양국의 중앙아시아에 대한 영향권의 경쟁도 무시할 수 없으며, 러시아의 시베리아·극동에 대한 다수의 이민

문제가 발생할 경우 이에 대한 러시아의 취약성은 크다고 할 수 있다. 이런 요인들을 놓고 볼 때에, 미국이 중국을 포섭(engagement)하고, 견제(balancing)하고, 국제적 의무에 얽매기(binding)하는 여러 수단을 동원하는 것처럼, 러시아의 경우에도 국경을 인접하며 지전략적 경계선을 많이 공유하는 국가가 강대국의 단계를 넘어서 초강대국으로 도약하고 있다면 어떤 식으로든 이에 대응하여야 할 필요성이 있다. 따라서 중국의 초강대국화와 그 정책의 성격에 따라서는 러시아가 미국과 전략적으로 협력하여 중국을 견제함으로써 유라시아 내지 세계적 수준에서의 전략적 균형과 안정을 달성해야 하는 상황이 올 수도 있을 것이다. 따라서 러시아와 중국의 전략적 협력은 미국이라는 초강대국의 일방주의적 정책이라는 조건하에서 유지되고 있는 것이며, 그 조건이 사라질 경우 양국 협력은 언제라도 다른 양상으로 전개될 수 있는 조건부 협력이라는 주장도 가능할 것이다.

양국의 전략적 안보협력이 '조건부 협력' 인가, 아니면 '진행 중인 동맹화 과정' 인가라는 질문에 대하여 답하기는 쉽지 않다. 하지만 러시아와 중국의 전략적 협력이 가지는 '지속의 조건' 과 '발전의 요건' 이 공존하고 있음을 종합적으로 관찰하여 보건대, 양국의 전략적 협력은 이완/분열의 가능성을 가진 유동적인 성격을 띠고 있으면서 동시에 새로운 지속 및 발전을 위한 조건과 기회도 가지고 있는 것으로 파악하는 것이 타당해 보인다. 결국, 미국의 상대적 약화와 중국의 부상이라는 국제적 변화가 진행되면서 중국과의 전략적 동반자관계를 발전시켜 온 러시아의 고민의 강도는 시간이 지날수록 더해 갈 것으로 보인다. 러·중 전략협력을 시작하려는 러시아의 기본적 전략 인식에는 미국의 일방주의에 대한 견제의 필요성이 가장 강하게 자리잡고 있었다.

한편 중국은 무기나 에너지 등과 같은 실용주의적 국익의 추구와 지역질서의 안정화 그리고 잠재적 경쟁자 러시아를 제도적인 협력틀 안에 묶어두는 목적을 가지고 러·중 전략협력에 임하였던 것으로 보인다. 이러한 러·중의 전략협력을 가장 실제적으로 드러내 준 것이 상하이협력기구(SCO)이다. 그렇지만 이제 중국의 경제력이 세계 2위에 달하고 미국과의 격차를 급격하게 줄여가면서 "G2" 논의가 진행되고 있는 가운데 미국과 중국의 경제력이 비슷한 수준에 이르거나 중국이 미국의 경제력을 추월하게 될 2020년대에 이르러서도 러시아가 중국과의 협력을 통한 미국에 대한 견제 정책을 유지할지는 의문이다. 중국이 미국을 완전히 제치는 수준에 도달하지 못할 가능성도 강하게 점쳐지고 있는 가운데, 세계 양대 강국, 미국과 중국이 엇비슷한 내지 근소한 차이를 가지는 국력을 바탕으로 경쟁하는 상황이 2030년대 즈음에 도래할 경우에 러시아는 자신의 전략적 지향성을 수정해야 할 상황에 처할 가능성이 높으며 따라서 러시아의 미국과 중국 사이에서의 줄타기는 새롭게 활성화될 가능성이 높다. 아마 러시아는 새로운 의미에서 중국과 미국 사이에서 균형자로서의 역할을 통하여 자국의 존재가치를 높이는 전략을 강화해 나가려 할 것이며, 이러한 러시아의 전략 수정의 성공여부에 가장 큰 영향을 미칠 조건은 역시 미국이 러시아에 대한 포용정책을 진지하게 추진할지의 여부가 될 것이다.

▌참고문헌 ▌

문수언. 2006. "러시아 푸틴 정부 대외정책의 새로운 경향과 자유주의 패러다임의 접근."『국제정치논총』46-1, 305-325쪽.

박창희. 2006. "유라시아 지정학 변화와 중러관계: 기원과 발전 그리고 동북아에 미치는 영향."『국가전략』12권 3호, 73-102쪽.

신범식. 2008. "신거대게임으로 본 유라시아 지역질서의 변동과 전망."『슬라브학보』23-2.

______. 2009. "러시아의 대외정책 환경과 한반도 정책." 정성장 편.『외교환경과 한반도』. 성남: 세종연구소, 133-176쪽.

신범식 편. 2006.『21세기 유라시아 도전과 국제관계』2장. 파주: 한울.

임경훈. 2006. "푸틴 집권기 러시아의 대외정책: 실용적 현실주의의 이중성."『러시아연구』, 16-1, 245-273쪽.

정은숙. 2005. "중앙아시아 미군 기지." 세종연구소.『정세와 정책』9월호, 9-12쪽.

정한구. 2007. "러시아 대외정책의 진로수정?"『세종정책연구』3-1, 201-229쪽.

A. Pushkov. 1998. "'The Primakov Doctrine' and a New European Order." *International Affairs*, 44-2.

Alexander, Rahr. 1995. "New Focus on Old Priorities." *Transition* (February 15, 1995), pp.9-11.

Alexei, Pushkov. Winter 1993-94. "Letter From Eurasia: Russia and America: The Honeymoon's Over." *Foreign Policy*, 93, pp.83-90.

An Agenda for Renewal: U.S.-Russian Relations (December 2000), A Report by the Russian and Eurasian Program of the Carnegie Endowment for International Peace.

Andrei, Kozyrev. 1992. "Russia: A Chance for Survival." *Foreign Affairs* (Spring 1992), 71-2.

Andrew, Kuchins, and Robert Weitz. 2008. "Russia's Place in an Unsettled Order – Calculations in the Kremlin." (November 2008). Washington DC: Stanley

Foundation, p.3.

Bruce D. Porter. 1992. "A country Instead of a Cause: Russian Foreign Policy in the Post-Soviet Era." *The Washington Quarterly* (Summer 1992), pp.41-56.

Dmitri, Trenin. 2007. "Russia's Strategic Choices." *Policy Brief 50,* Carnegie Endowment for International Peace (May 2007), p.3.

Jung, Eunsook. 2006. "The US-Russia Relations: Russia's Military Presence in Moldova and Georgia." 『세종정책연구』 2권 2호.

Peter, Shearman. 1999. "NATO Expansion and the Russian Question." In R. G. Patman, ed. *Security in a Post-Cold War World.* NY: St.Martin's Press Inc., pp.157-180.

S. Neil MacFarlane. 1994. "Russian Conceptions of Europe." *Post-Soviet Affairs,* 10-3, pp.234-269.

"U.S.-Russian Relations: A Turning Point?" *Russia Watch: Analysis and Commentary,* 5(March 2001), pp.1-8.

러시아 외무성(February 1992). "Об основных положениях концепции внешней политики Российской Федерации(러시아 대외정책의 기본개념)."

Чжао Хуашэн. 2005. "Китай, Центральная Азия и Шанхайская Организация Сот рудничество." *Робочие Материалы,* No.5, Московский Центр Карнеги, p.44.

제9장

세계평화지수를 통해 본
독일 외교정책에서의 협력과 분쟁

고상두 | 연세대학교

I. 들어가는 말

한국의 외교정책이 주변 4강의 틀에서 이루어지는 것처럼, 독일에게는 미국, 프랑스, 영국, 러시아가 주요 외교 상대국이다. 이들 국가들은 독일 역사의 흐름에 오랫동안 관여하였으며, 가장 최근에는 이차대전 전승국의 지위를 가지고 2+4 조약에 참여하여 독일의 통일을 승인한 바 있다. 미국은 냉전시대 소련의 위협에 대항하여 독일에 30만 명에 달하는 병력을 주둔시켰다. 프랑스는 독일과 함께 유럽통합의 쌍두마차 역할을 맡았다. 영국은 상대적으로 독일과의 관계가 약하지만 유럽연합 및 나토동맹의 공동 구성원으로서 긴밀한 관계를 유지하고 있다. 러시아는 앞서 언급한 국가와 달리 독일의 동맹국이 아니다. 하지만 유럽국가 중에서 독일은 러시아와 가장 우호적인 관계를 유지하고 있다. 따라서 독일 대외정책의 태도를 분석하기 위하여 이들 4개 국가를 사례로 선택하는 것은 매우 적절하다고 할 수 있다.

통일 이후 독일의 외교정책이 변화하였다. 독일은 자신감 있는 외교정책을 추진하고 있다. 과거의 독일은 완전한 주권국가가 아니었다. 전승국의 통제를 받았다. 그리고 분단국이었으며, 소련의 위협에 시달렸다. 하지만 분단을 극복하고 유럽을 통합하면서 독일의 미국에 대한 안보의존이 크게 감소하였다.[1] 통일 이후 독일은 유럽대륙의 접경국가에서 중심국가로 탈바꿈하였다. 이제 프랑스는 독일과 유럽의 지도국 자리를 두고 경쟁하는 상황이 되었다. 미국과 자주 불협화음을 일으키는 프랑스에게 독일은 유럽적 맥락에서는 경쟁자이고 대서양적 맥락에서는 협조자이다. 독일도 유럽의 강화를 지지하지만 프랑스의 입장과 완전히 일치하는 것은 아니다. 프랑스는 유럽을 강화하여 미국에 대항하려는 반면에, 독일은 유럽을 미국의 대등한 파트너로 만들려는 것이 목적이다. 대서양주의를 견지하되 미국의 주니어 파트너에 불과한 유럽의 지위를 격상하려는 것이다.[2]

통일독일에서는 분단시대의 외교정책을 지속할 것인가 아니면 수정할 것인가를 둘러싸고 논쟁이 일어났다. 그리하여 전통외교와 자주외교 노선이 대립하였고, 유럽주의, 대서양주의, 글로벌주의 등 다양한 외교정책 담론이 제기되었다. 독일 외교정책이 냉전시대에는 현상유지적이고 불변적이었던 반면에, 통일 이후에는 다양화되고 변화무쌍하게 되었다. 독일은 주변 4강에 대하여 과거의 협력 일변도에서 이젠 분쟁도 감수하는 태도를 보이고 있다.[3]

그동안 많은 외교정책 연구자들이 협력과 분쟁에 관하여 분석하였다. 연구 결과 두 가지의 서로 다른 의견이 대립하였다. 하나는 협력과 분쟁은 별개의 개념이라는 것이다. 다른 하나는 협력과 분쟁은 서로 상반된 개념

---

1) Peter J. Katzenstein, *Policy and Politics in West Germany. The Growth of a Semi-Sovereign State* (Philadelphia: Temple Univ. Press, 1987).

2) Helga Haftendorn and Michael Kolkmann, "German Policy in a Strategic Triangle: Berlin, Paris, Washington ··· and What about London?" *Cambridge Review of International Affairs,* Vol.17, No.3, 2004, p.469.

3) 고상두, "통일 이후 독일의 국제적 역할변화: 논쟁과 실천," 『국제정치논총』 44집 2호, 2004.

이 아니라 혼합된 개념이라는 의견이다.

이 글의 목적은 외교정책에서 협력과 분쟁이 각각 독립적으로 전개되는 것인지 아니면 상호 연계되어 작동하는 것인지를 알아보는 것이다. 그리고 이러한 연구목적을 위해 통일독일의 주변 4강에 대한 외교정책 태도를 분석 사례로 선택하였다. 그리고 사례분석의 신뢰도를 높이기 위하여 배경요인과 행위자요인을 함께 고려하여 살펴보았다. 배경요인 분석에서는 군사안보적 요인을 감안하여 독일의 동맹국인 미국, 프랑스, 영국과의 관계와 비동맹국인 러시아와의 차이를 비교하여 볼 것이며, 군사문화적 요인을 감안한 분석으로는 영국과 미국으로 대변되는 앵글로색슨 국가군과 프랑스와 러시아로 대변되는 유럽대륙 국가군의 사례를 교차적으로 살펴볼 것이다. 행위자 수준에서의 요인으로는 독일정권의 변화를 분석대상으로 살펴보고자 한다. 즉, 이념적 구분이 뚜렷한 독일의 정치문화를 감안하여 우파정권과 좌파정권의 외교정책 태도는 각각 어떻게 나타나는지 비교하여 볼 것이다.

II. 기존연구의 검토

국제정치에서 협력과 분쟁이 서로 다른 별개의 현상인지 아니면 서로 연계된 현상인지에 관하여 그동안 많은 연구가 진행되어 왔다. 별개론을 주장하는 대표적 학자인 골드슈타인(Goldstein)은 양자적 국가관계에서 협력과 분쟁을 결정하는 가장 중요한 요인은 협력과 분쟁의 수준이라고 본다. 다시 말하자면 협력이 협력을 낳고, 분쟁이 분쟁을 낳는다는 것이다. 그러므로 두 개 국가 간의 협력은 상호 호혜적으로 이루어지고, 양국 간의 분쟁도 같은 맥락에서 이루어진다는 것이다. 이것은 국가의 외교정책이 자극과 반응(action-reaction)이라는 메커니즘에 의해 '협력의 선순환' 혹은 '분쟁의 악순환'이라는 양상을 보인다는 것을 말한다.[4]

이와 같이 협력과 분쟁이 별개의 현상이라는 시각은 리차드슨(Richardson)

의 군비경쟁모델이나 악셀로드(Axelrod)의 점진적 협력이론(Tit-For-Tat Theory)의 영향을 받았다. 이러한 유형의 분석모델에서는 국가의 협력행위에는 플러스 점수를, 분쟁행위에는 마이너스 점수를 부여한다. 이것은 협력과 분쟁을 정반대의 현상으로 간주하기 때문이다.

협력과 분쟁이 별개로 전개된다는 주장을 보다 세밀히 검토해보면, 주로 협력이 분쟁보다 더 강한 독자성을 보인다는 것이다. 맥클랜드(McClland)와 호가드(Hoggard)는 WEIS(World Event Interaction Survey) 데이터를 활용하여 요인분석을 한 결과, 국가 간 상호작용의 55.8%가 협력요인에 의해 설명된다는 것을 밝혀내었다. 이것은 협력이 분쟁보다 더 규칙적이며 자기추동적이라는 것을 의미한다.[5] 와드(Ward)는 동일행위 연쇄모델(behavior-begets-behavior model)과 혼합행위 연쇄모델(mix of behavior-begets-mix of behavior model)이라는 두 가지 모델을 만들었고, WEIS와 COPDAB (Conflict and Peace Data Bank) 자료를 활용하여 주요국가의 외교정책적 역동성을 보다 자세히 분석한 결과 동일행위 연쇄모델이 경험적으로 더 뒷받침된다는 사실을 발견하였다.[6]

협력과 분쟁이 각각 어떠한 요인에 의하여 영향을 받는지에 대해서도 많은 연구가 있었다. 밀러(Miller)는 분쟁과 협력의 영향요인을 분석한 결과, 분쟁은 국제체제 수준의 구조적 요인에 의해 영향을 받는 반면에, 협력은 국가단위 수준의 행위자 요인에 의해 영향을 받는다는 사실을 밝혀내었다.[7] 럼멜(Rummel)은 협력과 분쟁이론을 국가의 위상에 접목하였다. 그

---

4) Joshua S. Goldstein, "Great-Power Cooperation under Conditions of Limited Reciprocity: From Empirical Analysis," *International Studies Quarterly,* vol.39, 1995.

5) Charles McClelland and Garry Hoggard, "Conflict Patterns in the Interactions among Nations," in James Rosenau (ed.), *International Politics and Foreign Policy* (New York: Macmillan, 1969).

6) Michael Don Ward, "Cooperation and Conflict in Foreign Policy: Reaction and Memory," *International Studies Quarterly,* vol.26, no.1, 1982.

7) Benjamin Miller, "Explaining Great Power Cooperation in Conflict Manage-

결과 협력은 주로 국력이나 경제발전의 수준이 비슷한 국가 간에 주로 발생하는 반면에, 분쟁은 국가의 위상이 서로 다른 관계에서 자주 발생한다는 사실을 밝혀내었다.[8]

이상에서 언급한 바와 같이 국제정치학계에서는 협력과 분쟁의 별개론이 주류를 이루고 있다. 하지만 협력과 분쟁은 상호작용하는 혼합적 행위라는 의견도 있다. 동맹으로 결속된 국가들이 항상 협력관계를 유지하는 것은 아니다. 종종 서로 마찰하여 분쟁에 의해 동맹이 흔들리는 경우도 있다. 또한 적대국 간에 항상 대결만이 존재하는 것이 아니라 타협과 협력이 이루어지는 것이 국제정치 현실이다. 이처럼 국가 간의 관계는 늘 역동적이다.[9]

무정부적 특징을 가지고 있는 국제정치에서 협력은 어렵다. 그렇지만 협력이 불가능한 것은 아니며 국가 간 협력은 자주 발생한다. 국제정치의 무정부 상태란 중앙집권적 세계정부가 없다는 의미이지 국제적 공동체가 존재하지 않는다는 것이 아니다. 무정부 상태에서 협력을 발생시키는 요인은 무엇인가? 협력이란 이익이 상충되는 상황에서 자신의 행위를 상대방의 선호에 맞춰 최대한 조정하는 태도를 말한다.[10] 이런 관점에서 보면, 협력이라는 개념은 완벽한 이익의 일치를 의미하는 조화(harmony)와 유사하지만 상이한 것이다. 협력이란 상대국가와 이익이 충돌되는 상황에서 발휘되는 외교기술이며, 분쟁을 내재화하고 있다. 즉 협력은 평화적으로 조정된 분쟁이며, 국가 간의 상호작용은 협력과 분쟁을 융합적으로 내포하고 있다.[11]

---

ment," *World Politics,* vol.45, 1992.

8) Rudolph Rummel, "A Status Field Theory of International Relations," *Dimensionality of Nations Project, Research Report No.55,* Univ. of Hawaii.

9) 이성우. "한미관계에 있어서 협력 및 분쟁관계의 변화에 대한 경험적 분석,"『국제정치논총』47집 4호, 2007, 30쪽.

10) Robert Axelrod and Robert Keohane, "Achieving Cooperation under Anarchy: Strategy and Institutions," *World Politics,* vol.38, 1985.

11) Edward Azar, "The Conflict and Peace Data Bank (COPDAB) Project," *Journal of Conflict Resolution,* vol.24, no.1, 1980.

골드슈타인과 피브하우스(Pevehouse)는 보스니아 내전을 사례로 분석하여, 세르비아, 보스니아, 나토의 삼각관계에서는 협력과 분쟁의 상호작용이 일어날 수 있다는 점을 지적하였다. 즉 세르비아의 보스니아에 대한 분쟁적 태도가 나토의 세르비아에 대한 분쟁적 태도를 불러일으켰고, 나토의 세르비아에 대한 분쟁적 태도는 결국 세르비아로 하여금 보스니아에 협력적 태도를 취하도록 만들었다는 것이다. 보스니아 내전의 경우에는 분쟁이 분쟁을 야기하기도 하지만, 분쟁이 협력을 야기하기도 한다는 것을 보여준다.[12) 또한 포드햄(Fordham)은 COPDAB과 WEIS 데이터를 분석하여 분쟁적 요인이 협력적 태도를 가져올 수 있다는 것을 입증하였다. 그는 정치지도자가 국내정치적 어려움에 직면할 때 국민의 관심을 외부로 돌리기 위하여 전쟁을 일으킨다는 전환이론을 검증한 결과, 미국의 경제가 어려울 때 미국의 적대국은 미국에 대하여 협력적 태도를 보였다는 것을 밝혀내었다.[13) 국내에서 협력과 분쟁의 관계를 연구한 이성우는 협력과 분쟁이 서로 별개의 현상이 아니라 서로 강화하는 관계에 있다고 주장한다. 그리하여 협력이 증가하면 분쟁도 동반하여 증가한다는 사실을 실증적으로 입증하였다.[14)

---

12) Joshua Goldstein and Jon Pevehouse, "Reciprocity, Bullying, and International Cooperation: Time-series Analysis of the Bosnia Conflict," *American Political Science Review,* vol.91, no.3, 1997.

13) Benjamin Fordham, "Strategic Conflict Avoidance and the Diversionary Use of Force," *The Journal of Politics,* vol.67, 2005.

14) Seong-Woo Yi, "The Nature of Cooperation and Conflict Events: Are they mutually exclusive?" *The Korean Journal of International Relations,* vol.48, no. 5, 2008.

III. 독일 외교정책의 패턴과 상관관계

독일의 외교정책 태도를 분석하기 위하여 이 글은 제주평화연구원이 제
공한 평화지수데이터를 사용하였다. 제주 평화지수데이터는 킹(King)이 수
집한 "10 Million International Dyadic Events" 자료를 활용하였는데, 킹
의 자료는 로이터 통신의 뉴스기사를 토대로 국가 간의 협력과 분쟁을 측정
하여 정리한 것이다.[15] 제주평화연구원은 개별사건에 대하여 기본적으로
골드슈타인의 가중치 목록을 활용하여 재정리하였다.[16]

〈그림 9-1〉은 독일과 미국 간의 협력과 분쟁의 추이를 나타내고 있다.
양국의 협력관계는 대체로 상호 호혜적으로 이루어지고 있음을 알 수 있다.
전반적으로 양국이 서로 비슷한 강도의 협력자세를 보이지만, 독일이 미국
에게 약간 더 협력적인 태도를 취하는 것으로 나타나고 있다. 1990년에서
2004년까지 15년 동안 독일은 미국에 대하여 총 3827.1점(가중치 반영)의
협력을 하였고, 미국은 독일에 대하여 3377.5점의 협력으로 대응하였다.
이것은 독일이 미국을 더 필요로 한다는 것을 의미하며, 냉전시대의 유산이
아직 남아 있다고 하겠다.

2001년 이후 양국 간의 협력이 급속도로 하락하는 양상을 보이고 있는
데, 이것은 미국과 독일이 2003년 이라크전쟁 참전을 둘러싸고 갈등을 빚
으면서 일어난 현상이다. 슈뢰더(Schroeder) 수상이 집권하면서 독일은 국
익이나 국내정치적 요인을 더 중시하였고, 미국의 이라크 참전요구를 거절
하였다. 2002년 총선에서 그는 유엔 안보리의 결의가 있더라도 독일이 이
라크전쟁에 참여하는 일은 없을 것이라고 선언하여 참전을 반대하는 유권
자로부터 압도적인 지지를 얻었다. 이라크전쟁과 관련하여 슈뢰더 수상은
베를린이 독일의 외교정책을 결정한다는 "독일의 길(Deutscher Weg)"을

---

15) http://gking.harvard.edu/events
16) Joshua Goldstein, "A Conflict-Power Cooperation under Conditions of Limited
   Reciprocity: From Empirical to Forma Analysis," *International Studies Quarterly*,
   vol.39, 1995.

〈그림 9-1〉 독일과 미국의 협력 및 분쟁관계

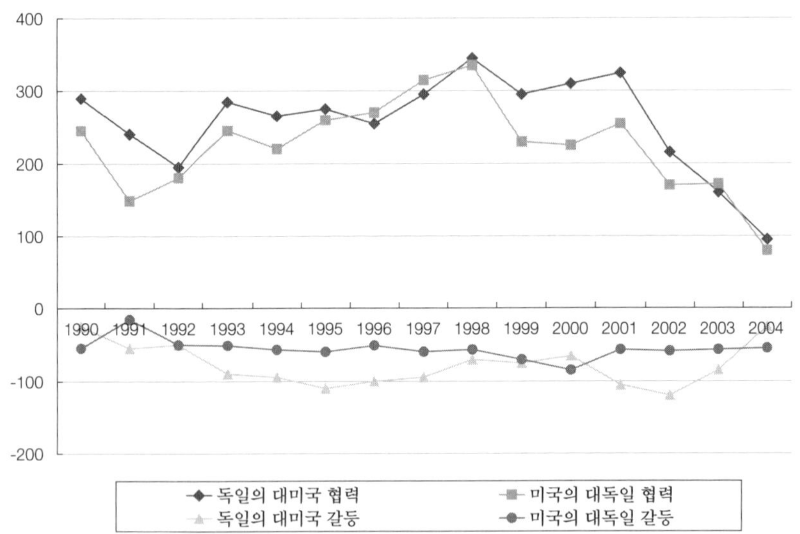

강조하였다.[17) 또한 피셔(Fischer) 외무장관도 자의식이 강하고 대결적인
외교정책으로 국민의 전폭적인 지지를 얻었다. 그는 거의 80%에 달하는
국민적 인기를 발판으로 2002년 10월 선거에서 소수정당인 녹색당의 득표
율을 9%로 끌어올렸다.[18)

독일과 미국의 갈등관계는 협력관계에 비하면 규칙성이 낮은 것으로 보
인다. 즉 상호 호혜적인 관계에 있지 않다는 것이다. 독일은 1995년에서
2002년까지 미국에게 높은 수준의 갈등적 태도를 보이고, 특히 2002년에는
갈등이 최고점에 달하고 있다. 이에 비하여 미국은 독일만큼 갈등적인 태
도를 보이지 않고 있다. 미국은 늘 일정하게 독일보다 낮은 수준의 갈등적
태도로 대하고 있다. 이것은 미국이 독일의 갈등적 태도에 대하여 갈등으

---

17) *National Review,* 2002.11.11.

18) *Maclean's,* 2003.3.10.

로 대응하지 않는다는 것을 의미한다.

결론적으로 독일과 미국의 경우 협력관계에서는 상호주의가 잘 나타나지만, 갈등관계에서는 그렇지 않다는 사실을 알 수 있다. 즉 협력의 경우에는 협력이 협력을 초래하지만, 갈등의 경우에는 갈등을 증폭시키기보다 반대로 갈등을 해소하는 방향의 대응이 이루어진다는 것을 알 수 있다. 동맹국가 간에 이처럼 협력은 증폭되는 방향으로 갈등은 해소되는 방향으로 상호작용한다는 것은 쉽게 수긍이 되는 현상이다.

〈그림 9-2〉는 독일과 프랑스의 협력과 분쟁관계를 보여주고 있다. 양국 간의 협력은 앞서 설명한 독일과 미국의 협력과 마찬가지로 상호 호혜의 원칙을 비교적 잘 따르고 있다. 단지 1998년 슈뢰더 좌파정부 집권 이전에는 독일과 프랑스 간에 거의 완벽한 상호 호혜적 협력관계가 나타나는데, 그 이후에는 이러한 정형적인 패턴이 깨어진다는 것이다. 이것은 슈뢰더 정권이 외교정책을 보다 자신감 있게 추진하게 되면서 생겨난 현상이라고 할

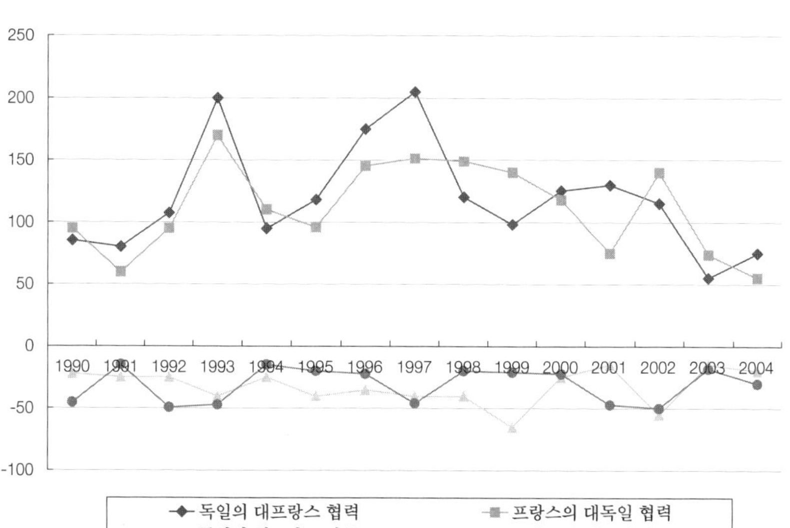

〈그림 9-2〉 독일과 프랑스의 협력 및 분쟁관계

수 있다. 그리고 독일의 외교정책이 상대국가와의 상호성의 원칙보다는 국내상황이라는 독자적인 변수에 의해 많은 영향을 받게 되었다는 것을 의미한다.

독일과 프랑스의 협력이 최고조로 달했던 시점은 1993년과 1997년이다. 1991년에서 1993년까지 통일 직후의 시기에 독일은 유럽통합에 아주 많은 노력을 기울였다. 통일에 대한 이웃국가의 우려를 불식시키기 위하여 독일은 유럽통합을 소홀히 하지 않겠다고 약속하였다. 그리하여 독일 정부는 통일 이후 14개월도 채 되지 않은 1991년 12월에 마스트리히트 조약에 서명하였다. 이 조약은 화폐통합 조항을 담고 있었다. 독일은 마르크화를 버리고 유로화를 도입하는 화폐통합을 약속하였고, 마스트리히트 조약은 독일이 여전히 유럽통합에 관심이 있다는 것을 보여주는 서약서와 같았다. 통일 직후 동서독 경제통합이라는 막중한 국가과제를 짊어진 독일 정부로서는 유로화 도입에 역량을 쏟을 수 없는 여건이었지만, 통일독일은 유럽의 강자를 지향하는 것이 아니라 유럽연합의 일원으로 계속 남는다는 인식을 주변국에게 심어주기 위하여 통화동맹을 약속하였던 것이다.[19]

1997년은 암스테르담 조약을 기반으로 유럽통합의 심화가 이루어졌다. 독일의 기민/기사당은 1990년대 중반부터 두 가지 속도의 유럽통합을 제안하였다.[20] 독일과 프랑스를 핵심으로 하는 빠른 통합과 영국을 중심으로 하는 신중한 통합을 병행 추진하자는 의견이다. 이러한 구상에 영향을 받아 1999년 유로화의 도입은 유로 존 가입을 희망하는 일부 회원국에 의해 이루어졌다. 독일과 프랑스 간의 갈등관계의 경우에는 독일과 미국의 사례와 크게 다르지 않다. 상호 호혜적인 규칙성이 없고, 양국은 갈등에 대하여 갈등으로 대응하지 않는다는 것을 알 수 있다.

〈그림 9-3〉은 독일과 영국의 협력과 분쟁관계를 보여주고 있다. 이 그림

---

19) Ulf Frenkler, "Germany at Maastricht-Power Politics or Civilian Power?" in Sebastian Harnisch and Hanns Maull (eds.), *Germany as a Civilian Power?* (Manchester: Manchester Univ. Press, 2001), p.29.

20) CDU/CSU-Fraktion des Deutschen Budestages, *Pressemitteilung,* 1994, 9.1.

<그림 9-3> 독일과 영국의 협력 및 분쟁관계

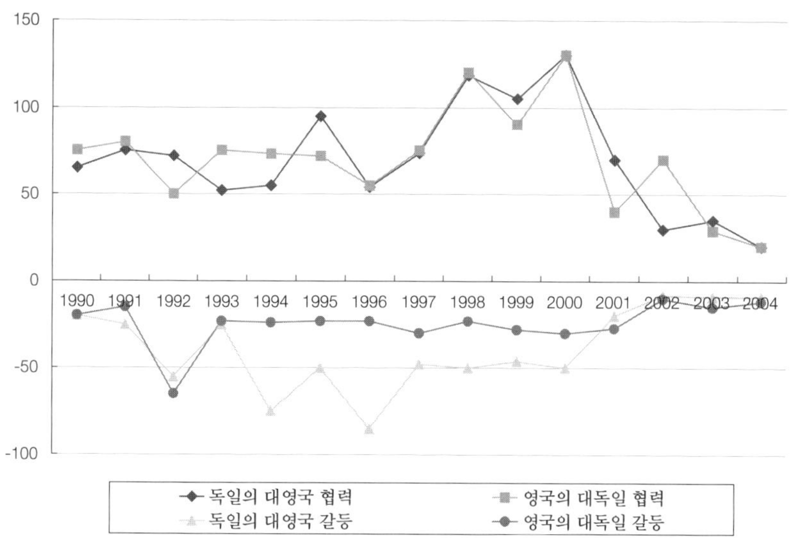

을 보면 영국도 앞서 미국과 프랑스의 사례와 마찬가지로 독일과의 협력에서는 비교적 상호 호혜적 관계를 보이지만, 분쟁에서는 그러한 규칙성이 없는 것으로 보인다. 협력의 경우에는 미국과 유사하게 이라크전쟁을 앞둔 2000년부터 급격한 감소현상을 보이고 있다.

반면에 분쟁의 경우에 독일은 영국에 대하여 상당히 분쟁적인 태도를 보이고 있음을 알 수 있다. 영국은 독일과 함께 EU회원국이면서 NATO동맹국으로서 긴밀한 외교관계를 맺고 있지만, 미국이나 프랑스에 비하면 밀접성의 정도가 낮고, 유럽통합이나 유럽안보 이슈에서 독일과 매우 상이한 시각을 가지고 있다. 그리하여 독일과 영국은 상대적으로 높은 분쟁관계를 나타내고 있다. 그럼에도 불구하고 양국 간의 분쟁은 서로 증폭되는 양상을 보이는 것이 아니라 해소하는 양상을 보이고 있다. 특히 독일의 분쟁적 태도에 대하여 영국이 비교적 안정적으로 대응하고 있음을 알 수 있다.

<그림 9-4>는 독일과 러시아의 협력 및 분쟁관계를 보여주고 있다. 러시

<그림 9-4> 독일과 러시아의 협력 및 분쟁관계

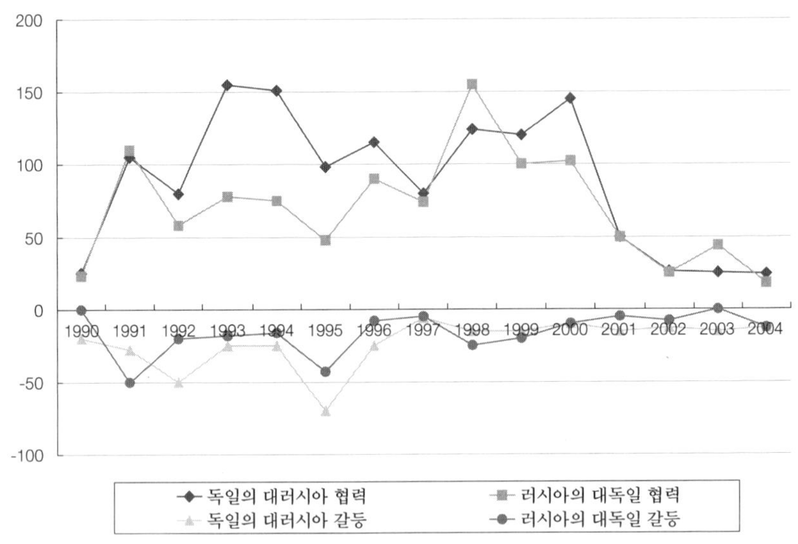

아는 앞의 3개 국가와 달리 독일의 동맹국이 아니다. 따라서 앞의 경우와 약간 다른 관계양상을 보이고 있다. 협력의 경우에는 비교적 상호 호혜적 관계를 보인다. 이것은 독일과 러시아의 관계가 동맹국에 버금가는 친밀한 관계라는 점에서 연유한다고 할 수 있다. 특이한 점은 1990년대 전반기에는 독일이 러시아에 대하여 더 협력적인 태도를 보이고 있다. 특히 구소련군이 구동독지역에서 완전히 철수하는 1994년 말까지 독일은 러시아에게 매우 높은 수준의 협력적 태도를 보이고 있다.

독일과 러시아 관계의 특이성은 분쟁관계에서 두드러지게 나타난다. 앞의 국가들에 비해서 양국은 비교적 높은 수준의 상호 호혜적 모습을 보이고 있다. 이것은 이들 국가 간에는 분쟁에 대하여 분쟁으로 대응하는 규칙성을 보인다는 것을 의미한다.

이차대전이 끝나고 반세기 만에 독일은 적극적이고 독자적인 외교 행위자가 되었다. 예를 들어 독일은 탈냉전 이후 미국이 주도한 전쟁에 모두

동참하지 않았다. 코소보전쟁과 아프가니스탄전쟁에는 참여하였으나 이라크전쟁에는 불참하였다. 프랑스와는 유럽통합의 심화를 위해 함께 노력하지만, 프랑스의 패권추구에 동조하는 것은 아니다. 영국과는 유럽통합 및 대서양관계를 둘러싸고 이견이 잦다. 러시아에 대해서는 협력과 분쟁적 태도를 동시에 보이고 있다.

통일독일의 외교정책은 이제 수동적인 정책이 아니다. 독일이 정상국가로 변모하고 있다. 사실상 현실정치(Realpolitik)는 독일에서 만들어진 개념이다. 분단국가에서 통일을 이룩한 위대한 민족이라는 자부심, 유럽통합을 이끄는 견인차로서의 위상 등이 독일의 국력에 합당한 국제적 역할과 책임을 맡아야 한다는 자부심을 갖도록 하였다. 그렇다고 해서 독일이 과거 비스마르크 시대의 "힘의 정치"로 복귀하려는 것은 아니다. 과거 독일이 소극적 외교에 안주하였다면, 이젠 유럽의 심장부에 자리잡은 강대국으로서 이웃국가와 함께 협력하는 지도국이 되겠다는 것이다.[21]

다음의 〈표 9-1〉은 지금까지 그래프로 살펴본 독일과 주변 4대 강대국 간의 협력과 분쟁의 관계를 월별 자료로 정리한 후, SPSS 12.0으로 측정한

〈표 9-1〉 독일의 주변 4강국 외교정책에서 협력과 갈등의 상관관계

독일/미국		독일/프랑스		독일/영국		독일/러시아	
cGU/cUG	.479**	cGF/cFG	.422**	cGE/cEG	.628**	cGR/cRG	.629**
cGU/dUG	-.086	cGF/dFG	-.133	cGE/dEG	-.165*	cGR/dRG	-.186*
dGU/cUG	-.191*	dGF/cFG	-.130	dGE/cEG	-.224**	dGR/cRG	-.185*
dGU/dUG	.021	dGF/dFG	.073	dGE/dEG	.226**	dGR/dRG	.283**

Pearson Correlation, N=108
* 0.05 수준에서의 통계적 유의성
** 0.01 수준에서의 통계적 유의성

---

21) Werner Link, "Deutschland als europaeische Macht," in Werner Weidenfeld (Hg) *Die Staatenwelt Europas* (Bonn: BPB, 2004), p.21.

피어슨 상관계수이다. 이 표에서 첫 번째 열은 독일의 협력에 대한 상대국의 협력, 두 번째 열은 독일의 협력에 대한 상대국의 분쟁, 세 번째 열은 독일의 분쟁에 대한 상대국의 협력, 마지막 열은 독일의 분쟁에 대한 상대국의 분쟁태도를 상관관계 분석한 것이다.

분석 결과 첫 번째 열의 협력 대 협력관계에서는 독일이 주변 4강 모두와 상호 호혜적인 협력관계에 있다는 것을 알 수 있다. 그리고 상관계수가 약 0.4~0.6에 해당하는 높은 수치를 나타내고 있다. 네 번째 열의 분쟁 대 분쟁에서는 독일이 영국 및 러시아와 각각 유의미한 상관관계를 보이고 있다. 두 번째 열의 협력 대 분쟁에서는 영국과 러시아 두 가지 사례에서 유의미한 상관관계를 보이는 반면에, 세 번째 열의 분쟁 대 협력의 관계에서는 미국, 영국, 러시아 세 가지 모든 경우에서 유의미한 상관관계를 보여주고 있다.

이상의 결과에 따르면, 독일의 외교정책 사례에서 별개론의 검증사례인 첫 번째 열의 협력 대 협력, 네 번째 열의 분쟁 대 분쟁은 총 8개 사례 중에서 6개 사례에서 유의미한 결과를 보였고, 그 중에서 협력이 분쟁에 비해 강한 상호 호혜성을 보이고 있다. 그런데 협력과 분쟁이 혼합된 두 번째 열과 세 번째 열에서도 8건 중에서 5건이 유의미한 상관관계를 나타내고 있다. 따라서 혼합론도 별개론 못지 않게 독일사례에서는 강한 지지를 받고 있다는 것을 알 수 있다. 하지만 혼합론의 경우에는 상관관계 수치가 매우 낮게 나타나고 있다는 점에 유의해야 한다.

〈표 9-1〉의 결과를 국가별로 살펴보게 되면 미국이나 프랑스와 같은 강한 동맹국과의 관계에서는 협력과 대립이 별개로 전개되는 반면에, 약한 동맹국인 영국 그리고 비동맹 우호국인 러시아의 경우에는 협력과 분쟁이 혼합된 모습도 함께 나타나고 있다. 즉 협력과 협력, 협력과 분쟁, 분쟁과 협력, 분쟁과 분쟁이라는 모든 관계에서 유의미한 상관관계를 보여주고 있는 것이다.

IV. 연구 디자인

독일의 외교정책 사례를 상관관계 분석한 결과 협력과 분쟁은 대체로 별개로 진행된다는 것을 알 수 있다. 그리고 협력이 분쟁에 비하여 더 강한 규칙성을 가지고 있다는 것도 밝혀졌다. 하지만 이러한 경향은 동맹국 간의 사례에서 두드러지게 나타나는 반면에 동맹이 아닌 국가와의 관계에서는 협력과 분쟁이 혼합되는 양상도 나타나고 있다.

협력과 분쟁의 관계를 보다 세밀하게 분석하기 위하여 협력이나 분쟁을 야기하는 요인들을 밝혀내는 회귀분석을 시도하고자 한다. 그리하여 협력과 분쟁의 별개론과 혼합론이 어떠한 맥락에서 작동하는지를 독일의 사례를 통하여 알아보고자 한다. 본 연구의 분석자료는 독일과 주변 4강대국 간의 관계를 월별 단위로 조사한 데이터이다. 시계열자료를 다루는 다중회귀분석에서는 시간 또는 추세치 변수를 추가적으로 포함하여 분석하는 것이 통상적이므로 본 연구에서는 국가 간 협력과 분쟁의 단기기억과 장기기억을 주요 독립변수로 감안한다.

$$\triangle X_t = a_1 X_{t-1} + a_2 Y_t + C_1 \qquad\qquad (1)$$
$$\triangle W_t - b_1 W_{t-1} + b_2 Z_t + C_2 \qquad\qquad (2)$$

(1)식은 협력에 협력이 어떠한 영향을 미치는지를 보여주는 메커니즘을 확인하는 회귀방정식이다. 일정 시점에서의 협력의 변화율($\triangle X_t$)은 일정기간 이전의 협력(X_{t-1})에 의해 영향을 받고 상대국의 협력적 태도(Y_t)에 의해 영향을 받는다. X_{t-1}을 협력의 단기기억이라고 한다면, 절편인 상수 C_1은 협력의 장기기억에 해당한다. 절편이 크면 협력의 변화율은 항상 크게 나오며, 이것은 양국 간에 협력을 유지하려는 장기적인 경향성이 있다는 것을 의미하는 것이다. 따라서 상수 C_1은 X국가와 Y국가 간에 협력을 강화유지하려는 구조, 제도, 문화 등을 망라한다.

(2)식은 분쟁이 분쟁에 어떻게 영향을 미치는지를 보여주는 메커니즘을

설명하는 식이다. 여기서 $\triangle W_t$는 t시점에서의 분쟁의 변화율이며 W_{t-1}는 t시점 이전 자신의 분쟁태도이다. 그리고 Z_t는 상대국의 분쟁태도이며 C_2 분쟁의 장기기억이다.

$$\triangle X_t = a_1 X_{t-1} + a_2 Y_t + a_3 W_{t-1} + a_4 Z_t + C_3 \qquad (3)$$
$$\triangle W_t = b_1 W_{t-1} + b_2 Z_t + b_3 X_{t-1} + b_4 Y_t + C_4 \qquad (4)$$

(1)의 협력 방정식과 (2)의 분쟁 방정식을 혼합한 것이 (3)과 (4)의 식이다. (3)은 협력의 혼합방정식이고, (4)는 분쟁의 혼합방정식이다. (3)의 식에서 협력의 변화율($\triangle X_t$)은 협력의 단기기억(X_{t-1})과 상대국의 협력(Y_t) 그리고 분쟁의 단기기억(W_{t-1})과 상대국의 분쟁(Z_t) 그리고 협력의 장기기억에 의해 영향을 받는다. 같은 논리로 (4)의 식은 분쟁의 변화율($\triangle W_t$)이 분쟁의 단기기억(W_{t-1})과 상대국의 분쟁(Z_t) 그리고 협력의 단기기억(X_{t-1})과 상대국의 협력(Y_t) 그리고 분쟁의 장기기억(C_4)에 의해 영향을 받는다는 메커니즘을 표현하고 있다.

V. 결과 분석

〈표 9-2〉는 1990년에서 2004년까지 15년간 독일 대외정책의 태도 변화에 영향을 미치는 변수들을 회귀분석한 결과이다. 이 결과에 따르면 협력과 분쟁의 별개론을 가장 잘 보여주는 국가는 프랑스와 러시아이다. 프랑스와 러시아에 대한 독일의 외교정책 사례에서 협력관계는 협력의 장기 및 단기기억 그리고 상대국의 협력적 태도 등 협력적 요인에 의해 영향을 받으며 분쟁관계는 분쟁의 장기 및 단기기억 등 분쟁적 요인에 의해 영향을 받는다는 것을 보여주고 있다.

이에 비해 미국과 영국의 경우에는 협력과 분쟁이 개별적으로 전개되는

〈표 9-2〉 독일의 대외정책 태도 변화(1990년~2004년)

	대미 태도		대프랑스 태도		대영국 태도		대러 태도	
	협력	분쟁	협력	분쟁	협력	분쟁	협력	분쟁
장기기억	9.427**	-4.162**	5.547**	-1.562*	1.495*	-.896	2.280**	1.351**
협력기억	-.908**	-.011	-.995**	-.036	-.979**	-.073	-.886**	.066
협력제의	.491**	-.110**	.454**	-.056	.644**	-.150*	.707**	-.026
분쟁기억	-.057	1.007**	.092	-.950**	-.071	-.932**	.002	.987**
분쟁도발	-.071	-.001	-.154	.056	-.164	.280**	-.152	-.006

* 0.05 수준에서의 통계적 유의성
** 0.01 수준에서의 통계적 유의성

양상도 보이지만 부분적으로는 혼합되는 점도 있다. 즉 상대국의 협력제의에 의해 분쟁적 태도가 완화되는 모습을 보이고 있다. 이상의 결과 분석에 의하면 협력의 별개론과 혼합론이 동맹여부와는 무관하다는 것을 알 수 있다. 하지만 독일의 영미권 국가에 대한 외교정책은 혼합론이 적용되는 반면에, 독일의 유럽대륙 국가에 대한 외교정책은 별개론이 적용된다는 것을 알 수 있다. 이것은 독일의 대외정책 태도에서 앵글로색슨권 국가와 유럽대륙권 국가를 대상으로 할 때 차이가 나타난다는 것을 말해준다.

〈표 9-3〉과 〈표 9-4〉는 독일의 외교정책 태도를 정권 별로 살펴본 회귀분석 결과이다. 아이켄베리(Ikenberry)는 미국의 외교정책은 정권이 변화해도 일관성을 유지하는 경향이 있다는 사례분석 결과를 제시하였다.[22] 하지만 독일은 정당 간의 이념이 뚜렷하기 때문에 우파정권과 좌파정권의 외교정책적 차이가 큰 것으로 알려져 있다. 따라서 독일의 경우에는 정권별로 외교정책에서 협력과 분쟁이 어떤 양상으로 나타나는지를 알아보는 것은 매우 의미가 있다고 생각한다.

---

22) John Ikenberry, *American Foreign Policy* (New York: Longman, 1999).

〈표 9-3〉 우파 기민/자민 연립정부의 대외정책 태도 변화(1990년 1월~1998년 10월)

	대미 태도		대프랑스 태도		대영국 태도		대러 태도	
	협력	분쟁	협력	분쟁	협력	분쟁	협력	분쟁
장기기억	13.610**	-3.308	5.421**	-2.017*	1.256	-1.737	3.061**	1.959*
협력기억	-1.018**	-.025	-.973**	-.021	-.925**	-.141	-.796**	.062
협력제의	.433**	-.079	.508**	-.030	.626**	-.031	.549**	-.022
분쟁기억	-.037	-.956**	-.094	-1.034**	-.043	-.924**	.026	.999**
분쟁도발	-.005	.133	-.065	.056	-.207	.366*	-.240	.028

* 0.05 수준에서의 통계적 유의성
** 0.01 수준에서의 통계적 유의성

〈표 9-3〉은 독일 우파정권의 대외정책 태도를 분석한 결과이다. 우파정권에서는 협력과 분쟁의 별개론이 적용된다는 것을 알 수 있다. 그리고 이러한 원리는 강한 동맹국, 약한 동맹국, 비동맹 우호국 모두에 보편적으로 적용되고 있다는 것을 알 수 있다. 그리고 앞에서 입증된 바와 같이 협력의

〈표 9-4〉 좌파 사민/녹색 연립정부의 대외정책 태도 변화(1998년 11월~2004년 12월)

	대미 태도		대프랑스 태도		대영국 태도		대러 태도	
	협력	분쟁	협력	분쟁	협력	분쟁	협력	분쟁
장기기억	5.457	-4.805*	6.161**	-.809	1.566	.298	1.316	.948**
협력기억	-.818**	.001	-1.109**	-.096	-1.064**	-.095	-1.117**	.033
협력제의	.589**	-.176*	.350**	-.096	.707**	-.276**	1.091**	-.040
분쟁기억	-.043	-1.064**	.215	-.891**	-.278	-1.137**	.090	1.122**
분쟁도발	-.139	-.120	-.306	.046	-.090	.146	.608	-.043

* 0.05 수준에서의 통계적 유의성
** 0.01 수준에서의 통계적 유의성

보다 강한 상호 호혜적 규칙성이 여기에서도 재확인되고 있다.

〈표 9-4〉는 독일 좌파정부의 대외정책 태도를 분석한 결과이다. 여기에서는 우파정부의 사례와 상이한 모습이 나타나고 있다. 프랑스와 러시아와의 관계에서 독일 좌파정부는 협력과 분쟁을 별개로 다루는 태도를 보이고 있다. 그러나 미국과 영국과의 관계에서는 부분적으로 혼합적인 관계가 나타나는데, 특히 미국과 영국의 협력제의에 대하여 독일의 사민/녹색정부는 분쟁적으로 대응하였다. 이것은 이라크전쟁을 비롯한 외교정책적 이슈에서 미국과 영국이 독일에게 협조를 구했으나, 이에 대해 독일이 저항과 반발을 보인 결과로 해석된다. 따라서 〈표 9-3, 9-4〉가 보여주는 이론적 함의는 양국 정부 간에 분쟁적 이슈가 있을 경우에는, 협력이 분쟁을 초래할 수 있다는 것을 말해준다.

VI. 맺는 말

국가 간의 관계는 늘 협력과 분쟁으로 점철되어 있다. 이 글은 협력과 분쟁이 별개의 행위인지 아니면 상호작용하는 행위인지를 알아보기 위하여 독일의 외교정책 사례를 중심으로 분석하였다. 그리하여 독일에게 가장 중요한 4개 국가 미국, 프랑스, 영국, 러시아에 대한 외교정책적 태도를 분석하였다.

기존연구를 검토한 결과 협력과 분쟁에는 별개론과 혼합론이 대립하고 있으나, 별개론이 다수의 지지를 받는 주류이론으로 자리잡고 있는 것을 알 수 있었다. 그리고 별개론에서도 협력이 분쟁에 비하여 훨씬 더 독자적인 메커니즘에 의해 전개된다는 의견이다.

독일의 외교정책 사례를 상관관계 분석한 결과 별개론과 혼합론이 모두 유효하지만 별개론에 비해 혼합론의 상관계수가 매우 낮다는 사실을 확인함으로써, 기존연구가 입증되는 것으로 발견하였다. 이러한 결과를 보다 세밀히 분석하기 위하여 다중회귀분석을 시도하였다. 그리하여 협력과 분쟁에 대하여 각각 협력(분쟁)의 장기기억, 협력의 단기기억, 상대국의 협력, 분쟁의 단기기억, 상대국의 분쟁이라는 5가지 요인을 설명변수로 설정하였다. 또한 분석의 신뢰도를 높이기 위하여 동맹/비동맹관계, 앵글로색슨/유럽대륙국가, 우파/좌파정권 변수를 통제변수로 투입하였다.

회귀분석 결과 협력의 경우에는 별개론이 가장 잘 입증되었다. 협력의 장기기억, 단기기억, 상대국의 협력 등 모든 협력적 요인이 협력태도에 영향을 미치고 있다는 것을 알 수 있었다. 이것은 동맹관계와 비동맹관계를 초월하여 모든 관계에서 적용되었다. 반면에 분쟁의 경우에는 분쟁의 장기기억과 단기기억은 영향요인으로 작용하지만 상대국의 분쟁태도는 독일의 분쟁태도를 발생시키지 않는다는 것을 보여주었다. 아울러 미국과 영국의 사례에서는 상대국의 협력적 태도가 분쟁을 발생시킨다는 것을 알 수 있다.

이러한 특이현상은 독일 정부의 이념적 성향에 따른 영향을 분석함으로써 설명이 명확해지는데, 독일의 우파정권에서는 거의 완벽한 별개론이 작용한다. 즉 미국과 영국의 협력적 태도가 독일의 분쟁적 태도를 불러일으키는 혼합적 관계가 생겨나지 않는 것이다. 반면에 독일의 좌파정권에서 미국과 영국의 협력적 태도가 독일의 분쟁적 태도를 유발하는 것으로 나타났다. 이것은 이라크전쟁을 둘러싼 미국과 영국의 입장과 독일의 입장이 상충함으로써 발생한 현상인 것이다. 결론적으로 협력과 분쟁의 혼합적 상호작용에서는 좌파/우파정권 요인이 중요한 변수로 작용하였으며, 이러한 현상은 독일의 좌파정권이 미국과 영국에 대하여 독자적인 외교노선을 견지함으로써 발생하였다는 것을 알 수 있다.

▮참고문헌▮

고상두. 2004. "통일 이후 독일의 국제적 역할변화: 논쟁과 실천." 『국제정치논총』 44집 2호.

이성우. 2007. "한미관계에 있어서 협력 및 분쟁관계의 변화에 대한 경험적 분석." 『국제정치논총』 47집 4호, 30쪽.

Benjamin, Fordham. 2005. "Strategic Conflict Avoidance and the Diversionary Use of Force." *The Journal of Politics*, Vol.67.

Benjamin, Miller. 1992. "Explaining Great Power Cooperation in Conflict Management." *World Politics*, Vol.45.

Charles, McClelland, and Garry Hoggard. 1969. "Conflict Patterns in the Interactions among Nations." In James Rosenau, ed. *International Politics and Foreign Policy*. New York: Macmillan.

Edward, Azar. 1980. "The Conflict and Peace Data Bank (COPDAB) Project." *Journal of Conflict Resolution*, Vol.24, No.1.

Helga, Haftendorn, and Michael Kolkmann. 2004. "German Policy in a Strategic Triangle: Berlin, Paris, Washington··· and What about London?" *Cambridge Review of International Affairs*, Vol.17, No.3, p.469.

John, Ikenberry. 1999. *American Foreign Policy*. New York: Longman.

Joshua, Goldstein, and Jon Pevehouse. 1997. "Reciprocity, Bullying, and International Cooperation: Time-series Analysis of the Bosnia Conflict." *American Political Science Review*, Vol.91, No.3.

Joshua, Goldstein. 1995. "A Conflict-Power Cooperation under Conditions of Limited Reciprocity: From Empirical to Forma Analysis." *International Studies Quarterly*, Vol.39.

Joshua, S. Goldstein. 1995. "Great-Power Cooperation under Conditions of Limited Reciprocity: From Empirical Analysis." *International Studies Quarterly*, Vol.39.

Michael, Don Ward. 1982. "Cooperation and Conflict in Foreign Policy: Reaction and Memory." *International Studies Quarterly*, Vol.26, No.1.

Peter, J. Katzenstein. 1987. *Policy and Politics in West Germany. The Growth of a Semi-Sovereign State*. Philadelphia: Temple Univ. Press.

Robert, Axelrod, and Robert Keohane. 1985. "Achieving Cooperation under Anarchy: Strategy and Institutions." *World Politics*, Vol.38.

Rudolph, Rummel. "A Status Field Theory of International Relations." *Dimensionality of Nations Project, Research Report*, No.55, Univ. of Hawaii.

Ulf, Frenkler. 2001. "Germany at Maastricht-Power Politics or Civilian Power?" In Sebastian Harnisch and Hanns Maull, eds. *Germany as a Civilian Power?* Manchester: Manchester Univ. Press, p.29.

Werner, Link. 2004. "Deutschland als europaeische Macht." In Werner Weidenfeld (Hg.). *Die Staatenwelt Europas*. Bonn: BPB, p.21.

Yi, Seong-Woo. 2008. "The Nature of Cooperation and Conflict Events: Are They Mutually Exclusive?" *The Korean Journal of International Relations*, Vol. 48, No.5.

제10장

세계평화지수를 통해 본
미국·이스라엘·팔레스타인 관계

인남식 | 외교안보연구원

I. 들어가는 말

중동지역을 흔히들 '체질적 불안정성(inherent quality of instability)'을 지닌 지역이리 부른다. 이 짧은 어휘 속에 함축된 의미는 중동지역 전체에 편만한 분쟁은 보다 근본적이고 구조적인 분열의 요소가 존재한다는 견해이다. 즉 첨예한 분쟁의 쟁점 및 특정 사안으로부터 발원하는 갈등 요소도 상존하지만 역사적 맥락과 배경 속에 용해되어 있는 분쟁의 요인들이 작동하고 있다는 의미이다. 따라서 기존의 갈등해소(conflict resolution)의 접근법으로만 중동의 분쟁 사안을 접근하다 보면 구조적인 한계에 봉착하게 된다.

고질적인 중동지역의 핵심적 분쟁 사안 중에서도 가장 중요한 부분은 결국 이스라엘과 팔레스타인(아랍) 간의 갈등으로 규정된다. 즉 미국 및 영국을 위시한 서방 기독교 세력의 대중동 핵심전략의 일환으로 '이스라엘'이 세워졌다는 점은 모든 중동, 아랍인들에게 수치스러운 일이었다. 이스라엘 건국 후 필연적으로 발생하게 된 팔레스타인 난민 문제는 여전히 중동 지역 전역에 걸쳐 불안정 요인으로 작동하고 있다. 특히 4차례에 걸친 중동전쟁[1]에서 아랍 연합군이 패퇴하며 자존심에 상처를 입었고, 전면전과는 다르게 발생한 일련의 테러 및 폭력사태에 의해 양자 간의 갈등과 분노는 회복 불가능한 상태에까지 이르게 되었다.[2] 연후에 발생하는 일련의 구도, 특히 냉전 해체 이후 문명론적 갈등양상이 가시화되면서 이스라엘은 서구 기독교 문명권의 역내 전위로 인식되고 분쟁의 화약고와 같은 의미를 갖게 된다.

따라서 중동 지역에 퍼져있는 고질적 갈등 구도의 배경적, 구조적 원인 중 가장 결정적이고 중요한 사안이 바로 이스라엘·팔레스타인 문제가 되는 것이다. 국제 분쟁의 주요 지역인 중동의 불안정성을 해소하여야 범세계적 안정화의 기초가 놓인다는 인식하에 이스라엘·팔레스타인 문제를 접근하여야하는 시점이다. 이·팔 분쟁에 관한 이해의 증진은 곧 중동분쟁의 상당부분을 해석할 수 있게 한다. 평화지수 연구에서 나타나듯 전 세계 분쟁의 빈도와 가중치를 볼 때 가장 높은 수준의 불안정성과 갈등 구도를 내포하고 있다는 점은 이·팔 분쟁의 의미를 방증한다.

여기에 미국 대외정책의 주요 이슈 중 하나가 이·팔 분쟁이라는 점도 주목할 필요가 있다. 사실상 중동 지역은 미국 대외정책의 핵심 투사지역

---

1) 이스라엘과 아랍연합국과의 4차례에 걸친 중동전쟁을 의미한다. 1차 중동전쟁은 1948년 이스라엘 건국 및 팔레스타인의 축출에 따른 전쟁으로 '팔레스타인 전쟁'이라 칭하며, 2차 중동전쟁은 이집트 낫세르 대통령의 수에즈 국유화가 발단이 되어 영·불·이스라엘 연합군과 이집트 간의 교전이 발생한 1956년, 그리고 1967년 3차 중동전쟁은 현재 이스라엘 북부 구 시리아 영토인 골란고원(Golan Heights), 시나이 반도, 그리고 웨스트뱅크가 병합된 '6일전쟁'이다. 마지막 4차 중동전쟁은 1973년 발생한 '10월전쟁'이다.

2) 특히 1988년 레바논 베이루트 남부 팔레스타인 난민촌에서 발생한 '사브라 샤틸라' 사건의 후유증이 컸다. 본 사건은 이스라엘 정규군의 지원을 받아 레바논 기독교 민병대 세력인 팔랑헤당 전투요원들이 팔레스타인 난민촌의 비무장 난민을 사살한 것으로 4차례에 걸친 중동전쟁에서의 패배라는 상흔보다 훨씬 심각한 심리적 상흔과 적대감을 낳았다.

으로서 자리잡아왔다. 미국이 중동문제를 접근할 때 크게 걸프 우선 정책과 이스라엘·팔레스타인 우선 정책으로 나뉘어진다. 일반적으로 석유이익과 관련된 이해관계가 강조될 경우에는 이란, 이라크, 사우디를 중점으로 접근하는 걸프 우선 정책을 편다. 반면 보다 근원적이고 구조적인 차원에서 중동문제를 해결하려 하는 경우에는 이스라엘·팔레스타인 문제에 집중하는 경향이 있다. 다시 말해 석유 안보와 이스라엘 안보가 미국 대중동정책의 양대 핵심이라 할 수 있는 것이다. 사실상 미국 내 유태인들의 정치적 영향력은 어제 오늘의 일이 아니기에 이스라엘 안보 문제는 여전히 중요하게 남아 있고, 이러한 맥락에서 미국과 이스라엘 관계는 미국 대외정책을 가늠하는 중요한 요인이 된다.

최근 논란이 된 미어샤이머와 왈트의 논쟁은 이스라엘에 대한 미국의 고민을 반영하고 있다. 저자들은 『이스라엘의 로비와 미국의 대외정책』이라는 책에서 미국 대외정책의 혼란은 대이스라엘 정책에서 기인하고 있다고 일갈한다. 미국의 친이스라엘 정책은 전반적인 중동정책 실패를 초래했고, 이에 따라 대중동정책의 정상화는 이스라엘에 대한 중립에서부터 출발한다는 논쟁이었다.

이러한 맥락에서 이스라엘을 중심으로 한 평화의 '지수화' 의미는 심대한 의미가 있다. 전술한 대로 이스라엘은 중동평화의 핵심 이슈이며, 이스라엘을 둘러싼 평화 구축 노력의 성패 여부는 곧 중동평화 및 세계평화에 직결되기 때문이다. 이러한 중요성을 내포하고 있음에도 기존의 중동평화 연구는 발발한 사건의 인과율(causality) 및 설명적 분석에 집중되어 왔다. 중동, 특히 이스라엘 문제에 천착할 때 '분쟁의 만연화'라는 주어진 조건을 당연하게 인식해 온 것이다. 본 연구는 이러한 한계를 일정 정도 극복하고 전반적 추세의 흐름을 추적할 수 있는 비교적 객관적 지표를 구성하려 하였다. 이는 평화지수의 해석을 근거로 한 냉전종식 이후 미국·이스라엘·팔레스타인 3자 역학관계 추적으로 귀결지어진다.

II. 평화지수의 시계열 분석

중동의 분쟁을 분석함에 있어 에드워드 아자르(Edward Azar)는 '고질적 사회분쟁 이론(theory of protracted social conflicts)' 개념을 정립했다. 아자르는 중동 분쟁의 정치적 현상 이면에 존재하는 갈등 유발 요소는 누적된 역사적 상흔과 문화적 맥락에 기인하고 있다고 분석한다. 즉 정치적 어젠다의 해결을 통해 평화 구축이 가능한 상황이 아니라는 점을 강조한다. 이는 분쟁의 다양한 층위, 즉 문화, 역사, 종교, 사회, 그리고 경험되어진 일련의 사건들이 드러난 분쟁 이면에 침착되어 있음을 의미한다.

따라서 단순히 이 지역을 둘러싼 이슈 중심의 평화연구는 피상적인 분석에 그칠 가능성이 높으며 이스라엘·팔레스타인 분쟁 그리고 이와 연관된 중재자로서의 미국과의 관계 역시 보다 역사적이고 구조적인 접근이 필요하다는 점이 강조될 필요가 있다. 현재까지의 이스라엘·팔레스타인 분쟁 분석 추세는 대개 구체적인 쟁점별 접근에 가까웠다. 즉 오슬로 평화협상 이후에 최종 단계 협상 조건에 포함된 4대 이슈, 즉 정착촌, 난민귀환, 동예루살렘 영유권 및 국경획정 문제 등의 쟁점에 관한 이해관계에 집중했다. 또한 본 평화문제는 주로 친아랍, 친이스라엘의 정파적 진영론 성격을 띠는 경우가 많아 객관적인 시각에서의 흐름과 구조에 천착하는 데 어려움이 많았다. 분석적이고 거시적인 얼개를 보기보다는 정파적이고 감정적인 분위기가 압도해왔음을 알 수 있다.

본 연구의 의의는 이러한 감정적 지향성을 탈피하고 구체적인 사례 빈도의 트렌드와 그에 대한 분석 및 의미부여를 통해 새로운 예측의 기법을 구축하고자 하는 데 목적이 있다.

1. 분석 기간(1990~2004) 설정의 의미

본 연구의 분석기간은 냉전붕괴 직후인 1990년부터 부시 행정부 1기 말인 2004년까지로 설정되었다. 반세기를 지배하던 이념적 이항대립의 구도가 붕괴되고, 새로운 국제관계 역학구도가 편성되는 시기라 할 수 있다. 특히 냉전 해체 후 10년의 기간 동안 국제 사회는 이념구도를 대체할 21세기 국제관계의 장을 탐색하는 기간이었다. 이러한 변화의 시기에 국제분쟁의 핵심 지역인 이스라엘·팔레스타인 간의 갈등 및 협력의 관계구도가 어떻게 전개되었는가를 살펴보는 것은 매우 의미있는 일이다.

이스라엘은 1948년 5월 14일 독립 이후 서방 및 유태인 네트워크의 지원으로 국가 건설에 매진해왔다. 2차 중동전쟁인 1956년 수에즈 전쟁을 계기로 중동 전역에 편만하게 불어온 아랍 민족주의로 인해 냉전 구도에서 친소비에트 및 비동맹의 입지를 강화해 온 아랍측은, 자유진영의 핵심 동맹국가인 이스라엘과 긴장관계를 유지하기 시작했다. 이는 곧 미국 및 서방의 친이스라엘 노선과 아랍 공화정의 친팔레스타인 노선 간 대척관계가 형성되었음을 의미한다.

냉전 구도하에서의 이스라엘·팔레스타인 분쟁은 사실상 상수적 형태였다. 즉 정세변화나 리더십의 변화와는 상관없는 항상적 분쟁을 나타냈음을 의미한다. 그렇기에 냉전이라는 거대한 틀이 붕괴되고, 이를 갈음하는 국제정치 신역학구도의 등장은 이스라엘·팔레스타인 분쟁 국면의 새 장을 의미하는 것이었다. 이스라엘 내부에서는 더 이상 미국의 일방적 지지가 지속되지 않으리라는 불안감이 상승하기 시작했다. 즉 미국의 대외정책상 이스라엘이 갖는 전략적 가치가 냉전 해체와 더불어 급속히 하강하리라는 예상에 의거한 것이다.

주목할만한 점은 이러한 냉전 해체의 국면에서 이라크의 쿠웨이트침공이 일어나 1차 걸프전으로 연결되었다는 점이다. 이 과정에서 이라크의 사담 후세인 정권은 타격을 입었고, 미국의 역내 영향력은 강화되면서 중동에서의 미국의 입지가 한층 상승했다. 즉 고질적인 사회분쟁 성격을 나타내던 이스라엘·팔레스타인 분쟁에서 미국의 중재자적 입지가 강화되어 새로운 해결 실마리가 포착되는 분위기로 전개되었다. 1990년대 초반부터 강력한 평화협상 중재 국면이 미국에 의해 시작되었고 이는 곧 오슬로 평화협상으로 이어진다. 따라서 냉전 해체와 동시에 시작된 새로운 평화무드는 이스라엘·팔레스타인 평화지수를 구성하는 중요한 변수가 되는 것이다.

그러나 동시에 이러한 평화협상에 반하는 역내 근본주의의 반동적 행태도 상승하는 국면이 전개된다. 결국 평화협상의 주인공 이츠하크 라빈의 피살을 기점으로 1996년부터 이스라엘·팔레스타인 내부 정세는 격랑에 휩싸이게 되고 이러한 급변하는 정세 구도가 2000년까지 이어진다. 결국 1998년 와이리버 협정에도 불구하고 2000년 2차 인티파다를 통한 불안정성 증대는 이스라엘·팔레스타인 문제를 원점으로 되돌린다.

여기에 2001년 9·11사태는 냉전 해체 이후에 이념적 진공상태였던 중동 권역 전체에 '이슬람주의'가 확산되도록 하는 기폭제가 되었다. 특히 야세르 아라파트의 사망 및 하마스의 부상 등 팔레스타인 내부 정치구도의 변화가 수반되어 정세는 혼란 국면으로 진입하게 된다. 본 연구에서는 '냉전 붕괴', '1차 걸프전과 임팩트' 그리고 '9·11'이라는 3대 사건을 중심으로, 냉전 이후 새롭게 재편되는 미국과 이스라엘 관계 구도 속에서 평화지수의 흐름이 어떻게 진행되어왔는가를 살펴보려 하였다. 이는 분쟁의 만연성으로 대표되는 중동 정치에서 중요한 역사적 시점(watershed)을 지형지물 근거로 평화구축 흐름을 분석해 보려는 시도라 할 수 있다.

2. 주요 사건 관련 평화지수의 시기별 전개 양태

1) 1990~1992: 1차 걸프전 전후

이 시기는 냉전 붕괴 이후 이·팔 분쟁의 탐색 조정기라 할 수 있다. 특히 냉전 시기 이스라엘이 점유하던 고전적 친서방 동맹 파트너로서의 전략적 의미 상실에 대한 이스라엘 내 불안감이 상승하는 시기라 할 수 있다. 여기에 이라크의 쿠웨이트침공에 따른 1차 걸프전이 발생하면서 역내 불안감이 상승하고 전반적인 안보환경의 불안정성이 점증하던 시기라 할 수 있다.

이러한 역내 불안감은 곧바로 이스라엘과 팔레스타인 간의 갈등국면 전개로 연결되었다. 1990년 8월 이라크의 쿠웨이트침공에 이어 1991년 1월 16일 개전되어 44일간 지속된 1차 걸프전 '사막의 폭풍' 작전 시기에 전반적인 지수 상승추세가 나타난다. 침공 직후인 1990년 9월 대이스라엘 팔레스타인 평화 지수가 -63.3, 10월 지수는 -135.9로 악화되며 개전 당시까지 유사한 추이를 이어나간다. 특히 11월에는 이스라엘 영토인 텔아비브 내에서의 거리 테러가 빈발하여 이·팔 양측 간의 긴장이 최고도에 달하게 된다. 이는 쿠웨이트침공 이후 다국적군의 반격을 예상한 이라크가 이스라엘에 대한 호전적 메시지를 지속적으로 보냄에 따라 이스라엘 내부의 안보 불안이 상승한 상황임을 유추할 수 있다.

반면 이 기간 대팔레스타인 이스라엘 평화지수는 기존의 고질적인 테러 행위의 추이와 별다른 특이 사항이 발견되지 않는다. 오히려 미국의 대이스라엘 압박이 증가되는 추이를 나타낸다. 특히 1990년 10월 이라크의 대이스라엘 압박에 대해 강경대응하지 않을 것을 강조하는 국면에서 팔레스타인 자극을 막으려 하는 미국의 대이스라엘 평화 지수는 -59.1(적대행위 빈도 28건)을 나타내는 능 이전 주이와 확연하게 다른 모습을 나타낸다.

결국 1991년 1월 걸프전이 발생하고 1, 2월 두 달간 대팔레스타인 이스라엘 평화지수는 가장 갈등수준이 높은 -140과 -92.1을 기록한다. 특히 전쟁의 종결 국면으로 들어가면서 팔레스타인의 저항적 움직임도 고조되어 1991년 2월에는 대이스라엘 팔레스타인 평화지수가 -35.8로 갈등이 높아지는 현상을 나타낸다. 걸프전의 당사자는 미국이 주도하는 다국적군과 이라크였으나, 반이라크 아랍전선을 붕괴시키려는 이라크의 대이스라엘 도발로 인해 이스라엘의 안보 상황이 심각해지자 이에 대한 반작용으로 팔레스타인에 대한 압박과 갈등이 상승한 것으로 분석된다.

2) 1993~1995: 오슬로 평화협정 전후

1993년 9월 역사적인 오슬로 평화협정이 마무리되면서 역내 평화구도는 변화가 나타난다. 이에 따라 협정 당시였던 9월에는 이스라엘과 팔레스타인 간 평화지수는 사상 유례없는 평화국면을 나타낸다. 대이스라엘 팔레스타인 평화지수가 57.1, 대팔레스타인 이스라엘 지수는 62.3을 나타내는 등 평화의 분위기가 고조된 상황이었다.

주목할만한 점은 1992년 하반기 온건파 이츠하크 라빈 이스라엘 수상의 집권 이후 오슬로 평화협정 체결시까지 이스라엘의 대팔레스타인 압박 강도가 심각한 정도였다는 사실이다. 이는 이스라엘과의 평화협정을 놓고 이를 추진하는 팔레스타인 해방기구 및 제 정파내부의 갈등이 확산되면서 폭력사태의 빈도가 높아진 상황을 방증한다. 즉 1992년 12월부터 대팔레스타인 이스라엘 갈등 관련 평화지수(dIP)는 지속적으로 -246.9, -198.9, -160.6, -185.7, -153.5, -188.9 등 악화 일로를 나타내고 있다. 이러한 갈등양상은 주로 이스라엘 점령지 중 하나인 가자지구에서 발생하는 바, 이는 팔레스타인 해방기구의 평화무드를 해체하고 자신들의 강경 노선을 추진하기 원하는 하마스 등의 과격 정파들의 움직임이 활성화되고 있었음을 추측해볼 수 있다. 당시 이에 대한 이스라엘의 강경 대응으로 갈등 국면이 고조되었음을 짐작할 수 있다.

평화협정이 체결된 1993년 9월의 경우 일시적이나마 대팔레스타인 이스라엘 평화지수는 나아지는 모습을 보였다. 갈등과 관련된 평화지수 상황은 약간의 상황 호전을 나타내고 있지만 평화협력지수는 이례적으로 높은 수준인 57.1(cPI)과 62.3(cIP)를 각각 나타내고 있다. 특히 미국의 대이스라엘 입장이 매우 우호적이고 협력적인 추세를 나타냈다. 당시 클린턴 행정부는 이츠하크 라빈 이스라엘 정부에 대한 최선의 편의와 협조를 아끼지 않은 것으로 알려지고 있다.

평화협정의 일환으로 웨스트뱅크 내 헤브론 반환 논의가 완결되었던 1994년 3월 역시 이례적일만큼 대팔레스타인 이스라엘 평화지수는 최악 상황을 나타냈다. 이스라엘 내에서 평화협정에 반발하는 분위기가 고조되고 있던 차, 1994년 3월 30일 웨스트뱅크 이스라엘 점령지구 내 자발리야(Jabaliyyah)에서 야세르 아라파트 PLO수반의 강경 측근 6명이 이스라엘 정규군에 의해 사살당하는 사건이 발생했다. 본 사건과 연동된 일련의 폭력행위가 급등하게 되면서 dIP는 -295.2를 나타냈다. 결국 평화협정으로 인한 내부적 균열이 발생하고, 이를 통해 상황이 더욱 불안정해져가는 역설이 드러나고 있다.

1994년 6월 야세르 아라파트가 망명생활을 끝내고 팔레스타인으로 귀환하면서 상황은 조금씩 평화국면이 전개된다. 특히 1994년 10월은 이스라엘과 요르단 간 평화협상이 맺어지면서 중동 전역의 평화구도가 가일층 가시화되었던 시기이다. 비록 가자지구 하마스가 주도하는 자살테러의 빈도가 이스라엘 영토 내에서 줄지 않고 일정부분 지속되고 있었으나, 전반적인 안보 환경의 개선에는 대체로 이견이 없던 시기였다. 특히 미국의 대이스라엘 협력 체제가 눈에 띄는 바, 1994년 7월과 10월의 cUI는 기존에 비해 상당부분 높은 수준인 44.6, 44.4를 나타내고 있다.

오슬로 평화협정은 그 자체가 평화 구축을 담보해주지 못하는 형국으로 분석된다. 즉 양측의 근본주의적 강경론자들은 이러한 평화협상의 진척 자체가 자신들의 정체성 위기로 연결된다고 보았다. 따라서 역설적으로 평화협상의 진척과 더불어 이를 반대하는 갈등 요인이 강하게 표출되는 경향성을 나타내었다고 해석된다. 한편 이·팔 평화협상의 적극적 중재자로 나선 미국으로서는 사실상 평화협상의 핵심당사자인 이스라엘에 대한 협력 구도를 강화시킴으로써 평화에의 적극적 견인을 시도한 것으로 해석할 수 있다.

3) 1995~2000: 격랑기(라빈 암살, 네타냐후 집권 및 와이리버 협정 그리고 인티파다)

이 시기는 '격랑기'로 표현될 수 있을 만큼 이·팔 관계가 요동친 기간이었다. 평화지수 측면에서 볼 때 협력과 갈등의 진폭이 매우 크게 나타나고 월별로 다양한 형태의 부침이 발견된다. 예를 들어, 라빈이 암살된 1995년 11월부터 1996년 6월 모두의 예상을 깨고 베냐민 네타냐후 리쿠드 당수가 집권할 때까지 약 7개월 동안 이·팔 정세는 일정 정도 안정국면이 지속 됐다. 그러나 보수인사인 네타냐후의 집권 이후 상황은 급변했다.

1996년 9월 13일 네타냐후 수상은 오슬로 평화협정에 의해 팔레스타인 해방기구에 이양하기로 되어 있던 웨스트뱅크 내 고도시 헤브론의 이양을 철회했다. 그리고 9월 20일 웨스트뱅크 내 정착촌을 확대하여 약 2,000가 구를 추가 배치했다. 27일에는 비상사태 선포와 더불어 예루살렘 올드시티 의 치안불안을 이유로 현지 이스라엘 경찰을 배가 증파하고, 28일에 팔레스 타인과의 평화협상은 희망이 없음을 선언하는 등 이·팔 관계는 최악의 국면 으로 치달았다. 이 시기 즉 1996년 9월의 평화지수는 기록적인 수준인 dIP -365.4(52건의 갈등 빈도)를 나타냈다.

결국 상황의 악화국면을 타개하기 위해 미국의 급격한 개입이 시작되었 고, 1996년 10월 미국의 지속적인 중재 개입으로 인해 상황은 반전되었다. 10월 2일 팔레스타인 해방기구 의장 야세르 아라파트, 이스라엘 수상 베냐 민 네타냐후, 요르단 국왕 후세인 및 미국 빌 클린턴 대통령이 백악관에서 긴급 평화회담을 개최하면서 평화 국면으로 전환되었다. 이어 10월 8일 야 세르 아라파트 PLO 의장이 이스라엘을 방문하여 에제르 와이즈만 대통령 을 예방하면서 상황은 진전되었다. 이때의 cIP가 109.2로 협력이 강화되는 상황으로 나타났고, 동시에 dIP는 전월 -365.4에서 -53.6으로 급감하는 추 세를 나타냈다.

평화 국면은 1997년 1월 이스라엘의 헤브론 이양 재개 선언으로 진전되 는 분위기였다. 특히 2월에는 오슬로 평화협정 이행 조항에 의거하여 이스 라엘 내 수감된 팔레스타인 여성 죄수들을 석방했다. 그러나 동년 3월 4일 동예루살렘에 소재한 팔레스타인 정부기구 사무실들을 강제 폐쇄하고 웨스 트뱅크 영토의 획정 관계로 분쟁이 발생하면서 상황은 급반전했다. 3월 21 일에 텔아비브 지중해변 자살폭탄테러가 발생하면서 양자 간의 관계는 극 도로 악화되기 시작했다. 1997년 3월의 dPI는 -74.9를 기록하고 있으며, dIP는 -165.7이다. 하마스는 이러한 자살테러를 확대하여 동년 여름에는 월 평균 45건의 적대적 행위(테러포함)가 발생할만큼 치안 상황이 최악으로 치닫는다. 이듬해인 1998년 1월 미국의 중동특사 데니스 로스의 중재로 이·팔 양자 간 평화 대화 재개 구도가 시작이 되었고, 동년 5월 13일 당시 국무장관 매들린 올브라이트의 중재로 이·팔 양자 정상이 워싱턴에서 회동하여 오슬로 협정의 이행에 관한 논의를 본격적으로 진행했다.

사실상 이·팔 평화협상관련 미국 중재의 절정은 2000년 7월이었다. 캠프 데이비드에서 클린턴 대통령의 중재로 이·팔 양자 정상이 모여 팔레스타인 최종지위 협상을 벌였다. 2000년 7월의 평화지수는 전체적으로 볼 때 가장 평화분위기가 무르익었음을 나타낸다. cUI 88.1, cIU 95.9, cPI 54.4, cIP 44.5 등으로 협력 구도가 매우 확연하게 입증되고 있다. 또 dPI -14.2, dIP -27.8 등 이례적일만큼 이·팔 양자 간의 적대 행위도 상당부분 감소한 것으로 나타나고 있다.

그러나 이 회담이 결렬되고 이스라엘 에후드 바락 총리는 실각하게 됨에 따라 상황은 급변했다. 곧바로 2008년 9월 28일 동예루살렘 알 아크사 모스크에서 아리엘 샤론 당시 이스라엘 주택장관의 진입을 막으려는 팔레스타인 인사들의 저항이 증폭되어 제2차 인티파다(무장봉기)가 발생했다. 이는 이·팔 분쟁의 수위를 기존의 분쟁 수위와는 비교되지 않을 정도로 심화시키는 사건이었다. 이후 본 연구의 분석 기간의 종착점인 2004년까지 팔레스타인의 대이스라엘 테러 심화와 이에 대응하여 이스라엘의 강경진압 양면 구도가 얽혀 걷잡을 수 없는 불안상황으로 전개되었다. 2000년 10월부터 2004년 12월 말까지 dIP 평균이 -446.62, dPI 평균치가 -95.68에 달할 정도로 상시적 분쟁상태가 지속되었다.

3. 리더십 변수

분쟁 당사자인 이스라엘과 팔레스타인 간의 갈등 또는 협력 구도를 결정하는 요인들은 여러 가지가 있을 것이다. 국제환경의 변화라는 틀 속에서 제반 구조적 요인들이 존재한다. 본 연구에서는 이러한 여러 가지 구조적 요인들 중 평화협상 당사자들의 리더십에 주목했다. 특히 양자 외에 평화 중재자 역할을 수임하는 미국의 리더십 역할도 매우 중요한 변수로 작동한다. 이스라엘의 리쿠드-노동당 간 권력 교체 빈발, 미국의 공화-민주당의 리더십 변화, 그리고 팔레스타인 리더십은 본 평화협상의 주요 행위자이자 주요 독립변수가 된다. (본 연구에서는 팔레스타인 리더십 분석은 제외했다. 이는 본 연구가 다루는 시기적 구분상 야세르 아라파트가 전 기간 리더십을 행사했기 때문이다. 마흐무드 압바스 행정부는 2004년 말 출범했다.)

1) 미국의 리더십

본 연구의 분석기간 동안 미국은 3개의 행정부가 교차했다(조지 H. 부시, 빌 클린턴 1, 2기, 조지 W. 부시 1기). 이 기간 동안의 미국 리더십 변화에 따른 이·팔 평화지수 추이는 다음 〈표 10-1〉과 같다.

조지 H. 부시(1989~1993) 시기에는 협력의 수준은 낮게 유지되고 있고, 반면 갈등수준은 약간 높은 추이를 나타내고 있다. 이는 냉전 붕괴 이후 국제정치 질서의 변화가 나타나며 향후 변화의 흐름을 관망하는 상황이었음을 보여준다.

반면 클린턴 행정부에 들어서서는 협력의 수준이 높아지고 동시에 갈등수준도 약간 상승하는 등 전반적인 양자관계가 활발해지는 추이를 보여주고 있다. 클린턴 1기는 역사적인 오슬로 협정이 체결되었고 이에 따라 협력지수도 증가했지만 내부적인 반발 여론이 증대되면서 갈등지수 증가폭도

〈표 10-1〉 미 행정부별 이스라엘·팔레스타인 평화지수 평균

행정부	cPI	cIP	dPI	dIP
조지 H. 부시	4.90	4.9	-16.49	-84.04
클린턴 1기	19.06	30.70	-35.99	-94.67
클린턴 2기	10.00	16.98	-22.04	-50.00
조지 W. 부시 1기	16.90	29.81	-92.90	-433.19

높게 나타났다. 클린턴 행정부 2기에 들어서서는 오슬로 협정 이행 조치들에 제동이 걸리면서 협력 구도는 약화되었고 동시에 갈등 구도도 정체되는 현상을 나타냈다.

가장 주목할만한 부분은 조지 W. 부시 1기이다. 9·11이라는 미증유의 사건이 발생했고 전반적으로 국제정치질서에 혼란이 가중되면서 이·팔 분쟁 역시 국제 문명분쟁의 전장화 현상이 일어나기 시작했다. 기본적으로 부시 대통령은 고질적 사회분쟁 양상을 나타내는 이·팔 분쟁 해소에 대한 관심보다는 9·11 이후 아프가니스탄전쟁과 이라크전쟁을 주도하면서 걸프 안보 및 대테러전에 집중했다. 이는 곧 이스라엘·팔레스타인 양자 간의 중재자 역할의 부재를 의미하게 되면서 dPI -92.90, dIP -433.19라는 놀라운 수준의 갈등과 분쟁 요소를 나타냈다. 이는 중재자 미국의 리더십이 이·팔 분쟁에 부재할 경우 상황이 급속도로 악화될 수 있음을 보여준다.

2) 이스라엘의 리더십

이스라엘의 리더십은 다음 〈표 10-2〉와 같은 양상을 나타낸다. 이스라엘 정치구도는 일종의 시계추 현상을 나타내왔다. 즉 온건파 노동당과 강경보수파 리쿠드 간의 권력 교체가 반복되어 온 것이다. 대다수의 유권자들은 온건과 보수파 사이에서 사안에 따라 교차투표를 하기에 이러한 정권 교체 현상이 지속되었다. 안보 상황이 급박하게 변화하는 추세를 나타내기에 유

〈표 10-2〉 이스라엘 행정부별 이스라엘·팔레스타인 평화지수 평균

행정부	cPI	cIP	dPI	dIP
리쿠드(샤미르)	5.27	4.75	-15.50	-78.66
노동당(라빈,페레스)	16.50	25.86	-33.80	-97.03
리쿠드(네타냐후)	11.38	20.64	-26.75	-63.98
노동당(바라크)	23.80	32.27	-43.82	-154.52
리쿠드(샤론)	16.25	29.08	-93.89	-437.28

권자들의 성향이 평화와 강경 사이에서 오고가는 것이다.

일반적인 통념상 강경 리쿠드 집권시 팔레스타인에 대한 압박이 증가할 것이라고 생각하기 쉬우나, 본 지수 상으로는 오히려 극우 강경파로 분류되는 네타냐후 수상이 집권했을 시기(1996.6~1999.7)가 대이스라엘 압박 강도가 가장 낮은 기간으로 나타나고 있다. 이는 이츠하크 라빈이 주도했던 오슬로 협정의 이행과 관련하여 미국 클린턴 2기 행정부의 중재 압력이 가장 활발하게 작동했던 시기와 맞물린다. 결국 이스라엘의 안전보장은 미국의 리더십과 연동되는 부분이 많다는 점을 우회적으로 나타내고 있다.

네타냐후 집권시기 외에는 전반적으로 갈등 구도는 점증하는 추이를 나타내다가 아리엘 샤론 수상에 이르러 정점에 달한다. 하마스의 지도자 야신이 이스라엘에 의해 암살당하고, 이에 대한 보복공격이 격화되는 등 혼란이 가중되었다. 이 시기에는 부시 행정부의 등장 이후 9·11이 겹치면서 중재자 부재 현상이 발생하게 되고, 하마스의 대이스라엘 투쟁이 격화된 것으로 분석된다. 따라서 미국의 적극적 중재가 존재할 경우 강경 리쿠드 당이라도 협력적 행태를 보인 반면, 미국의 관심사가 걸프로 이동했을 때인 샤론 내각 당시에는 사실상 이·팔 관계가 빠른 속도로 악화된 추세를 발견할 수 있다.

4. 이스라엘·팔레스타인 평화지수의 전반적 추이

대체로 절대값이 큰 달(month)에는 특기할만한 사건이 있는 경향이 관측된다. 특히 평화회의가 있었거나 평화협정이 맺어진 시기에 미국과 이스라엘 간 평화지수, 팔레스타인과 이스라엘 간 지수가 상승하는 경향성을 나타낸다. 이는 협력 구도뿐만 아니라 갈등구도도 동반상승하는 결과를 의미한다.

미국과 이스라엘 간 협력 구도의 평화 지수가 가장 높게 나타났던 시기는 2000년 7월 캠프 데이비드 협정 추진 기간이었다. 당시 클린턴 대통령은 이스라엘·팔레스타인 평화구축을 위해 진력하고 있었고, 당시 에후드 바라크 이스라엘 수상은 동예루살렘 영유권 문제 등 팔레스타인 최종지위 협상에서 이스라엘의 파격적 양보안을 제시했었다. 이 과정에서 협력 구도가 증가되었으나, 결국 팔레스타인 해방기구 아라파트 의장의 최종 거부로 무산되었다.

이는 곧바로 2차 인티파다로 이어지고, 아리엘 샤론 강경 정권이 이스라엘에 들어서는 계기가 되었다. 즉 이스라엘·팔레스타인 평화지수를 해독함에 있어서 평화협력의 구도가 증가되는 지수 변화가 감지되는 상황에서 평화협력이 무산되는 순간 곧바로 분쟁 국면으로 진입하는 굴곡이 나타난다. 인티파다 발생 및 2004년 12월 이후 반복적 자살폭탄테러와 공습이 반복되는 양상을 보여준다. 또한 절대값과 사건의 규모(사망자 수)와 횟수는 비례관계에 있음이 나타난다.

그러나 평화지수가 사건발생과 항상 일치하지는 않는다. 예컨대, 1996년 2~3월에 하마스에 의한 폭탄테러가 있었으나 양자 간 갈등 지수의 절대값은 크게 상승하지 않았다. 또한 2003년 6월 하마스와 파타가 휴전을 선언했음에도 이스라엘과의 분쟁 절대값은 여전히 높은 상태로 나타난다. 이는 주요 사안에 따라 정세가 영향을 받는 것은 사실이지만, 워낙 양자 간에는 고질적인 분쟁이 상수처럼 작동하고 있기에 만성적 분쟁상태를 기준점으로 진폭이 조정되는 효과도 나타나고 있음을 의미한다.

결론적으로 볼 때 이 지역에 상존하는 구조적 분쟁요인으로 인해 분쟁의 만성화 상태 속에서 휘발성이 있는 쟁점들이 뒤엉켜 있기에 평화 협정에 대한 국제사회의 공감대와 노력이 있음에도 리더십 내부의 불안정성으로 인한 전반적 갈등 양상이 유지된다고 할 수 있을 것이다.

III. 이스라엘 평화 협상 관련 주요 쟁점

1. 정착촌 및 분리장벽의 문제

3차 중동전쟁인 1967년의 6일전쟁은 이스라엘·팔레스타인 전역의 정치 지형을 뒤바꾸어 놓았다. 이스라엘은 기존의 아랍거주지역인 웨스트뱅크를 완전 점령하였고, 나아가 이집트 영토인 시나이반도와 가자지구, 그리고 시리아의 골란고원까지 점령하였다. 이스라엘은 웨스트뱅크와 가자지구에 정착촌을 설치하면서 영토의 확정을 추구했다. 즉 자신들의 점령지인 웨스트뱅크에 145개, 가자지구에 21개 및 예루살렘 15개 등 2005년까지 40만 명이 거주하는 180개의 정착단지를 조성하였다. 샤론 수상 취임 이전까지 팔레스타인 점령 지역 내의 정착촌은 공고히 유지되어 왔다.

그러나 오슬로 협정 및 이에 이은 샤론 구상에 따라 가자지구의 경우 팔레스타인 인구가 100만을 상회하고, 이스라엘 정착민이 7,500명에 불과함에 따라 아리엘 샤론 수상은 자신의 '팔레스타인 국가독립 구상(two states solution)'을 추진하면서 가자지구의 정착촌을 2006년 9월에 완전 철수시켰다.

동시에 웨스트뱅크에서도 전략적 요충지 일부를 제외한 정착촌에서 철수할 것을 밝혔으나, 샤론 수상의 유고로 인해 더 이상의 진전은 없는 실정이다. 오히려 최근 선거에서 강경파가 의회 다수 의석을 점유함에 따라 향후 정착촌 철수 전망은 더욱 불투명해졌다. 사실상 3차 중동전쟁 후 채택된 유엔 안보리 결의안 242호에서 이스라엘이 점령지역에서 즉각적으로 군을 철수시킬 것을 명시하고 있음에도 오히려 점령지역에 정착촌 건설을 지속해 왔다. 특별히 자원하여 정착촌으로 이주해 들어가는 정통유대주의자 공동체의 경우(Gush Emunim, bloc of faithfulness) 현지에서 강력한 반아랍노선을 견지하며 분쟁의 최전선으로 자리잡아왔다.

실질적으로 이스라엘 정부 차원에서 전략적 요충지에 정착촌을 계속 유지해 왔던 관성과, 개별적 유대 열심주의자들의 자원 거주 추세가 맞물리면서 웨스트뱅크 정착촌의 완전 철폐는 현재로서는 실현이 난망한 이슈가 되고 있는 것이 사실이다. 이러한 맥락에서 샤론 수상이 추진했고, 올메르트 수상이 계승한 '가자지구에서의 정착촌 완전 철수 및 웨스트뱅크 주요 정착촌의 유지' 프로젝트에 관한 논란이 분분했다. '샤론 구상' 의 일환으로 추진된 정착촌 재배치 프로그램에 의하면 가자지구를 팔레스타인에 내주고, 대신 상대적으로 더 중요한 지역으로 평가되는 웨스트뱅크의 주요 도시 예닌, 툴카렘, 카킬라 등의 정착촌을 유지하려는 의도였다는 비판적 평가가 있다.

국제법적 규범으로 볼 때, 정착촌 철수는 3차 중동전쟁 이후 채택된 유엔 안보리 결의안 242호에 기초한다. 특히 1993년 오슬로 협상 이후 명시적으로 이스라엘의 정착촌 철수가 선언된 이래 이스라엘의 협정 불이행 상태로 남아 있다. 더불어 제네바 협약 49조 "점령국은 자국의 국민을 피점령국의 영토로 강제 이주시킬 수 없다" 는 조항에 의거하여 정착촌 건설은 그 자체로 협약 위반 성격이 강하다. 명분이 약한 웨스트뱅크 주요 지역 정착촌 유지와 분리 장벽 건설은 국제사회의 비난 여지가 있으며 이스라엘의 전향적 재검토가 요구되는 사안이라 할 수 있다.

2. 동예루살렘의 지위 및 귀속 관련 쟁점

동예루살렘의 지위 및 귀속과 관련된 쟁점은 역사, 문화, 종교적 의미들이 중첩적으로 연결되어 있다. 법적으로 이스라엘 팔레스타인 양자 간 자국 국내법의 규범에 의해 각기 자신들의 영토임을 선언하고 있다. 1980년 이스라엘의 '예루살렘 영구수도법' 과 팔레스타인 자치의회의 2002년 '팔레스타인 수도로서의 예루살렘' 관련법 양자 모두 예루살렘이 이스라엘과 팔레스타인의 영구수도임을 명시한다.

디아스포라(diaspora)로 1,900여 년 넘게 유리하던 유태민족이 이스라엘

땅에 정주하게 되는 '시오니즘'의 본원적 고향인 예루살렘에는 유태교의 핵심인 솔로몬과 헤롯 성전의 기초가 존재하고 있다. 사실상 이스라엘의 국가 형성 과정에서 예루살렘이 갖는 상징적 의미는 단순하다. 전 세계에 편만하게 흩어진 유태인들의 정신적, 종교적, 문화적 중심지이자 정치적인 핵심거점이었던 것이며 서기 72년에 로마에 의해 패망한 이스라엘이 1948년에 독립을 달성하게 된 마음의 고향이었던 것이다. 따라서 2000년 동안 늘 예루살렘을 그리며 지중해 각국을 떠돌던 유태인들에게 예루살렘은 양보할 수 없는 절대적 가치를 지닌 존재로 자리잡았다.

팔레스타인인에게 예루살렘은 이슬람 3대 성지 중 하나로 과거 살라딘 시대로 거슬러 올라가는 이슬람의 영화가 용해되어 있는 역사적 지역이다. 나아가 예루살렘은 웨스트뱅크의 주요 도시를 방사형으로 연결하는 제반 도로와 물류시설의 중심인 전략적 요충지이므로 팔레스타인으로서는 향후 완전독립을 이루었을 경우 국가의 안전보장이란 측면에서 양보 가능성은 전무하다 할 수 있다.

1차 중동전쟁 이후 예루살렘이 분할되며 동예루살렘이 요르단의 치하에 편입된 후 1973년 4차 중동전쟁에서 이스라엘에게 점령당했다. 이후 공식적으로는 이스라엘의 관할하에 있지만 실질적으로 동예루살렘은 대부분 아랍 거주지역으로 고착되어왔다. 2000년 에후드 바라크와 아라파트 간 동예루살렘 지위협상에서 이스라엘 측이 당시까지의 강경한 노선에 비추어 볼 때 파격적인 '동예루살렘 구시가지 상당부분 양여 방안'까지 제시했음에도 불구하고 아라파트는 예루살렘 영유권의 완전한 팔레스타인 이양을 주장하다가 회담이 결렬되었던 사례가 있었다.

결국 역사·종교적 함의와 지정학적으로 전략적 의미를 갖는 이 지역의 영유권 문제는 사실상 공동관리 외의 적실성 있는 대안을 도출하기는 힘든 사안으로 인식되고 있다. 따라서 이스라엘의 실질적 행정수도인 텔아비브와 팔레스타인 자치정부의 행정수도인 라말라를 양측의 공식적 수도로 명시하고, 예루살렘을 종교 성시(聖市)로 선언하여 종교기관에 의한 공동관리 체제로 재편하는 방안도 조심스럽게 제기되고 있다.

3. 팔레스타인 난민 귀환의 문제

1948년 1차 중동전쟁(팔레스타인 전쟁) 이후 이스라엘의 국가 수립으로 인해 팔레스타인 영토에서 나온 아랍인들이 인근 국가로 대거 유입되었다. 4차례의 중동전쟁을 거치면서 발생한 난민들까지 현재 약 500여만 명 정도의 팔레스타인 난민들이 인근 아랍국가 혹은 점령지역에 거주하고 있는 것으로 파악되고 있다. 이 가운데 110만 명이 유엔 팔레스타인 난민구호기구(UNRWA)에서 운용하는 59개 난민수용소에 배치되어 있고, 나머지 팔레스타인 난민들은 도시 빈민 생활을 전전하며 궁핍한 생활을 영위하고 있다.

지속적인 평화협상의 의제로 등장하는 난민 귀환의 문제가 실현될 경우, 이스라엘로서는 심각한 국가 정체성의 위기에 직면하게 될 가능성이 크다. 완전 분리 독립이 실현되기 전까지는 현재와 같은 불안정한 국가 형태를 유지해야 하는 입장에서 난민귀환 인정은 곧 인구비율의 변화를 의미하기 때문이다. 현재 530만 유태인과 150만 아랍인으로 구성된 이스라엘 인구분포에 500여만의 팔레스타인 난민이 귀환할 경우, 인구 역전 현상이 일어나게 된다. 이스라엘에 대한 적대감이 높을 수밖에 없는 이들 난민들의 팔레스타인 유입으로 이스라엘 안전보장에 심대한 위협이 될 가능성이 크게 높아진다는 것은 명약관화하다. 사실상 아리엘 샤론 전 수상이 '팔레스타인 완전독립 구상(two states solution)'을 강력하게 추진하게 된 배경에는 이러한 인구변수(demographic factor)가 가장 영향을 미친 것으로 알려지고 있다.[3]

---

3) 2004년에 발표된 팔레스타인 중앙통계청의 발표자료에 의하면 팔레스타인 영토 밖에 거주하는 팔레스타인인은 공식적으로 요르단에 2,797,674명, 레바논에 415,066명, 시리아 436,157명, 이집트 61,917명, 사우디아라비아 309,582명, 사우디를 제외한 GCC 국가 163,632명, 기타 아랍국가 6,523명 및 미국 등 서방국가에 537,334명 등 총 4,834,427명으로 추산되고 있다. 기관에 따라 다른 추산이 나오기도 한다. 예를 들어 Salman Abu Sitta의 통계를 따르면 총 4,493,465명, Justin McCarthy의 추산에 의하면 총 4,667,000명이다. 통계 간 오차를 인정하고 대략 추정한다면 인구증가율을 반영해 볼 때 2008년 현재 500만 내외 정도로 추산이 가능하다. Palestinian Central Bureau of Statistics, *Demographic Statistics*, 2004.

　따라서 이스라엘 입장에서는 정착촌과 예루살렘 문제에 관한 한 협상의 여지를 보이고 있지만, 난민 귀환에 관하여는 단호하게 반대 입장을 취하며 여하한 타협도 인정하지 않고 있는 실정이다. 결국 난민귀환 문제는 팔레스타인의 완전 독립 이후 단계적인 난민 허입 안이 제시되어야 할 것으로 보이며, 이스라엘과의 불가침 협정 등 고도의 안전보장 기제를 담보하여야 할 것으로 추측된다.

IV. 미국·이스라엘·팔레스타인 3자 역학관계의 동학

1. 협상 당사자의 불안정성

　주요 당사자의 내부적 의견 균열 요소가 상존함에 따라 지속적이고 안정적인 평화 협상 추진을 방해하고 있다. 이스라엘의 경우 온건 노동당과 강경 리쿠드 간의 정권 교체가 지속되면서 일관된 대(對)팔레스타인 협상 추진에 제동이 걸리는 사례가 빈발했다. 아울러 일반적으로 불안한 연정으로 정부가 구성되는 이스라엘 크네세트(의회)의 특성상 쟁점 이슈로 인한 논란이 증폭될 경우 소수 정파의 연정탈퇴가 다반사이므로 특정 리더십의 비전이 강력하게 이행될 수 있는 토대가 매우 취약한 정치구조를 가지고 있다.

　이러한 구조를 탈피하고자 아리엘 샤론 전 수상은 리쿠드와 노동당의 일부 인사들과 함께 카디마(전진) 당을 결성, 크네세트 제1당의 지위를 유지해 왔으나, 에후드 올메르트 수상의 실각으로 인한 후임 지피 리프니 외무장관이 연정 구성에 실패, 총선을 실시했으나 보수파에게 패퇴함으로써 '샤론 구상'의 추진 자체가 불투명해졌다.

　이스라엘 내부 정치 구도의 불안정성뿐만 아니라 팔레스타인 내부의 균열요인도 중요한 변수로 등장한다. 팔레스타인 해방기구(PLO)를 이끌던 야세르 아라파트의 부재로 인한 리더십의 약화에 기인한다. 사실상 아라파트가 팔레스타인에서 절대적 영향력을 행사하던 35년간 모든 팔레스타인의 협상 창구는 아라파트 일인에게 수렴되었었다. 아라파트는 망명정부 지도자라는 특수한 신분으로 독점적 정치권력을 행사했으며 이러한 절대 권력에는 14개에 달하는 군벌들을 독립적으로 산개시켜 운용하며 때로는 폭력적 투쟁을, 때로는 대화와 협상 등 강온 양동 전략을 구사했었다.

아라파트의 부재 상태에서 등장한 마흐무드 압바스 정권은 국민들의 지지로 정권을 잡았으나 하마스의 강력한 부상을 견제하기에는 역부족이었고, 결국 2006년 1월 132석을 두고 경합한 팔레스타인 입법의회(Palestinian Legislative Council) 선거에서 하마스가 74석을 차지함에 따라 행정수반과 입법부의 정파가 나뉘어지는 이른바 팔레스타인판 '여소야대' 현상이 나타났다.

갈등이 지속되며 의회 해산까지 이르는 등 팔레스타인 내부의 정치적 불안정 상황도 전반적으로 이·팔 평화 협상의 진전에 난항을 초래하고 있다. PLO 및 파타 출신의 온건 협상파와 하마스 류의 강경 무장 투쟁 노선이 극단적인 이항대립을 표출하고 있으며, PLO 및 자치정부에서 무장 해제를 추진해도 이를 강제할 만한 능력을 가지지 못한 상태에서 내부 갈등이 고조되는 형국이다.

2. 중재자의 이행 감독 강제력 및 불편부당성의 부재
(엄밀한 국제중재 필요)

미국 및 국제사회가 중재하는 다양한 합의·일정 설정 이후에도 이를 이행하도록 강제하고 감독할 만한 국제사회의 개입 수단이 실질적으로 없다. 이러한 구체적 수단의 부재로 인해 합의사항 불이행에 관한 영향력을 행사할 수 없는 것이 현실이다. 더욱이 팔레스타인·아랍 입장에서는 외부 중재 세력, 특히 미국의 불편부당성이 담보되지 않음으로 인해 미국을 중재자로서 신뢰하기 힘들다는 정서가 편만해 있다. 대표적 사례로 이스라엘의 핵 문제에 대해 미국이 전혀 개입하지 않는 데 대해 팔레스타인을 비롯한 아랍권은 반발하고 있다.

특히 2006년 7월에 일어났던 레바논과의 교전 당시, 베이루트를 폭격하고 공항과 항만을 봉쇄하는 군사작전을 감행한 이스라엘에 대해 국제사회가 '과잉대응'으로 규정하고 이를 유엔 결의안으로 상정하려 하였다. 이때, 미국이 이를 '내정간섭'으로 받아들이고 결의안 상정에 반대하는 등 이스라엘에 대하여 국제사회가 표명하는 적정수준에서의 비판도 거부하는 행태에 대한 불만이 폭증하고 있는 형편이다. 지난 가자 공격 사태에 대하여 국제사회가 이스라엘의 공격 기조에 대한 비판적 목소리를 내려하자 미국은 여전히 반대 입장을 표명하며 아랍권의 반발을 샀다.

오바마 행정부의 등장은 과거 부시 행정부와는 다른 입장을 취할지 모른다는 기대를 불러일으킨 것이 사실이다. 그러나 아직 구체적으로 가시적인 대중동, 대이·팔 정책의 기조가 드러나지 않고 있다. 미국의 불편부당한 입장 견지 및 중재자로서의 공정성 확보는 사실상 이·팔 분쟁 해결을 위한 매우 중요한 요인이라 할 수 있을 것이다.

3. 쟁점 자체의 비타협적 성격

앞에서 기술한 평화구축 도전요인들은 사실상 타협이 거의 불가능한 사안이다. 단순히 일부 영토의 양여 차원이 아니라, 자신들의 생존권과 연관되어 있다고 믿는 필수 안보관련 쟁점에 관해서는 한발자국도 물러나지 않으려 한다는 입장을 고수하기 때문이다. 정착촌의 경우 웨스트뱅크 지역의 3대 거점을 반드시 유지할 것임을 선언하고 있으며 요르단과의 접경지역인 요르단 밸리(Jordan Valley) 지역의 정착촌들도 유지하려 하고 있다. 이 지역은 향후 예측가능한 아랍국가와의 교전 상황에 대비하여 군사전략적 중요성을 가진 지역으로 판단하고 있기 때문이다. 반면 팔레스타인 입장에서는 독립 이후 자신들의 영토 내에 27만에 달하는 이스라엘 정착민들이 국가내 '섬'의 형태로 존재한다는 것을 도저히 받아들일 수 없기에 이 쟁점은 타협점을 찾기가 매우 어려운 실정이다. 또한 전술한 바와 같이 이스라엘은 팔레스타인 난민이 귀환할 경우, 접경지역의 안보상황의 악화를 초래할 것으로 판단하고 있는 바 이 문제 역시 타결이 난망한 사안이다.

핵심 쟁점 중 민족적, 종교적 신념에 기반한 현안의 경우에는 더더욱 복잡하다. 사실상 이성과 합리성을 가지고 논의되어야 할 정치적 문제에 관하여 신앙과 신념으로 자살테러까지 감행하는 상황에서 영토 주권의 문제 등에서의 타협을 도출하기란 거의 불가능한 것이 사실이다. 특히 예루살렘 영유권 문제는 종교와 역사, 문화가 결집되어 용해된 곳으로 양자가 인식하고 있기에 더더구나 타협이 어려운 상황이다. 결국 예루살렘의 경우 양자가 공히 공동관리 혹은 분할을 인정하는 방향을 취하지 않는 한 사실상 협상 타결 가능성은 별무하다.

V. 평화지수의 적용과 전망: 오바마 행정부 이후 미·이·팔 평화 구축 경로에의 함의

1. 오바마 행정부의 인식론

오바마 행정부 대외정책팀의 기본적인 패러다임은 지미 카터 전 대통령, 아버지 부시, 클린턴 행정부 및 브루킹스 연구소의 기조와 동일 선상에서 움직이는 것으로 알려지고 있다. 이는 공통적으로 비교적 유화적인 세계관에 입각하여 미국의 일방주의 외교, 군사조치를 최소화하는 데 강조점을 둔다. 즉 지난 부시 행정부가 견지해왔던 강력한 '부시 독트린(Bush Doctrine)'[4]에서 벗어나 새로운 소프트파워 또는 스마트파워 외교전략을 구사할 가능성이 커졌음을 의미한다.

이는 기존의 초국가적 지위를 누리는 미국의 강력한 리더십 대신 다자주의적 외교전략의 강조를 의미한다. 유럽, 나토, 여타 서방 민주국가들과 보다 적극적으로 협력해야 한다는 인식에서 출발하는 것이며 오바마 행정부는 명시적으로 이러한 노선에 대한 친화성을 강조하고 있다. 이러한 세계관은 대외정책을 형성하는 데 있어 유엔을 중심적인 행위자로 인정하고 고려한다. 오바마 대통령은 수전 라이스(Susan Elisabeth Rice) 브루킹스 연구소 연구위원을 유엔 대사로 임명하면서 유엔 중시 외교 가능성을 명확히 했다. 라이스 유엔 대사는 오바마 대통령을 지근거리에서 보좌하며 대외정책을 조언하는 최측근 인사이다. 이는 미국의 유엔 관련 정책에 있어 상당한 변화를 예견하게 하며 어느 전 행정부보다도 친 유엔 외교 노선을 채택할 것으로 보인다. 국제 테러와 관련해서 오바마 행정부는 카터 및 클린턴 행정부와 같은 시각에서 테러 대처를 위한 일방주의적 군사조치 대신 국제 법규와 규범확립 및 제도화와 같은 다자주의적 접근을 할 것으로 보인다. 이는 브루킹스 연구소의 핵심적 제안사항이며 오바마 행정부에서도 같은 의견을 표명하고 있다. 이는 전통적인 민주당의 접근법이기도 하거니와, 오바마 대통령 개인이 가지고 있는 다문화적 성장배경과 세계관과 맞물린다고 할 수 있다.

또한 이슬람권에 대한 새로운 접근 가능성을 예견하게 한다. 오바마 대통령의 취임식 연설에서는 대외 관계에 관한 비중이 그다지 높지 않았다. 그러나 외교 문제 중에서는 비교적 이슬람 세계에 관한 언급을 상당히 비중 있게 다룸으로써 이슬람 국가에 보다 전향적으로 다가설 것임을 시사하였다.

이러한 맥락에서 중동 평화를 희구하는 이들에게 오바마 행정부의 등장

---

4) 부시 독트린은 다음과 같은 네 가지 요소로 구성된다. 먼저 초월적 세계관에 근거하여 세계를 이분법적 선악의 세계로 보는 '도덕적 절대주의(Moral Absolutism),' 위협이 되는 세력과 집단에 대해서는 선제적 조치를 취할 수 있다는 '패권적 일방주의(Hegemonic Unilateralism),' 힘의 압도적 우위에 의하여 평화를 이룩해 나가겠다는 '공세적 현실주의(Offensive Realism),' 그리고 안보 어젠다의 다변화 등으로 구성된다.

은 많은 기대를 가져다 주었다. 전임 부시 대통령이 9·11이라는 전대미문의 상흔에서 기인한 미국의 일방주의 노선을 채택하면서 발생하게 된 부작용을 극복할 수 있을 것이라는 기대였다. 실제로 오바마 행정부에 의해 중동 특사로 임명된 조지 미첼 전 상원의원은 이스라엘 방문에서 기존 특사들과는 달리 이스라엘에 어떠한 정치적 공감대를 표명하지 않은 것으로 알려지면서 유대 사회를 긴장시켰다.

사실상 미국 내에서 지금까지의 친이스라엘 정책기조에 대한 비판이 없었던 것은 아니었다. 특히 2006년 3월 하버드 대학의 스티븐 월트와 시카고 대학의 존 미어샤이머 교수는 『이스라엘 로비와 미국의 대외정책』이라는 책을 통해 미국의 친이스라엘 편향 정책을 신랄히 비판하며 논란을 일으켰다. 국제정치학계에 큰 파장을 일으킨 이 책에서 저자들은 미국 자국이 아닌 특정국 이스라엘의 이익을 증진시키기 위해 자국과 동맹국들의 안보를 기꺼이 제쳐두는 상황에 관해 매우 비판적으로 기술한다. 사실상 미국 대외 정책의 핵심이 중동지역이므로 미국의 대중동외교는 명실상부한 국제정치 역학관계 형성의 주요 독립변수가 된다. 그렇기에 불편부당하고 중립적인 외교적 행보가 필요한 지역임에도 불구하고 미국은 친이스라엘 일방기조로 말미암아 중동외교에서 실패를 거듭하고 있다는 지적이었다. 따라서 미국의 대외정책이 안정기조로 접어들게 하기 위해서는 중동의 안정이 필수적이고, 이를 위해 이스라엘·팔레스타인 문제에 대한 전향적인 접근이 요구된다고 저자들은 주장한다. 부시 행정부가 이끌어낸 대테러전의 논리 속에서 이스라엘에 대한 입장 변화가 심각하게 논의되지는 못했으나, 당시 일부 학계나 언론계에서는 이러한 논의들이 급물살을 타기 시작했다.

2. 오바마 행정부 대외정책 관련 주요 인사

특정 행정부의 대외정책을 가늠하는 핵심적인 요소는 최고통치권자 본인의 명시적인 의사 표명의 향방과 또한 대외정책 관련 주요 포스트의 인사

배치 현황이다. 현재까지 이스라엘 팔레스타인 문제를 다루는 데 있어 오바마 행정부는 명확하고 확고한 입장을 천명한 바 없다. 특사들의 중동순방과 검토(reviewing) 과정을 통해 탐색과정(probational period)을 거치고 있다고 볼 수 있다. 따라서 단순히 원칙론적 입장에서 평화 희구의 메시지를 언급하기는 하나 구체적인 장기 전략이나 행동 계획을 감지하기에는 아직 불투명한 상황이다.

이 경우 대외정책 관련 주요 인사들의 배치 상황을 살펴보는 것이 필요하다. 현실적으로 볼 때 미국 사회 내에서의 유대인의 영향력과 현 정치 지형에서의 친이스라엘 기조를 뒤바꿀 가능성은 그다지 높지 않다. 비서실장으로 임명된 람 엠마뉴엘이나, 오바마 대통령에게 중동문제를 조언하는 데니스 로스 및 대니얼 커쳐 전 이스라엘 대사 등은 대표적인 친이스라엘파 인사들이다. 이들의 면면으로 볼 때 정책기조의 획기적인 전환을 예상하기는 힘들 것으로 보인다. 오바마 대통령은 중동문제를 보좌하는 지근거리에 친유대계 인사들을 배치하되 공식적인 정책 라인에는 중립적 인사 및 친아랍계 인사를 임명함으로써 균형을 취하려 하는 것으로 보인다. 그러나 이에 대한 유대 사회의 반발은 적지 않다. 특히 국가정보위원회(National Intelligence Council) 위원장으로 지명되었던 찰스 프리먼 전 사우디주재 미국대사가 유대인 로비단체의 적극적인 반대로 인해 낙마한 사례가 대표적인 예이다. 미국 의회에서 대표적인 기독교 시온주의자로 공화당 하원 원내총무를 지낸 딕 에메이 의원은 자신의 최우선 과제는 미국 국무부의 대외정책 상에서 이스라엘의 국가 이익을 보호하는 것이라고 공언할 만큼 친이스라엘 성향이 강하다는 것이 일반적인 평가이다.

그러나 비공식 라인과 외곽 라인에는 중도파 인사들을 포진시키며 일종의 균형점을 찾고자 하는 것으로 보인다. 비록 유대인이지만 가장 가까운 보좌역을 맡고 있는 앤서니 레이크(Anthony Lake) 전 국가안보보좌관의 경우 대테러전을 펼치는 데 있어 명백한 증거 없이는 어떠한 사전 조치를 해서는 안 된다고 주장한다. 그는 하마스에 대해서도 명확한 테러 증거가 입증될 때까지 하마스에 대한 압박을 자제해야 한다는 입장을 펴고 있다.

또한 오바마 행정부의 국무부 대테러 책임자로 임명된 다니엘 벤자민 (Daniel Benjamin) 역시 테러리즘 대처에 온건한 입장을 견지해 온 비둘기파의 대표적 인사이다. 무엇보다 백악관 국가안보보좌관에 임명된 제임스 존스(James Jones)는 브렌트 스코크로포트 전 아버지 부시 행정부 국가안보보좌관의 시각을 추종하여 유럽 및 다자 협력의 중요성을 강조하고 있다. 특히 그는 이스라엘·팔레스타인 지역에서 외교관 생활을 하며 이스라엘에 대해 비교적 비판적인 입장을 견지했던 몇 안 되는 핵심 인사 중 하나였다. 또한 법무장관으로 임명된 에릭 홀더(Eric Holder) 역시 클린턴 행정부 당시 법무차관을 역임하며 테러주의자들에 대한 법적 관용을 베풀어야 하고 테러리즘이 발호할 수밖에 없는 불평등한 상황을 인지해야 한다는 바를 주장해 온 인물이다.

결론적으로 이스라엘 문제를 다루는 데 있어 오바마 행정부는 극적인 정책기조 변화를 추구할 것으로 보이지는 않는다. 다만 부시 행정부가 보여주었던 일방주의적 행태로부터는 다소 변화하여 백악관 내 다양한 목소리들이 제기되게 하고 그 과정에서 절충점을 찾아나가는 '뉘앙스 변화'를 추진할 것으로 보인다. 이 맥락에서 지난 부시 행정부가 보여주었던 일방적인 이스라엘 지지정책 자체가 가져다 준 파장을 고려 아랍권의 이해를 구하는 행보를 보여줄 가능성이 있다. 클린턴 국무장관은 지난 3월 4일 팔레스타인 자치정부 방문 시 이스라엘의 동예루살렘 팔레스타인 지구의 주택을 무차별 파괴하는 사실에 대해 비난하면서 이에 대한 이스라엘 측의 해명을 요구했다. 이는 매우 이례적인 행보였으며, 이스라엘측은 미국이 동 문제에 관해 균형잡히지 않은 시각을 가지고 있다는 불만을 표출하는 일이 벌어졌다. 물론 클린턴 장관은 동시에 팔레스타인에 대해서도 중동평화 4자회담에서 약속된 이행 사항을 실행하지 않는다고 비판하였으며 계속 지켜지지 않을 경우 미국은 가자지구 재건 지원금을 제공하지 않겠다고 언급하면서 양자 모두에 대한 압박을 강화했다.

3. 미국·이스라엘 관계 전망

이스라엘은 미국과 '인지적 동맹(cognitive alliance)' 관계를 맺고 있다. 이는 구체적 조약이나 문건으로 맺어진 국제법적 효력에 근거하는 동맹이 아니라, 상호 인식론상 불가분의 동맹 협력관계라는 자연적 동맹관계를 의미한다. 이는 유대-크리스찬 전통(Judaeo-Christian tradition)의 문화적 동질성에서 기인하는 바이다. 따라서 이러한 극적인 상황 변화가 도래하지 않는 한 미국·이스라엘 간 인지적 동맹에 균열이 생길 가능성은 매우 낮은 편이다.

오바마 대통령에게 있어 현재 가장 시급한 이슈는 국제문제나 안보가 아니라 국내경제문제이며 금융위기 탈출이라는 지상과제를 다루어야 한다. 현재 약 8,000억 달러 규모의 구제금융 조치가 성공할 수 있을지 불투명한 상황이며, 실업증가 및 소비감소의 문제를 어떻게 선순환의 구조로 전환시키는가에 총력을 다하고 있다. 여기에 2010년 중간선거가 있을 예정이고, 중간선거에서 패배시 오바마 행정부의 행정장악능력은 약화될 가능성이 있기에 당분간 국내문제에 전념할 것으로 예측된다. 따라서 경제문제가 오바마 행정부 1기의 성패를 가늠하는 주요 변수가 될 가능성이 크므로 국제문제는 극적 전환이나 무리없이 진행시키려 할 가능성이 크다.

국제 문제의 경우 국제 테러리즘 약화 작전에 유념하면서 미국 내 테러 발생 방지를 위해 진력할 것으로 보인다. 여기에 이란, 이라크, 인도, 파키스탄, 아프가니스탄, 러시아, 중국 등 전략적 중요성을 가진 외교 문제가 산적해 있다. 따라서 현실적으로는 고질적 분쟁 상태로 들어가 있는 이스라엘·팔레스타인 문제가 결코 대외정책 최우선순위에 놓일 가능성은 없다는 분석이 힘을 얻고 있다. 실제로 미국 내 정치지형상 극단적인 반 이스라엘 노선을 채택할 가능성은 전무하기 때문이며, 현재 지지부진한 폭력상태가 지속되는 가자지구 및 이스라엘의 비인도적 강경진압작전에 대한 특별한 아이디어나 제재조치를 구현할 정책 수단도 마땅치 않기 때문이다. 오바마 개인적인 성향상 이스라엘에 대한 강력한 비판을 천명하고 강경한 대이스라엘 정책을 펼 가능성이 아예 없다고 할 수는 없지만 어느 국가보다도 막강한 권력을 보유한 미국 의회에서 이러한 대이스라엘 정책전환이나 비판을 용인할 가능성은 별로 없다.

현재 기조인 샤론 구상에 따라 '팔레스타인 국가-독립구상(two states solution)'의 합리적이고 안정적인 달성을 위한 설득과 중재 역할을 지속하되, 부시 행정부와는 뉘앙스가 다른 접근을 할 가능성이 있으며, 이는 이스라엘에 대한 동맹구도 재편의 형태로, 팔레스타인에 대해서는 인근 아랍 및 중동 주요국가를 연계시켜 협상 타결에 나서게 하는 방향으로 전개될 가능성이 있다.

그러나 현 단계에서는 아직 구체적인 접근, 즉 아나폴리스 회담의 연장선상에서 구체적으로 어떤 중재안을 미국이 제시하고 나갈지에 관해서는 결정된 바 없다. 이는 철저하게 특사의 판단과 백악관 조율에 의해 진행될 것으로 보이나, 현재로서는 미국 대외정책의 추가 이라크에서 아프가니스탄으로 이동하여 병력이동과 관련된 쟁점이 압도하고 있어 이·팔문제의 구체적인 안건들이 단시일내에 제기될 것으로 보기는 어렵다. 당분간 이·팔문제 관련 4자외교(quartet diplomacy)에 치중하며 특히 EU의 아젠다 선정에 동의하면서 나갈 가능성이 높다.

따라서 구체적 쟁점 제시나, 협상의 장 마련이라는 가시적인 행보보다는 정중동의 행보로 이·팔문제를 다루기 시작할 것으로 보인다. 오바마 행정부로서는 클린턴 행정부 당시의 실수를 거울삼아 이·팔문제 개입에 있어서 주어진 제약을 의식하여 보다 현명한 접근을 구사하려 할 것으로 보인다. 이는 군사원조 및 합동군사훈련 중단이나 유엔 등 국제기구에서 친이스라엘 행보 포기 등의 실질적 압력으로 나타날 가능성은 낮은 대신, 심리적 측면의 압박과 설득을 통해 이스라엘 지도부가 합리적인 선택을 할 수 있도록 끊임없이 조언해 나가는 방향을 택할 것으로 보인다.

4. 미국의 대팔레스타인 정책 전망

오바마 행정부가 아무리 극적이고 전향적인 접근을 시도한다 할지라도 하마스에 대한 협상 주체 인정은 어려울 것으로 보인다. 이는 기존에 미국이 규정해 왔던 테러리즘 집단의 틀과 기준을 붕괴시키는 결과를 초래하기 때문이다. 따라서 미국은 하마스에 대한 원칙적 비판의 각을 유지한 채, 균형접근 차원에서 이스라엘에 대한 비판적 뉘앙스를 일부 강화하는 방향으로 나갈 가능성이 있다.

최근 아프간 사태와 관련하여 미국과 이란 간의 직간접 대화를 주장하는 목소리들이 오바마 행정부에서 분출되고 있는데, 미국은 이란과의 대화 재개를 통한 관계 개선이 가시화되거나 최소한 안정적 관계 유지 가능성이 보일 경우, 이란을 통한 하마스 문제 접근을 시도할 수 있을 것이다. 따라서 당분간 하마스와의 관계 개선이나 대화 가능성은 거의 없되, 압바스 수반이 이끄는 파타 측과 구체적인 협의를 진행하며 현재 쟁점으로 제기되고 있는 고질적 분쟁 이슈들을 다루어 나가는 방향을 택할 것이다.

▌색 인▌

▎ㄱ▎

간주관성 57, 58
고질적 사회분쟁 이론 296
관여(engagement) 147, 169 170, 176,
　　　185
꿰명싱1호 116
국제주의 135, 136, 146
군비경쟁모델 274
기술분석 201, 220
기술통계 24

▎ㄴ▎

나이 이니셔티브 206

▎ㄷ▎

단극체제 63
대량살상무기(WMD) 112, 120
도관양회 179
독일의 길 277
동반자 외교 190
동시다발적 상호작용 54, 55, 62, 66

▎ㅁ▎

마스트리히트 조약 280
미국발 금융위기 171, 172

▎ㅂ▎

반복되는 상호협력의 관계 68
범주측정 30, 33

▌저자 소개 (가나다 순) ▌

∷ 고상두

연세대학교 정치외교학과 학사학위와 베를린 자유대 정치학 석·박사 학위를 받았고, 한국정치학회 총무이사와 한국국제정치학회 연구이사를 역임하였다. 현재 연세대학교 지역학협동과정 교수이자 연세-SERI EU 센터 소장으로 재직 중이며, 중앙선관위 정책정당자문위원으로 활동하고 있다. 저서로는 『독일과 유럽연합 정치』(동림사 2001)와 *Die DDR in Europa – zwischen Isolation und Oeffnung*(LIT Verlag 2005), *Eager Eyes Fixed on Russia*(Hokkaido Univ. 2007)이 있다.

∷ 김흥규

서울대학교 외교학과를 졸업하였고, 미국 미시간대에서 정치학 박사학위를 획득하였다. 현재 외교안보연구원 교수로서 중국 관련 외교 안보 문제를 담당하고 있으며, 아울러 한중 전문가공동연구위원회(외교통상부) 위원, 한중 Think-net 외교안보분과 위원장으로 일하고 있다. 주요 연구분야는 북중 관계, 한중 관계, 중국 외교일반 및 정책 결정과정이다. 저서로는 『중국의 정책결정과 중앙-지방관계』(폴리테이아 2007)가 있으며, 이 책은 2008년 문화관광부 추천 우수학술도서에 선정되었다.

∷ 류길재

1995년에 고려대학교 대학원 정치외교학과에서 "북한의 국가건설과 인민위원회의 역할, 1945-1947"이라는 제목의 논문으로 정치학 박사학위를 취득했으며, 경남대학교 극동문제연구소에서 연구 경력을 쌓았다. 1998년부터 경남대학교 북한대학원 소속 교수로 재직 중이며, 동 대학원이 2005년에 북한대학원대학교로 개편되면서 현재는 이 대학에 소속돼 있다. 현재 북한대학원대학교에서 부교수로서 산학협력단장을 맡고 있다. 북한의 국가, 정치체제 등과 관련된 논문이 다수 있다.

:: 신범식

서울대학교 외교학과 및 동대학원을 졸업(정치학 석사)하고, 모스크바국제관계대학 (MGIMO) 정치학과를 졸업(정치학 박사)했다. 2008년부터 2009년까지 슬라브학회 총무이사를 역임했고 현재 서울대학교 외교학과 부교수로 있다. 저서로는 *Russian Nonproliferation Policy and the Korean Peninsular* (공저, Strategic Studies Institute at US Army War College, Monograph 2007), 『21세기 유라시아 도전과 국제관계』(편저, 한울 2006), "신거대게임으로 본 유라시아 지역질서의 변동과 전망"(『슬라브학보』 23권 2호, 2008) 등이 있다.

:: 이상현

미국 University of Illinois at Urbana Champaign에서 정치학 박사학위를 받고 현재 세종연구소 안보연구실장으로 재직 중이다. 국제정치와 안보, 한미 관계, 북한 문제를 주로 연구하며, 최근 논저로는 "오바마 행정부 외교안보와 대북정책 전망"(2009), 『외교환경과 한반도』(공저, 2009), 『조정기의 한미동맹: 2003~2008』(공저, 2009), 『동아시아 공동체: 신화와 현실』(공저, 2008), 『지식질서와 동아시아: 정보화시대 세계정치의 변환』(공저, 2008), 『북핵문제와 한반도 평화체제』(공저, 2008), 『한미동맹의 변환』(공저, 2008) 등이 있다.

:: 이성우

단국대학교 정치외교학과를 졸업한 후 2004년 University of North Texas에서 국제정치학 박사학위를 취득하였으며, 귀국 후 단국대학교 분쟁해결연구센터에서 연구위원으로 활동하며 "한국의 공공분쟁 사례연구"를 주제로 대한민국 학술진흥재단 중점연구소 연구과제를 수행하였고 현재는 제주평화연구원의 연구위원으로 재직 중이다. 학술활동으로는 미국국제정치학회가 주관하는 International Studies Quarterly 의 Referee로 활동한 바 있다.

:: 인남식

연세대 정치외교학과와 동대학원을 졸업하고 영국 더럼(Durham)대학 중동이슬람 연구원(Institute for Middle Eastern & Islamic Studies)에서 이집트 권위주의 정권에 관한 연구로 박사학위를 취득했다. 이집트 알 아흐람 정치전략 연구소 방문연구원 및 연세대 국제학연구소 전문연구원을 역임했으며 현재 한국 국제정치학회 중동아프리카분과 위원장, 한국 중동학회, 이슬람학회 이사 및 국제유가전문가협의회위원으로 일하고 있다. 외교통상부 외교안보연구원 유럽아프리카연구부 부교수로 재직하며 현재 중동지역 및 이슬람권 국제관계와 정세를 담당하고 있다.

:: 최운도

연세대학교 정치외교학과(학사)를 나와 콜로라도 주립대학(정치학)을 졸업하였다. 졸업논문으로는 "The Political Economy of Japanese Military Expenditure" (1997)가 있다. 연세대학교 동서문제연구원에서 연구교수로 있었으며, 현재 동북아역사재단의 연구위원으로 재직하고 있다. 주요 연구 분야는 미일 관계, 동아시아 안보, 국제정치이다. 일본의 방위정책과 외교, 중일관계, 동아시아 공동체, 국제 평화와 관련하여 많은 논문을 발표하였으며 대표논문으로 "탈냉전기 일본의 방위정책 결정과정에 있어서의 변화와 그 중요성"(한국과 국제정치 2002), "미중일삼각관계와 그 역학에 관한 시론"(한국정치학회보 2003), "Conflict Management in the Post-Cold War Era: Preventive Diplomacy and PKO" (*The Korean Journal of Defense Analysis* 2005) 등이 있다.

:: 홍우택

중앙대학교 정경대학 정치외교학과를 졸업하고, 미국 Ohio State University에서 행정학 석사, 미국 Claremont Graduate University에서 정치학 및 경제학 박사학위를 받았다. 연세대학교 동서문제연구원에서 연구교수를 지냈으며, 현재 통일연구원 연구위원으로 있다. 저서로는 『북한주민 인권의식 고취를 위한 인권외교의 방향』(공저, 2009), 『통일외교 인프라 구축연구』(공저, 2008) 등이 있고, 연구물로는 "Strategy Analysis for Denuclearizing North Korea: Game Theoretical Analysis" (2009), "중국의 문화적 팽창주의를 통해 본 동북아 질서에 대한 중국의 의도" (2008), 그리고 "상대적 국력이 국가간 협력에 미치는 영향: 경험분석을 통한 전쟁이론의 확장" (2007) 등이 있다.